입시는
전략이다

북오션은 책에 관한 아이디어와 원고를 설레는 마음으로 기다리고 있습니다. 책으로 만들고 싶은 아이디어가 있는 분은 이메일(bookrose@naver.com)로 간단한 개요와 취지, 연락처 등을 보내주세요. 머뭇거리지 말고 문을 두드리세요. 길이 열릴 것입니다.

입시는 전략이다

초판 1쇄 인쇄 | 2015년 9월 25일
초판 1쇄 발행 | 2015년 9월 30일

지은이 | 박정훈 · 이훈복 · 박정일
펴낸이 | 박영욱
펴낸곳 | 북오션에듀월드

경영총괄 | 정희숙
편집 | 지태진 · 이동원
마케팅 | 최석진 · 임동건
표지디자인 | 서정희
본문디자인 | 조진일
법률자문 | 법무법인 광평 대표 변호사 안성용(02-525-3001)
세무자문 | 세무법인 한울 대표 세무사 정석길(02-6220-6100)

주   소 | 서울시 마포구 서교동 468-2
이메일 | bookrose@naver.com
페이스북 | facebook.com/bookocean21
블로그 | blog.naver.com/bookocean
전   화 | 편집문의 : 02-325-9172 영업문의 : 02-322-6709
팩   스 | 02-3143-3964

출판신고번호 | 제2015-000126호

ISBN 978-89-6799-223-1 (43370)

입시는 전략이다

수시부터 정시까지
전형별 맞춤 대입 전략

박정훈 · 이훈복 · 박정일 지음

북오션
에듀월드

1년에 단 한 차례, 대학수학능력평가시험이 실시되는 날에는 대한민국의 모든 관심이 수능으로 쏠린다. 경찰 등 인력이 총동원되어 수능시험에 늦지 않도록 수험생을 고사장으로 인도하는가 하면 주식시장도 한 시간 늦게 개장하고, 영어 듣기 평가 시간에는 비행기 이착륙조차 제한받는다. 또한 관공서와 기업체의 출근 시간도 평소보다 한 시간 늦춰진다. 세계 어느 나라도 대입 시험에 이렇게 많은 관심과 배려를 보이지 않는다. 유독 우리나라에만 있는 독특한 풍경이다. 초등학교에 입학한 이후 최소 12년의 노력이 수능이라는 1회성 시험으로 평가받기 때문에 더욱더 그러하다.

현재 한국 사회를 흔히 사다리가 없는 사회, 패자부활전이 없는 사회라고 한다. 그래서 더욱더 좋은 대학, 이른바 명문대학에 가려는 경쟁이 치열해지고 있다.

또한 최근 몇 년 사이에 학생부종합 전형을 확대하고 대입 전형을 간소화하는 등 입시제도에 많은 변화가 있었다. 향후 입시를 준비하는 대입 수험생의 전략적 사고가 필요한 시점이다.

대학 입시는 크고 작은 변화가 많다. 그러므로 사전에 필요한 정보를 찾아 맞춤형으로 준비해야 좋은 결과를 얻을 수 있다. 특히 최근에는 대학교육협의회, 시도교육청, 대학들에서 상당히 양질의 정보를 제공하고 있어서 정보를 찾느라 이리저리 헤맬 필요도 없다.

최근 몇 년 사이에 대입을 잘 보려면 '엄마의 정보력, 아빠의 무관심, 할아버지의 재력'이 필요하다는 말이 유행했다. 하지만 이제 개인이 얻는 정보력에 한계가 있을 수밖에 없는 시대가 되었다. 워낙에 많은 양의 정보가 언론이나 교육 기관, 입시 업체에서 가공되어 나오기 때문이다. 평소 꾸준히 제대로 된 정보를 습득해 자신에게 맞는 전형을 찾아 준비해야 하는 시대다. 또한 대치동 스타 강사의 현장 강의를 수강하지 못하더라도 전국 어디에서나 EBS와 인터넷강의를 활용해 얼마든지 양질의 강의를 들을 수 있는 시대이기도 하다. 수험생과 학부모의 노력 여하에 따라 입시 결과는 크게 달라진다.

나는 2002년부터 입시 지도를 하면서 각종 언론 행사와 지방자치단체의 입시설명회, 시도 교육청의 강의, 개별 고교의 특성화 프로그램에 많이 참여하고 있다. 이런 행사를 통해 전국의 수험생과 학부모를 많이 만났는데, 입시 제도가 간소화되었음에도 여전히 많이 어려워하고 있었다. 특히 학력고사 세대인 부모님은 달라진 입시 제도를 이해해보려고 각종 설명회를 쫓아다니면서 공부하기도 한다.

중요한 것은 입시 제도에 변화가 많다는 것이다. 누가 먼저 정보를 제대로 이해하고, 활용할 수 있느냐가 입시 경쟁에서 우위를 좌우한다. 따라서 공부를 열심히 하는 것도 중요하지만, 달라진 입시 제도에서 경쟁력을 얻으려면 입시 정보를 찾고, 분석하는 것도 소홀히 해서는 안 된다. 뒤늦게 점수에 맞춰 조금이라도 더 좋은 대학과 학과를 가겠다고 이리저리 헤매지 말고, 모쪼록 지금부터라도 차근차근 입시를 전략적으로 준비하도록 하자. 대학 입시는 전국 단위의 치열한 경쟁이지만 각 개인의 성적과 비교과 역량을 제대로 분석한다면 자신에게 유리한 길이 보이게 마련이다. 학교 내신 시험과 수능 시험을 대비한 공부 시간을 일부 희생해서라도 평소 틈틈이 입시 정보를 모아 남보다 유리한 자신만의 경쟁력을 제대로 살릴 수 있기를 바란다.

2장

내게 맞는 전형과
대비 전략을 알아보자

3장

수시 6번의 기회를 성공적으로 사용하는 법

4장

마지막 입시,
정시 어떻게 해야 합격할까?

1장

맞춤형 입시 전략은 어떻게 세워야 할까?

대입에서 수시가 점차 확대되고, 수시에서 대학들이 다양한 전형을 실시함에 따라 최근에는 입시 전략 자체가 대입 성공을 좌우하는 중요한 키가 되었다. 특히 입시 제도 변화뿐 아니라 매해 변화하는 대학의 입시 전형을 분석하고 학생 개인별 유불리를 파악해서 학생의 장점을 살릴 수 있는 전략이 중요해졌다.

맞춤형 입시 전략이
합격을 좌우한다

Talk | 무조건 인 서울만 시켜주세요. 학과는 상관없어요.
| 논술 준비하면 성균관대나 한양대 지원할 수 있나요?
| 학교 선배가 비슷한 성적에 이화여대 갔으니 이대는 갈 수 있겠죠?

수시가 점차 확대되고, 대학들이 다양한 전형을 실시함에 따라 입시 전략 자체가 대입 성공을 좌우하는 중요한 키가 된 것이 요즘 현실이다. 입시 제도가 변한 것만 주목해서 되는 것도 아니다. 매년 변하는 각 대학의 입시 전형을 분석하고, 학생 개인별 유불리를 파악해서 개인의 장점을 살리는 전략이 중요해졌다.

내신, 비교과, 논술, 수능을 모두 잘하는 수험생은 드물다. 모든 것을 잘하려다가 오히려 망하는 케이스가 많다. 그러므로 전략을 잘 짜야 하며, 특히 고1부터 그 전략을 잘 실행하는 것이 중요하다.

내신, 비교과, 논술, 수능 중
강점을 찾아 집중해라

대입전형간소화로 수시는 크게 학생부교과, 학생부종합, 논술, 실기(특기자) 등으로 정리됐다. 정시는 수능 중심의 선발이 유지되고 있다. 대부분 대학이 수시에 더 많은 학생을 선발하고 전형 방법도 다양하므로 수험생이라면 꼭 수시를 노려야 한다.

이전에는 죽음의 트라이앵글(내신, 논술, 수능)이라는 말이 유행했다. 최근에는 비교과까지 추가돼서 죽음의 쿼드라앵글이라는 말이 더 어울릴 법하다. 수험생의 부담이 늘어났다는 말이다.

현실적으로 이 네 가지 전형 자료를 모두 다 잘 준비하는 것은 불가능하다. 실제로는 네 가지 중 한 가지라도 우수한 수준인 경우가 드물다. 그래서 자신의 성적과 능력을 살펴 집중해야 한다. 객관적으로 판단해서 선택하지 않고 네 가지를 모두 준비하다가는 결국 실패하게 마련이다. 문제는 학생부교과, 학생부종합, 논술, 실기 등 다양한 전형 중에 자신에게 유리한 전형을 어떻게 선택해서 준비하느냐는 것이다.

교과 성적과 모의고사 성적이 1.3등급 이내인 최상위권 수험생은 기본적으로 정시를 기본 베이스로 삼고, 수시는 학생부교과와 학생부종합, 논술 전형 중에서 자신의 경쟁력에 맞는 1개 전형을 선택해 집중해야 한다.

학생부교과 성적이 1.6등급 이내라면 학생부교과 전형을 중심으로 지원하는 전략이 필요하다. 또한 비교과 실적이 매우 우수하다면 학생부종합 전형에 지원하는 것도 좋다. 교과 성적이 2등급 후반이지만 모의고사는 2등급 내외이면서 논술에 자신 있다면 논술 전형에 집중하는 것이 바람직하다.

팔방미인 지영이의 대입 고군분투기

서울의 인문계고를 졸업하고, 재수를 한 지영이는 이른바 '팔방미인형' 학생이었다. 학생부교과 성적은 국영수사 기준으로 1.53등급이었고, 비교과도 전교부회장, 학급실장, 동아리기장, 교내 경시대회 수상 실적 5회, 봉사활동 180시간 등 실적이 매우 풍부했다. 수능 성적도 국어, 영어, 수학, 사회가 각각 1, 2, 1, 2등급으로 평균 1.5등급이었다.

　주위에서도 팔방미인이라 무난히 명문대학에 합격할 것으로 기대한 지영이가 재수를 한 이유는 무엇일까? 두루두루 잘하다 보니 특출하게 내세울 자신만의 장점이 사라졌기 때문이다. 무난하게 여러 가지를 잘하기보다 한 가지라도 특별히 우수한 성적을 확보하는 것이 입시에 유리하다. 학생이 목표로 삼는 SKY대학에 지원하기에는 비교과가 약간 우수할 뿐 교과나 수능 성적이 상대적으로 부족했다. 지영이가 대학 수준을 낮춰 지원하거나 비교과 준비에 투자한 시간을 차라리 수능에 집중했다면 결과는 달라졌을 것이다. 지영이는 결국 재수를 하면서 SKY대학을 정시로 도전하되 수시에서는 학생부종합 전형으로 다시 한 번 지원해보기로 했다.

대치동에서는 중학생이
대입을 준비한다

대입 3년 예고제가 정착함에 따라 내치동을 비롯한 학원가에서는 장기적으로 봐서 예비 고1부터 입시 관리를 해준다. 발 빠른 학부모는 체계적인 준비가 입시 결과를 좌우한다는 것을 알고, 중학교 때부터 자녀의 특성을 파악해 지원할 고등학교를 고르고 지원 전형과 비교과 등을 결정한다. 예전에 특기자 전형을 대비한 발명 학원이 유행했듯이 최근에 학생부종합 전형이 확대되면서 동아리 창설 및 운영, 소논문 작성 등 스펙 쌓기를 준비해주는 학원이 늘어났다. 특히 외고나 국제고 등 특목고에 지원하는 데 필요한 자기주도학습 전형을 준비하면서 대입의 학생부종합 전형을 간접적으로 경험한다. 특목고에 합격하지 못하더라도 입시 부담이 없는 중학교 시절에 입시 훈련을 하는 학부모가 많다. 대입 학생부종합 전형과 유사한 입시를 미리 경험함으로써 대입 준비도 같이 되기 때문이다. 중학교 때 이미 교내 경시대회 및 동아리 활동, 임원 경력, 봉사 활동, 독서 활동, 자기소개 및 면접 등을 준비해본 아이들은 자신의 진로에 대한 계획에도 충실해서 고교 입학 후 자기주도적인 실적 관리가 가능하다.

학생부종합 전형의 취지가 진로에 대한 목표 의식이 뚜렷하고, 교내 활동을 충실히 해서 대학 입학 후에도 학업 능력을 보일 만한 학생을 선발하는 것인데 실제로 고등학교 때 준비하기가 쉽지 않다. 몇 년 전부터 지방에 거주하는 학생들이 예비 고1 때부터 방학마다 서울에 올라와 입시 전문가에게 전문적인 관리를 받는 일이 부쩍 늘었다. 입시를 경험해봤거나 정보가 빠른 학부모가 지방 여건상 체계적으로 입시를 준비하기 어렵다고 판단했기 때문이다. 특히 입시를 경험해본 학부모는 영어와 수학 등 주요 과목을 준비하는 것만큼이나 입시 전략이 중요하다는 것을 잘 알고 있다. 현재 학교 환경에서 담임교사 한 명이 학생 개개인의 특성을 파악하고, 실적을 관리해주고, 개인에게 맞는 전형을 선택해주고 성적도 관리해주는 것은 거의 불가능하다. 학생 개개인의 특성에 맞는 진학 지도를 하려면 조기 상담이 중요하고, 효과적이다. 여유가 된다면 입시 전문가와 상담을 받는 것도 방법이지만, 최근 대학 교육협의회나 각 대학교, 시도 교육청, 시청을 비롯한 지방자치단체에서도 설명회는 물론 학교 방문 설명회, 입시 박람회, 캠프, 전공 체험, 입시 상담 등 다양한 정보를 제공하고 있으니 꼭 이용해보도록 하자.

주말마다 KTX를 타고 대치동으로 올라오는 경수 엄마

첫아이가 대입에 실패해서 둘째인 경수에게 아낌없이 투자하는 경수 엄마. 경수의 대입을 준비하려고 서울에 아파트 전세를 얻어서 주말마다 경수와 함께 서울에 온 지도 벌써 2년차다. 경수는 교육열이 높기로 유명해 대구의 '대치동'이라 불리는 수성구에서도 나름 인지도 있는 고교에 재학 중이다. 그럼에도 경수 엄마가 매주 대치동에 올라오는 이유는 바로 수준 높은 학생을 경험하게 해 자극을 주고, 학교에서 제대로 해주지 못하는 입시 컨설팅을 받기 위해서다. 대구 수성구에서는 나름 좋은 성적을 내는 경수지만, 그녀는 자녀를 목표로 삼는 의대에 진학시키고자 과감히 주말부부를 선택했다. 대치동에서 고액 과외를 받는 것이 아니라 유명 강사의 현장 강의를 주로 수강한다. "학교에서는 주로 정시로 명문대에 보내는데, 요즘 입시 트렌드는 수시잖아요. 제일 필요한 입시 컨설팅이나 논술 부분은 학교에서 도움 받기가 어렵기 때문에 매주 올라오고 있어요. 처음에는 대치동 수업 수준에 경수가 좌절하기도 했는데, 그 시기를 넘기고 나니 경쟁심이 생겨 그만큼 더 열심히 하더라고요. 입시를 체계적으로 준비하니까 불안감도 덜하고, 목표를 향해 잘 준비하고 있다는 자신감이 생겨요. 첫째가 오히려 둘째 보고 입시 컨설팅을 받으라고 하더라고요."

수험생의 가능성을 찾는 입시 전략

학생이나 학부모가 입시 전략에 대해 크게 오해하고 있는 부분이 바로 '입시 전략 = 지원 가능 대학과 학과 판단'이라고 생각하는 것이다. 모의고사로 정시에 지원 가능한 대학과 학과를 찾아보는 것은 현재 자신의 위치를 파악하는 가장 중요한 방법이지만, 문제는 시험마다 학생의 성적이 달라질 수 있다는 점이다. 또한 논술을 비롯한 대학별 고사, 비교과에서는 모의고사 성적이 참고는 되지만, 객관적으로 학생의 위치를 파악하는 수단이 될 수는 없다. 다시 말하지만 입시 전략은 목표로 하는 대학과 학과에 합격하는 전략적 방법을 강구하는 것이다.

입시 전략이란 수험생의 현재 성적이 아닌 역량을 파악해 수험생의 적성과 흥미 그리고 능력에 맞는 전형을 선택하고, 그 역량을 더욱 키워 최종적으로 그 대학과 학과에 합격하기까지 가는 로드맵을 제시하는 것이라 할 수 있다. 입시 전략의 범위에는 수험생의 역량 평가, 진로 설계, 입시 분석, 학습 상담, 최종 지원 상담이 포함된다. 흔히 수시와 정시 지원을 상담하는 입시 컨설팅을 입시 전략으로 생각하는 경우가 많은데, 입시 지원 컨설팅은 입시 전략에서 극히 일부분에 불과하다. 또한 입시 지원 컨설팅은 학생의 성적, 비교과, 대학별 고사 실력, 수능 성적 등 현재의 데이터를 중심으로 판단하는 것이기에 이른바 수험생과 학부모가 생각하는 '입시 대박'은 불가능하다. 입시 전략은 입시 제도의 변화에 따라 중요성이 더욱 커지고 있다. 입시 제도는 현재도 지속적으로 변화하며 다양한 정책이 나오고 있다. 입시 전략은 단순히 현재의 교과 성적이나 모의고사 성적만을 기준으로 할 것이 아니라 비교과, 공부 습관, 특별 전형 해당 여부, 대학별 고사 실력, 성적 향상 가능성 등을 종합적으로 분석해서 객관적으로 세워야 한다.

수시 모집 혹은 정시 모집 기간에 지원 상담을 하는 것은 엄밀히 말해서 입시 전략이 아닌 지원 전략에 불과하다. 입시 전략은 단순히 현재 점수로 갈 수 있는 대학과 학과를 찾는 것이 아니라 자신의 현재 수준보다 좀 더 나은 대학과 학과에 진학하기 위한 구체적 방법이다.

또한 입시 전략은 고정된 것이 아니다. 변화에 따라 다양하게 달라질 수 있으므로, 학년별 혹은 학기별로 검토 및 보완을 반드시 해야 한다. 교과 내신과 수능 시험 점수뿐 아니라, 입시 제도의 변화, 학과의 인기도, 경쟁자 추이, 사회적 요인, 재수생 규모, 희망 학과의 전망 등을 모두 감안해야 한다.

입시 전략의 범위

단계	항목	세부 사항
준비	입시 분석	목표 대학 및 유사 수준 대학의 입시 전형 분석
		모의고사 기준 정시 지원 가능성 판단
		수시 전형 선택 및 대학/학과 선택
	학습 전략	과목별 우선순위
		탐구 선택과목 결정
		대학별고사 준비 결정
	비교과 관리	학생부종합 전형 지원서 연계 비교과 관리
		다양한 활동 중 선택과 집중
	진로 설계	대학/학과 정보 파악
		직업 정보 파악
		문이과 계열 선택 및 대학 계열 선택
		롤모델 및 진로 로드맵 수립
지원	수시 지원	대학별 입시 결과/경쟁률 파악
		대학별고사 유형 파악
		6개 대학 지원 결정(지원 가능 대학/학과)
		대학별 전형 분석 후 유리한 전형 선택
	정시 지원	지원 가능 대학과 학과 파악
		대학별 입시 결과/경쟁률 파악
		대학별 수능/학생부 반영 분석
		최종 가,나,다군별 지원 대학/학과 결정
	전문대학원	전문대학원 정보 파악 및 진로 설계

모의고사 3, 4등급의
명문대 합격 비결

이제부터 맞춤형 전략이 적중한 사례를 살펴보자. 평소 수학과 과학만 집중하는 전형적인 이과형 인재인 민재를 만난 것은 2학년 1학기 때였다. 내신 성적은 국영수과 기준 평균 1.7~1.8등급 수준인 데 비해 모의고사 성적이 3등급으로 저조한 성적을 유지하자 민재와 부모님이 전문가의 조언을 구한 것이다.

우선 민재는 서울 출신이고, 특별 전형에 해당하는 사항이 없어서 일반 전형을 위주로 입시를 준비해야 했다. 교과와 비교과, 논술 테스트, 모의고사 성적을 종합한 결과 학생부종합 전형을 집중적으로 준비하기로 했다. 자연계 논술에서는 수학이나 수학+과학을 주로 출제하는데, 논술 테스트 결과 주요 대학 지원이 어려운 수준으로 판단되었다. 반면 학급반장 및 전교학생회 활동이 있을 뿐만 아니라 과학 탐구 및 발명 동아리에 적극적으로 참여하는 등 비교과 실적이 풍부한 점은 강점으로 판단되었다.

모의고사 성적이 좋지 않아 학생과 학부모 모두 국내 30위권 대학의 기계, 전자, 화학 관련 학과에 진학하기를 희망했다. 여러 가지를 종합한 결과 학생부 교과 성적을 1.6등급으로 향상시키고, 비교과 실적을 체계적으로 관리해서 수시에 집중하기로 했다. 모의고사 성적이 국어와 영어 모두 3~4 등급대로 2등급 선을 유지하는 수학과 과학에 비해 저조해 정시 지원은 어려웠기 때문이다. 일단 수시에 집중하면서 수시에 불합격할 것을 감안해 정시 대비도 지속적으로 하기로 했다.

수시에 총 6회의 지원 기회가 있고, 학생에게 학습 동기가 있으며 성적 향상 가능성이 있기 때문에 최고 목표는 국내 TOP 10 대학으로 삼고, 준비했다. 현재 학생이 하고 있는 다양한 활동은 고3 때까지 적극적으로 참여하면서 구체적으로 기록했다. 개별 활동 내역과 깨달은 점, 향후 계획 등을 모두 정리해나가기로 했다. 학생부종합 전형에 지원하는 만큼 교내 시험은 수학과 과학을 최우선으로 준비하면서 수업 시간에 담당 선생님께 좋은 평가를 받을 수 있도록 적극적으로 활동해달라고 부탁했다. 자기소개서와 면접은 고2 겨울방학 때부터 준비하면서 학생의 희망 대학과 학과, 직업에 대한 정보를 찾아 구체화했다. 모의고사는 일단 국어와 영어는 3등급을 목표로 하고, 수학과 과학은 2등급을 목표 삼아 인터넷 강의와 학원으로 대비하기로 했다.

그러나 학생과 학부모가 꾸준히 노력했음에도 모의고사 성적이나 내신 성적은 크게 향상되지 않았다. 3학년 때부터는 더욱더 내신 경쟁이 치열해지고, 모의고사는 전국 단위 시험이라 등급 올리기가 쉽지 않기 때문이다. 6월 모의평가에서 국어와 영어는 각각 3등급, 수학과 과학은 2등급을 받았고, 9월 모의평가에서는 국어가 4등급으로 하락하기도 했다. 3학년 1학기까지 내신 성적은 국영수과를 기준으로 1.78등급이었다. 이 정도의 교과 성적으로는 국내 TOP 10 대학의 학생부교과 전형에 지원하기도 어려웠다.

여러 차례 상담을 하며 수시 6회의 기회 중 2개는 상향 지원, 4개는 적정 지원을 하기로 결정했다. 학생부교과 전형은 2개, 학생부종합 전형은 4개를 쓰되 면접이 수능 전에 있는 대학을 주로 공략하기로 했다. 수능 준비에 부담을 느끼는 학생들이 주로 수능 이후에 면접을 실시하는 대학에 지원하기 때문이다.

6월 모의평가 이후부터는 학생부종합 전형을 중점적으로 준비하면서 지원 대학별로 서류를 작성하고 출제 경향을 감안해 면접 방법을 코칭해주었다. 특히 9월 이후부터 수능 준비에 소홀하지 않도록 7~10월 사이에 매주 10시간을 투자해 체계적으로 학생부종합 전형을 대비했다. 자기소개서 및 면접을 개별적으로 열심히 준비한 덕분에 다행히 한양대 수시 모집에 합격하는 좋은 결과를 거둘 수 있었다.

누구나 쉽게 따라 할 수 있는
입시 전략 6단계

Talk | 논술 준비하면 명문대 지원할 수 있나요?

　 | 이것 저것 스펙은 쌓았는데, 내신이 안 좋아요. 어떻게 해야 하나요?

　 | 내신을 망쳤는데, 수능 준비에 올인해야 하나요?

　국가 정책이 바뀌면 수능 제도 및 입시 제도에 큰 변화가 일어난다. 수시 모집이 확대되면서 입시 전형이 복잡해졌다. 최근 교육부의 대입 간소화 정책이 실시되면서 많이 간소화되었다지만, 비슷한 전형도 대학에 따라 전형 방식, 최저학력기준 등이 제각각이라 여전히 학생들과 학부모에게는 복잡하기만 하다.

　대입 수험생이라면 누구나 알고 있을 '메가스터디'와 '대성학원, 종로학원' 등 유명 학원 못지않게 이제는 '입시 컨설팅'이 하나의 필수 아이템이 되었다. 학생부종합 전형이 확대되면서 일찍부터 진로를 설계하고, 맞춤형으로 준비해야 대입에서 좋은 결과를 거둘 수 있게 되었기 때문이다. 또한 공교육에서 수험생과 학부모가 원하는 수준의 진학 지도를 제공하지 못하고 있다는 방증이기도 하다.

대학 입시에서 승패를 좌우하는 입시 전략을 제대로 세우려면 먼저 수험생과 학부모가 기본 전략을 스스로 짤 수 있어야 한다. 그래야 학원과 학교, 인터넷, 대학이 내놓는 서로 다른 정보의 홍수 속에서 중심을 잡고, 준비할 수 있다.

학생과 학부모가 가장 필요로 하는 것이 바로 수험생 개인의 성적과 비교과, 희망 학과 등을 종합한 '맞춤형 입시 전략'이다. 많은 학생과 학부모가 '입시 컨설팅'을 받아야 '입시 전략'을 세울 수 있다고 생각해 그럴 형편이 안 되면 자포자기하는데 최근에는 정말 다양한 정보를 대학과 교육청, 사설 입시 기관, 언론이 공유하기 때문에 의지만 있다면 누구나 기본 전략을 세울 수 있다. 단순히 내신과 모의고사 성적을 기준으로 정시 합격 가능성을 판단하는 단편적인 방법으로는 '맞춤형 입시 전략'을 세울 수 없다. 입시의 중요한 두 축인 수시와 정시를 포함하고, 다양한 특별 전형 도전 가능성, 성적 향상 가능성, 향후 희망 진로 등을 포괄하는 전략을 세워야 한다.

엄친아들의 대입 성공 비결인 맞춤형 입시 전략

1 **정보 수집**: CSI(과학수사대)의 성공은 과학적인 증거 수집에 달려 있다. 마찬가지로 학교생활기록부, 전 학년 모의고사 성적표, 각종 비교과 활동 자료, 진로적성검사, 특별 전형 해당 여부(종교, 직업, 지역 등)

등 다양한 자료를 최대한 모으자.

2 역량 분석: 최근 대입 브렌드는 바로 '학생부종합 전형'이다. 수시의 학생부교과 전형, 정시의 일반 전형은 단순히 성적을 기준으로 선발하지만 '학생부종합 전형'은 학생의 잠재력과 역량을 평가한다. 자신의 여러 역량을 철저히 분석해 자신에게 맞는 유리한 전형을 찾아보자.

3 입시 분석: 복잡한 입시를 스스로 분석할 필요는 없다. 대학뿐 아니라 대교협, 교육청, 각종 언론 기사를 스크랩해두면 된다. 대부분의 정보는 약간의 시간만 투자하면 구할 수 있다.

4 준비 전략: 맞춤형 전형을 선택하고, 대학별 입시 전형을 분석했다면 이제 가장 중요한 '어떻게 합격할 수 있을까?'라는 질문에 대한 해답인 '준비 전략'을 세워야 한다. 성적을 올리는 학습 계획도 중요하지만 비교과 등 본인의 입시 전반에 영향을 미치는 다양한 요인을 감안해 계획을 세우고, 실천해야 한다.

5 지원 전략: 실제 수시와 정시에 지원하는 전략이 필요하다. 대입 합격을 좌우하는 중요한 결정인 만큼 주요 입시 기관의 배치표와 모의 지원표를 참고해 결정하자. 또한 외부 자료에만 의존할 것이 아니라 본인 스스로 대학과 대교협, 교육청 등 다양한 기관에서 내놓은 다양한 정보를 활용해야 한다.

6 검토 및 보완: 계획에는 반드시 보완 및 점검 시간이 필요하다. 특히 수험생의 성적, 비교과 취득, 대학별 입시 전형 변화 등을 감안해 주기적으로 체크해야 한다.

1단계 정보 수집: 모든 자료를 체계적으로 정리하자

우리는 지금 정보화 시대에 살고 있다. 정보화 사회에서 성공의 열쇠는 누가 얼마나 정보를 잘 수집하고, 분석하고, 활용하느냐다. 아무리 뛰어난 입시 전문가라 할지라도 수험생과 관련된 정보들이 없다면 제대로 조언해줄 수 없다. 수험생은 자신과 관련된 다양한 자료를 미리 정리해두어야 한다. 가장 기본적인 자료는 학교생활기록부, 학년별 모의고사 성적표, 진로검사를 비롯한 다양한 검사 자료, 그리고 외부 활동 및 수상 경력, 공인 어학 성적을 비롯한 특기 실적, 부모의 직업, 종교, 기타 특별 전형 해당 여부 등이다.

고교에 입학한 후부터 문방구에서 파는 3공 바인더를 활용해 각종 정보를 모아두는 것이 좋다. 학교생활기록부는 교과 성적과 교내 활동 내역, 독서 활동 등을 볼 수 있는 가장 중요한 자료이자 학생부종합 전형에서 가장 중요하게 활용되는 자료다. 학기별로 학교에서 학생부 사본을 발급받아 성적 및 비교과 실적 변화 등을 체크하자. 또한 모의고사 성적표를 제대로 관리하지 않는 학생들이 많은데, 고1 때부터 성적표를 모두 정리하는 것만으로도 자신의 성적 추이를 파악할 수 있다. 모의고사 성적표는 전국 단위로 과목별 성적 변화 추이를 알 수 있고, 현재의 성적대에서 정시 모집 기준으로 지원 가능한 대학과 학과를 파악하는 중요한 자료가 되며, 수시 모집에서는 수능최저학력기준을 충족하는지 여부를 가늠하는 자료가 된다.

또한 진로적성검사 결과와 같이 직간접적으로 성적과 연관되지 않은 자료를 소홀히 생각해 관리하지 않는 학생이 많은데, 수험생과 관련된 다양한 자료는 보관하는 것이 좋다. 예를 들어 진로적성검사 결과지는 적성을 파악할 수 있는 중요한 자료이자 수시와 정시에서 지원할 학과를 결정하는 기준이 될 수 있다. 종교 활동 등 상대적으로 놓치기 쉬운 정보도 항상 정리하는 습관을 들여야 한다. 동국대를 비롯해 종교 기반이 있는 사립대학에서는 종교지도자 추천 전형을 실시한다. 동국대는 2017학년도 수시 모집에서 불교추천인재로 92명을 선발할 예정이다. 다만 종교 추천 전형은 종교에 따라 추천 자격 제한이 있으니 주의해야 한다. 최근 감소세에 있긴 하지만 토플, 토익, 텝스를 비롯한 공인 어학 성적은 어학특기자 전형에 지원할 수 있는 자격을 판단하는 중요한 자료다. 부모의 직업이 군인 및 경찰, 소방관, 해외 선교사 등 특수 직종이라면 대학별로 실시하는 특별 전형에 지원할 수 있으니 반드시 체크하도록 하자. 또한 농어촌 전형 및 특성화고 졸업자를 대상으로 하는 전형 등 다양한 특별 전형이 있으니 가장 먼저 기초 정보를 수집해 특별 전형에 해당하는지 여부를 확인해야 한다.

2단계 역량 분석:
자신의 잠재력과 가능성을 파악하자

역량은 '어떤 일을 해낼 수 있는 힘'이다. 현재의 입시 제도하에서는 '성적'만큼 학생 자신의 종합 '역량'도 중요하다. 대다수 수험생이 입시를 준비하면서 '성적'만으로 자신의 수준을 평가하는데, 성적 중심의 평가는 수시 모집의 학생부교과 전형이나 정시 모집에서만 유효한 방식이다. 수시 모집에는 학생부종합 전형, 특기자 전형, 논술 전형 등이 있으니 종합적으로 학생의 역량을 평가해야 한다. 특별한 비교과 실적, 특별 전형 해당 여부, 대학별 고사 수준, 성적 향상 가능성 등은 숫자로 판단할 수 없는 중요 항목이다. 수험생의 역량을 제대로 객관적으로 판단하는 것 자체가 입시의 성패를 좌우하는 가장 중요한 요인이다. 역량을 분석할 때는 교과 성적 분석, 모의고사 성적 분석, 비교과 분석, 대학별고사 수준 분석, 진로 계획 등을 중점적으로 해야 한다.

1 학생부교과 성적: 내게 유리한 대학을 찾아라
대입에서 가장 기본적인 학생부교과 성적은 크게는 모집 시기별로 반영 비율이 차이 나며, 대학과 전형별로 반영 비율, 반영 지표, 가중치, 반영 과목, 등급별 점수가 크게 차이 난다. 이처럼 큰 차이가 있으니 주요 교과 평균 등급을 산출해 전체적인 성적과 학기별 성적 추이를 파악하도록 하자.

　대학에서 학생부교과 성적을 반영할 경우 일반적으로 인문계열은 국어, 영어, 수학, 사회 교과를 주로 반영하며 자연계열은 국어, 영어, 수학, 과학 교과를 주로 반영한다. 계열별 평균 등급으로 지원 가능한 대학 라인을 대략 살펴볼 수 있지만, 실제 대학의 교과 성적 반영 방법은 제각각이므로 결코 절대적인 기준이 될 수 없다.

또한 학생부종합 전형에 지원하는 학생이라면 지원하는 학과와 관련된 과목의 성적 수준 및 성적 변화를 파악해야 한다. 예를 들어 국문학과에 지원하는 학생이라면 국어와 한문 성적을 중점적으로 봐야 한다. 학생부 교과 성적은 수작업으로 산출할 수도 있지만 시간이 걸리는 만큼 대학이 홈페이지에 공개하는 계산 프로그램을 활용하거나 입시 사이트를 활용해 파악하는 것이 효과적이다. 특히 진학사나 유웨이, 메가스터디, 이투스 등 주요 입시 기관 및 사설 학원에서 운영하는 사이트에 교과 및 모의고사 성적을 입력하면 여러 조건에 따라 성적을 자동으로 산출해주므로 이를 이용하는 것이 효과적이다.

실제 학생의 교과 등급 산출 예시

교과	단위수 반영(학년별 반영 비율)		
	100	20:40:40	30:30:40
국,영,사	2.00	2.03	1.98
국,영,수	2.55	2.54	2.52
국,영,수,사	2.35	2.34	2.32
국,영,수,사,과	2.48	2.47	2.45

위 표는 A학생의 교과 성적을 반영 교과와 학년별 반영 비율을 달리해 평균 등급을 산출해본 것이다. 이 학생은 수학과 과학 성적이 좋지 않은 문과 학생으로 교과 성적 산출 방법에 따라 평균 등급의 편차가

매우 크게 나타났다. 1.98등급~2.55등급까지 약 0.5등급 정도의 차이가 난다. A학생은 국,영,사 교과 반영 대학에 지원해야 유리하다는 것을 알 수 있다. 수험생들이 실수하는 부분이 바로 대학을 우선시하는 것과 대학별 환산점수를 중심으로 판단하는 것이다. 무턱대고 대학을 우선시할 것이 아니라 대학별 교과 성적 반영 방법을 확인하고 자신이 지원하고픈 대학과 비슷한 수준의 여러 대학들을 비교해본 다음 유리한 대학을 선택해야 한다. 대학별 환산점수로는 자신의 성적이 유리하게 반영되는지를 알 수 없으므로 반영 교과를 미리 살펴야 한다.

● **대학들의 석차 등급 환산점수 비교**

수시와 정시에서 대학들이 가장 많이 활용하는 학생부교과 성적 반영 방식은 과목별로 등급을 매기는 방식이다. 대학들은 자체 등급으로 점수를 환산해 교과 성적을 최종 산출한다. 그래서 수험생은 대학별 등급 점수를 꼭 확인해야 한다. 전형별로 석차 등급 기준 점수를 달리하는 경우도 있으니 주의해야 하며, 자신의 성적대와 지원자 평균 성적대를 비교해 논술이나 면접, 수능 성적으로 만회할 수 있는지 꼭 확인해야 한다.

아래 표를 보면 A, C, D 대학은 5등급까지 감점이 거의 없어 교과

석차등급	1	2	3	4	5	6	7	8	9
A대학	10	9.9	9.8	9.7	9.6	9	8	7	6
B대학	10	9	8	7	6	5	4	3	2
C대학	10	9.96	9.92	9.88	9.84	9.80	9.60	8.00	4.00
D대학	10	9.8	9.6	9.4	9	8	7	6	5
E대학	20	18	16	14	12	10	8	6	4

성적이 다소 부족한 학생도 지원할 만하지만 B, E 대학은 교과 성적 등급 간 격차가 크기 때문에 학생부 교과 성적이 우수한 학생이 확실히 유리하다.

2 모의고사 성적 분석: 반드시 재수생을 감안해 내 수준을 파악하자

모의고사는 수능을 대비한 시험으로 평가원 주관의 모의평가, 시도 교육청 주관의 전국연합학력평가, 사설 기관에서 실시하는 모의고사로 구분할 수 있다. 전국연합학력평가만 연 4차례 실시하고 사설 모의고사에는 응시하지 않는 학교도 많다. 심지어 1학년은 전국연합학력평가에도 응시하지 않는 학교도 있다. 모의고사는 응시 대상 및 학년에 따라 중요도가 다르지만 공통적으로 전국 단위에서 자신의 실력을 객관적으로 파악하고, 취약점을 보완할 기회다. 매 시험별로 백분위를 기준으로 누적 관리하고, 취약 영역, 영역별 조합, 성적별 지원 가능 대학 등을 검토해야 한다.

수능 출제 기관인 한국교육과정평가원이 실시하는 모의평가는 고3 및 N수생만 응시할 수 있고, 시도 교육청 주관의 전국연합학력평가는 재학생만 응시가 가능하다. 평소 전국연합학력평가에서는 성적이 잘 나오다가 모의평가나 수능에서 성적이 하락하는 수험생이 많은 이유는 바로 재수생 때문이다. 1년에 12~15만 명 사이의 재수생과 반수생이 6월과 9월 모의평가, 수능에 응시하고 있다. 재학생끼리의 경쟁인 전국연합학력평가 성적을 분석할 때 반드시 재수생은 응시하지 않았다는 점을 감안해야 하는 이유다.

3월이나 6월, 9월, 11월 등 중요 시험 시기에 네이버나 다음 등 포털

사이트의 검색 순위 1위에 오르기도 하는 것이 바로 '등급 컷'과 '배치표'다. 대다수의 수험생이 11월 수능이 아닌 일반적인 모의고사를 보고 나면 단순히 등급 컷과 과목별 등급만 확인하고 넘어간다. 하지만 매 시험 결과는 대학 입시를 준비하는 과정에서 가장 기초가 되는 자료인 만큼 평소 누적해 성적을 분석할 필요가 있다.

모의고사 성적은 원점수, 등급, 백분위, 표준점수 등 여러 평가 기준이 있지만 원점수나 표준점수는 시험 난이도에 따라 크게 달라지므로 백분위를 활용해 전국 단위에서 위치를 파악하는 게 좋다. 또한 성적을 분석할 때는 응시자 수가 많은 전국연합학력평가, 모의평가를 기준으로 삼는 것이 좋다.

A군의 모의고사 성적 분석

다음의 모의고사 성적표를 참고하도록 하자. 문과인 A군은 국어와 수학이 우수한 반면 영어와 사회탐구 영역 성적이 저조하다. 우선 이 시험은 재수생이 응시하지 않는 모의고사이므로 백분위 평균에서 약 2점 정도를 빼고, 자신의 수준을 파악해야 한다. 현재의 백분위 점수대로는 수도권 주요 대학을 목표로 준비하되 영어와 사회탐구 성적을 향상시켜야 한다. 정시에서 4개 영역을 반영하는 대학을 고려할 수도 있지만 대학에 따라 3개 영역을 반영하는 대학에 지원할 수 있으며, 특히 인문계는 영어의 반영 비율이 높은 경우가 많다. 만일 수시 모집에 지원한다면 2개 영역 2등급 정도의 수능 최저학력기준을 적용하는 대학을 중심으로 지원하되 성적이 하락할 가능성을 염두에 두고 수능 최저학력기준 미적용 대학이나 2개 영역 등급 합이 4~5 사이인 대학들도 지원을 고려하는 것이 좋다.

구분	국어	수학	영어	세계사	경제
표준점수	119	132	119	59	57
백분위	89	90	84	82	80
등급	2	2	3	3	3

● **전국연합학력평가 성적표에서 꼭 확인해야 할 사항들**

전국연합학력평가 성적표에는 원점수, 표준점수, 백분위, 등급 등 성적 자료뿐만 아니라 과목별로 영역에 따른 배점과 득점, 전국 평균 등의 자료가 있다. 매 시험별로 과목별 백분위와 등급 등 기본적인 성적 추이를 확인하고, 오답의 원인과 시험에서 실수한 부분을 확인해야 한다. 성적표에 표기된 각종 자료를 잘 활용하면 과목별로 취약한 세부 영역을 쉽게 파악할 수 있다. 또한 정답률이 높은 문제인데, 수험생이 오답을 한 경우는 실수했을 가능성이 높으므로 실수의 원인을 체크하고, 오답노트를 만들어 최우선적으로 복습해야 한다.

3 비교과 분석: 평소 체계적인 관리가 학생부종합 전형 합격을 부른다

학교생활기록부는 교사가 학생의 학업 성취도 및 인성을 종합적으로 관찰 및 평가해 작성하는 가장 중요한 기록물이다. 학교생활기록부로 수험생의 학업 성적뿐 아니라 다양한 활동을 평가할 수 있다. 학생부의 비교과 영역은 학생부종합 전형이나 특별 전형에서 의미 있게 반영되나 일반적으로 정시 일반 전형이나 수시 논술 전형에서는 반영하지 않는다.

최근 급격히 확대된 학생부종합 전형을 대비하려면 학기별로 학생부의 교과와 비교과 활동을 점검하고, 보완해야 한다. 평소 구체적인 목표를 갖고 체계적으로 관리한다면 학생부종합 전형에서 반드시 좋은 결과를 거둘 수 있다.

학생부의 비교과 영역에는 출결 사항, 수상 경력, 자격증 및 인증 취득 사항, 자율 활동 특기 사항, 동아리 활동 특기 사항, 봉사 활동 특기 사항, 진로 활동 특기 사항, 봉사 활동 실적, 독서 활동 상황, 행동 특성 및 종합 의견이 포함된다. 이제부터 학생부 비교과의 주요 내용을 살펴보도록 하자.

● 출결 사항

출결 사항에는 결석일수, 지각, 조퇴, 결과 등이 있는데 무단결석, 지각이 있는지 확인해야 한다. 학교 생활 성실도를 알 수 있는 항목이므로 평소 출결 관리에 신경 써야 한다. 질환이 있어 결석한 것은 감점 사유가 되지 않는다. 학교폭력 가해자로 출결 사항이 생기면 학생부종합 전형에서 매우 불리하다.

● 수상 경력

수상 경력은 교내상만 입력 가능하며, 모든 교외상은 학교생활기록부에 입력할 수 없다. 교내상은 수상명, 등급, 수상 날짜, 참가 대상이 모두 입력된다. 수상의 양보다는 질이 중요하며, 특히 참가 대상이 많은 대회일수록 좋은 평가를 받을 수 있다.

구분	수상명	등급(위)	수상 연월일	수여기관	참가 대상
교내상	토론대회	금상(1위)	2014.05.21	00학교장	전교생(600명)
	표창장(선행)		2013.07.09	00학교장	전교생(600명)
	교과우수상 (영어)		2014.07.16	00학교장	2학년(200명)

　학급이나 학년 단위로 단체 수상한 내역은 입력할 수 없으며, 전국 단위 모의고사와 관련된 수상 실적도 입력할 수 없다. 수상 경력은 교내상만 입력 가능하므로 재학 중에 교내의 다양한 활동에 적극적으로 참여해 우수한 활동 실적을 기록하는 것이 좋다. 학생부종합 전형에 지원하려면 학과 및 전공과 관련한 교내상과 학생의 우수성을 입증할 수 있는 실적이 필수적이다.

● **자격증 및 인증 취득 상황**

재학 중에 취득한 자격증은 입력할 수 있는데, 대다수 수험생이 관련 실적이 없지만 특성화고 학생은 학과와 관련된 각종 자격증 취득을 기록하는 경우가 많다.

● **진로 희망 사항**

특기 또는 흥미, 학생과 학부모의 진로 희망 내용을 적는데, 되도록 조기에 진로를 정해 관련 내용을 적어두는 것이 좋다. 하지만 고등학생은 학년에 따라 얼마든지 새로운 경험을 하면서 진로가 바뀔 수 있으므로 지나치게 통일하려고 노력할 필요는 없다. 추상적인 내용보다는 구체적인 직업, 장래 비전 등 수험생 본인만의 특색이 담긴 내용을 작성하자.

● 창의적 체험 활동

창의적 체험 활동은 자율 활동, 동아리 활동, 봉사 활동, 봉사 활동 실적 상황, 진로 활동으로 구분된다. 학생부종합 전형에서 입학사정관을 비롯한 평가자가 많이 보는 항목이므로 평소 체계적으로 관리해야 한다. 교육부, 시도 교육청 및 직속(산하) 기관, 교육지원청에서 주최 및 주관한 체험 활동은 기재 가능하지만 대학이 주최하거나 주관하는 진로 체험 활동은 기재하지 않는다.

자율 활동은 적응 활동, 자치 활동, 행사 활동, 창의적 특색 활동으로 이루어진다.

자치 활동은 학급회나 학생회 활동을 기록하며, 임원 경력을 학기 또는 학년 단위로 입력한다. 학급이나 전교 학생회에서 수험생이 맡은 활동 내역을 살펴볼 수 있다. 하지만 학급 부장같이 형식적인 경우는 인정받기 어렵다. 학급 임원이나 학생회 임원을 맡는 등 주요 실적이 있다면 구체적인 활동 내역을 별도로 기록해두자. 자기소개서에 자신만의 구체적인 활동 내역이 담겨 있으면 훨씬 설득력 있는 글이 된다.

동아리 활동에는 학술 활동, 문화예술 활동, 청소년 단체 활동 등 다양한 활동에 수험생이 직접 참여한 내용을 기록한다. 단순 참여 내용만 작성하는 것이 아니라 구체적인 활동 내역을 기재하므로 평소 동아리의 여러 활동에 적극적으로 참여할 필요가 있다. 동아리 활동은 자기소개서에 학과 지원 동기와 연계해 작성할 수 있다. 학교에 따라 인기 동아리는 가입 경쟁이 매우 치열해서 동아리 선발 과정에서 떨어지기도 한다. 그래서 최근에는 자율 동아리라는 이름으로 학생끼리 직접 동아리를 결성해 활동하는 경우가 늘고 있다.

봉사 활동은 장소 또는 주관 기관명, 활동 내용, 활동 일자, 시간 등을 기록한다. 간혹 누락되는 경우가 있으니 제대로 입력되었는지 확인해야 한다. 봉사 활동은 개별 고교에서 진행한 내용은 크게 인정받기 어렵다. 그리고 해외 봉사 활동은 입력할 수 없으며, 봉사 활동의 '양'보다는 '질'이 중요하다. 사회복지학과를 비롯해 관련 학과에 지원했다면 봉사 활동 경험과 학과 지원 동기를 자기소개서와 면접에서 연계해 어필할 수 있다.

● 독서 활동

독서는 학생의 지적 호기심과 지식 수준을 파악할 수 있는 좋은 항목이다. 하지만 대다수 수험생이 체계적으로 독서 활동을 관리하지 못하고 있다. 실제로 많은 수험생이 독서 활동에 비슷한 책을 기록하는 경우가 많으니 평소 진로 및 학과와 관련된 양질의 독서를 하고, 기록하도록 하자. 대학의 추천 도서 리스트를 참고해 자신이 지원하고자 하는 전공과 관련된 책들을 여러 권 읽어두면 전공에 대한 기초 상식도 얻을 수 있어 효과적이다. 지나치게 널리 알려진 베스트셀러나 수험생의 선호도가 높은 책은 피하는 것이 좋다.

● 행동 특성 및 종합 의견

이 항목은 학교의 선생님이 작성해주는 항목인데, 이를 통해 학생의 인성을 비롯한 다양한 측면을 평가할 수 있다. 교사가 직접 작성하므로 입학사정관이 중요하게 평가하는 항목 중 하나다. 평소 학교 수업을 비롯해 교내 활동에서 좋은 평가를 받을 수 있도록 적극적으로 임해야 한다.

4 대학별 고사 분석: 내게 맞는 유형을 찾아 대학별 맞춤으로 준비하자

대학별 고사는 대학에서 자체적으로 실시하는 시험으로 논술, 구술 면접, 적성 고사 등이 있다. 주로 논술과 적성 고사는 수시 모집에서만 실시하고, 구술 면접은 수시 모집 학생부종합 전형과 학생부교과 전형 등 다양한 전형에서 실시한다. 대학별 고사를 실시하는 전형에서는 학생부교과 성적보다 대학별 고사 성적이 합격을 좌우한다. 주로 논술 고사는 상위권 대학이 많이 실시하며, 적성 고사는 중위권 대학이 실시한다.

수시 모집에서 논술과 면접, 적성 고사를 실시하는 전형에 지원하려면 무엇보다 대학별 고사 유형에 맞춰 자신의 실력을 확인해야 한다. 현실적으로 대학교의 모의 논술이나 모의 적성, 모의 전형이 아니면 자신의 실력을 확인하기 어렵지만, 논술이나 적성 고사는 사설 모의고사를 활용해 도움을 받을 수 있다. 최근에는 논술 첨삭 서비스가 많아졌고, 인터넷으로 바로 모의 적성 고사를 치를 수 있는 사이트도 많아졌다. 자신의 실력을 지레짐작해 지원하지 말고, 조금이라도 더 객관적으로 파악해야 한다.

● 모의고사 등급으로 기본적인 지식 수준 추정

학생부의 관련 교과 성적이나 모의고사의 관련 과목 성적으로 논술에 필요한 기본 지식을 대략 추정할 수 있다. 최근 논술은 '글쓰기'를 잘하는 학생에게 유리한 유형이 아니라 '교과 지식'과 '사고력'이 우수한 학생에게 유리한 유형이 되었다. 수능 최저학력기준을 적용하지 않는 대학이 늘어나고 있지만 경쟁률이 40대 1 이상으로 매우 높은 편이기 때문에 '논신'으로 불릴 만한, 정말 논술을 잘하는 학생만 합격하는 경우가 많다.

인문계열은 국어와 사회탐구의 선택 과목 중 일반사회(경제, 법과 정치, 사회문화)나 윤리(생활과 윤리, 윤리와 사상) 관련 과목의 모의고사 등급이 최소 3등급 이내일 때 논술을 준비하는 것이 좋다. 자연계열은 수학과 과학 과목의 모의고사 등급이 최소 3등급 이내일 때 논술을 준비하는 것이 좋다. 자연계열의 논술은 수학 또는 수학+과학 형태이므로 교과 지식이 매우 중요하다. 적성 고사는 대학에 따라 차이가 있지만 주로 언어와 수리 능력을 측정하므로 모의고사 등급이 3~4등급 선일 때 준비하는 것이 좋다.

● **대학별 고사 유형 모의 테스트**

상위권은 주로 논술 전형, 학생부교과 전형, 학생부종합 전형 사이에서 선택한다. 교과와 비교과 실적에 따라 전형이 달라지기도 하지만, 논술 실력도 파악해 전형을 선택하는 것이 좋다.

논술은 기출문제를 작성해 학교나 학원 선생님에게 직접 평가를 받아보거나 인터넷의 첨삭 사이트를 활용하면 된다. 대성학원 등에서 제공하는 사설 논술 모의고사를 이용해보는 것도 좋은 방법이다. 최근에는 대학에서도 논술 모의고사를 실시하는 경우가 많으니 희망 대학에서 실시하는 시험에 응시해서 결과를 보고 지원 여부를 결정하자.

적성 고사는 대학별 기출문제를 다운받아 정해진 시간 내에 풀어보거나 인강 사이트에서 제공하는 온라인 적성 모의고사에 응시해서 결과를 참고하는 것이 좋다. 실제 시험과 동일한 제한 시간 안에 풀고 70~80퍼센트 이상의 정답률을 보인다면 지원을 고려해보자. 적성 고사에 응시할 경우 영어 시험 출제 여부도 매우 중요한 포인트다.

면접 고사는 주로 학생부종합 전형이나 학생부교과 전형에서 실시한다. 대학에 따라 면접 유형에 차이가 있으니 사전에 자신이 희망하는 대학의 유형에 맞춰 간접 경험을 해야 한다. 수험생 스스로 객관적 판단을 하기 어려우므로 학교 선생님 혹은 학원 선생님과 모의 면접 테스트를 해보는 것이 좋다. 디지털카메라나 휴대전화로 면접 장면을 촬영해 고칠 점을 찾아 보완하도록 하자.

● 대학별 출제 경향을 살펴 내게 유리한 유형을 선택하자

여러 유형의 대학별 고사를 모두 준비하는 학생이 있는데, 이러면 결국 입시에서 실패한다. 가장 자신 있는 유형을 선택해 집중하는 편이 합격 가능성을 조금이나마 더 올리는 방법이다. 또한 같은 유형이라 하더라도 대학에 따라 크게 다르다. 2016학년도 수시 모집을 기준으로 자연계 논술 유형을 살펴보면 서강대는 수리논술만 출제하지만 성균관대는 수학 2문제와 과학 2문제를 출제한다. 또한 숙명여대는 공통논술과 수리논술을 출제한다. 이처럼 같은 논술 고사라 하더라도 대학에 따라 큰 차이가 있다. 또한 대학에 따라 인문과 사회 계열로 세분화해 논술고사를 출제하기도 한다. 따라서 대학별 고사 유형을 선택했다면 희망 대학별로 출제 경향을 살펴 유리한 쪽을 선택해 집중적으로 학습하는 것이 좋다.

3단계 입시 분석 :
전문가가 되려 하지 말고, 정보를 제대로 활용하자

수험생이나 학부모가 실수하는 부분 중 하나가 본인이 직접 입시 전문
가가 되려고 하는 것이다. 물론 전문가가 된다면 당연히 입시 준비를
잘할 수 있겠지만 수험생이나 학부모가 그렇게까지 할 필요는 없다. 대
교협, 대학, 교육청, 언론, 입시 기관에서 나오는 정보만 제대로 활용해
도 입시 준비에 아무 지장이 없다. 정보의 '수집'도 중요하지만 더 중요
한 것이 바로 '활용'이라는 점을 기억하자.

● 입시 정보를 찾을 때 꼭 필요한 사이트들

입시 정보를 찾을 때 유용한 사이트에는 서울진로진학정보센터www.
jinhak.or.kr를 비롯한 시도 교육청의 진로진학센터 홈페이지, 대교협이
운영하는 대입정보 포털사이트www.univ.kcue.or.kr, 전문대학입학정보www.
ipsi.kcce.or.kr, 조선일보가 운영하는 교육전문미디어www.edu.chosun.com
를 비롯한 언론사 교육 정보, 진학사www.jinhak.com나 유웨이www.uway.
com, 입시투데이www.ipsitoday.com 같은 입시 사이트, 희망 대학의 입학
처, 오르비나 수만휘 같은 커뮤니티 등이 있다. 그리고 각종 언론 기사
에서 거의 입시 정보 대부분을 수집할 수 있으니 참고하도록 하자.

● 각 시기별로 꼭 챙겨야 할 주요 입시 정보들

입시 분석은 입시 정책 및 제도 변화, 지원 연도의 주요 사항, 희망 대
학별 전형 계획, 수시 및 정시 모집 요강, 대학별 입시 결과 등을 확인

하는 식으로 순차적으로 진행해야 한다. 대입 3년 예고제가 정착되면서 대학이 전형 계획을 일찍 발표하므로 수험생이 입시를 대비하기가 보다 수월해졌다. 대신 그만큼 대학별로 바뀐 입시를 미리 준비해야 한다.

우선 대학교육협의회에서 대입 전형 시행 계획 및 모집 시기별 주요 사항을 발표하는데, 그 해의 입시 흐름을 파악할 수 있는 중요한 자료다. 대교협에서 먼저 발표하고 나면 대학은 입학처 홈페이지에 그 해의 주요 입시 전형 계획안을 발표한다. 구체적인 정보를 대부분 얻을 수 있으나 대학에 따라 간략하게만 발표하는 경우도 있다.

대학별로 전형 계획안을 발표하고 나서 수시와 정시 원서접수 전에 모집 요강을 발표한다. 이때 입시 전형 계획안에서 바뀌는 내용이 있으니 꼭 참고해야 한다. 그리고 최근의 입시 결과, 경쟁률, 합격자 성적, 예비합격자 현황, 추가합격자 현황을 공개하는 대학이 많으니 필요한 정보를 다운받아서 정리해두도록 하자. 또한 대학이나 대교협, 교육청에서 설명회도 자주 개최하니 참석해서 정보를 모으는 것도 방법이다.

4단계 준비 전략 수립 및 실행: 전형별 우선순위를 고려해 계획을 실천하자

입시 정보를 분석하고 내 장점을 극대화할 방향을 설정했다면 효율을 높일 장기 학업 계획을 수립해서 단계별로 집중하는 전략을 수행해야

한다. 또한 계획이 달라질 수 있으니 아직 확정되지 않은 입시 정보에도 관심을 유지해야 한다. 이때 이미 선택한 전형에 따라 실행할 우선순위를 정한다. 예를 들어 수시 학생부종합 전형에 지원하는 학생이라면 학생부 비교과 실적을 취득하고 관리하는 것이 제일 중요하다. 또한 자기소개서와 면접 대비를 평소 꾸준히 하면서 수시 불합격을 대비해 정시 준비도 해야 한다.

학습 계획을 세울 때는 향상 가능성뿐만 아니라 하락 가능성도 염두에 두어야 한다. 학원과 인터넷 강의 등 학습 방법뿐 아니라 주요 시기별 학습 분량, 목표 점수와 등급 등 구체적인 내용을 작성해야 한다. 또한 시기별로 계획 실행 여부를 확인해 체크해야 한다.

5단계 지원 전략 :
모의 지원 및 온라인 배치표를 시기에 맞게 활용하자

경찰대를 비롯한 특수 대학을 제외하면 일반적으로 수시에 6회의 지원 기회가 있고, 정시에서는 각 군별로 1회씩 총 3회의 지원 기회가 있다. 수시 모집에서는 대학에 따라 전형별로 중복 지원을 허용하기도 하나 모두 지원 횟수로 합산된다. 정시에 비해 지원 횟수가 많은 수시에서는 2배수의 지원 희망 대학 리스트를 작성해 실제 지원 대학과 학과를 결정하는 것이 효과적이다. 수능 최저학력기준, 대학별 고사 일정도 감안해야 한다. 학생부교과 전형은 수시 배치표 및 모의 지원, 합격 예측 서비스 등을 활용하면 효과적이지만 학생부종합 전형이나 논술 전형에 지원한다면 실제 도움을 받기 어렵기 때문에 굳이 이용하지 않아도 된다.

　정시 모집은 각 군별로 3배수의 지원 대학 리스트를 정리해두고, 실제 지원 대학과 학과를 결정하는 것이 좋다. 각 대학별 입시 결과와 시중 입시 기관의 배치표 및 모의 지원을 활용하고, 학교에서 한 상담 결과를 모두 정리해두도록 하자. 대학 입시 설명회나 박람회에서 대학교의 실질 입시 결과와 지원 가능한 점수대를 확인할 수도 있다. 수능 성적만으로 선발한다고 해도 수능 성적뿐 아니라 수능 반영 비율이 적용된 대학별 환산점수를 모두 확인하는 것이 좋다. 수능 반영 비율에 따라 같은 점수라도 대학별 환산점수가 달라지기 때문이다. 수능 중심으로 선발하는 정시 모집에서는 주요 입시 기관의 온라인 배치표와 모의 지원을 활용하는 것이 효과적인데, 입시 기관마다 배치 점수가 달라 혼란스러울 수 있다. 이때에는 모의 지원 이용자 수가 많은 업체 세 곳 이상의 평균점수를 구해 그것을 기준으로 지원을 결정하는 것이 좋다.

6단계 검토 및 보완 : 주요 시기별로 실천 여부를 검토하고, 계획을 보완하자

학년별, 학기별, 수시와 정시 모집 시기별로 자신의 현재 역량이나 성적에 변화가 있을 수 있으므로 반드시 검토해야 한다. 또한 계획의 실천 여부를 체크하면서 계획이 현실이 될 수 있도록 보완해야 한다. 또한 입시 제도나 대학별 전형, 전형 방식이 바뀔 수 있으므로 입시 계획을 주의 깊게 관찰하면서 검토하고 보완해야 한다.

학년이 올라가면서 내신 성적이나 비교과, 모의고사 성적에 변화를 보이는 경우가 많다. 또한 희망 진로가 '의사 → IT 컨설턴트 → 의학 전문 기자' 등으로 달라지는 경우가 대다수다. 따라서 계획은 세우되 반드시 주요 시기별로 (주로 방학을 활용해서) 현재까지의 실천 내용을 점검하고, 달라진 목표나 성적, 비교과 실적을 점검해 향후 실천 계획을 세워야 한다.

특히 학교생활기록부를 학기별로 검토하면서 자신의 교과 성적 뿐만 아니라 비교과 실적도 종합적으로 검토할 필요가 있다. 현실적으로 고3 때에는 학생부 관리가 어려운 만큼 고1,2학년 때에 동아리 및 봉사 등 활동 내역 및 독서활동 등을 보완해야 한다.

성적대별 입시
기본 전략

Talk ┃ 자사고라 내신이 5등급인데, 수시는 포기해야 하나요?
┃ 중위권 학생들은 수시에 올인하는 것이 유리한가요?
┃ 내신이 3.5등급인데 간호학과에 지원할 수 있나요?

각종 언론에서 매일 쏟아져 나오는 입시 정보는 가히 정보의 홍수라 할 만하다. 또한 대교협이나 EBS, 대학이 학교 방문 설명회나 지역 설명회 등을 개최해 상당히 알찬 정보를 준다. 하지만 주로 상위권이나 최상위권을 대상으로 하는 정보가 많기 때문에 중위권이나 하위권 학생에게는 독이 되는 경우도 많다. 예를 들어 '지나친 하향 안전 지원을 피하라'는 의미인 '수시납치'는 상위권이나 최상위권에게는 의미 있지만, 4년제 대학 입학 자체가 목표인 하위권 수험생에게는 별 의미 없으므로 적극적으로 수시에서 승부를 내는 편이 차라리 낫다. 또한 수시와 정시에서 가장 많이 활용하는 배치표는 중상위권 대학을 중심으로 적중률이 높고, 하위권 대학은 입시 기관별로 점수 차이가 몇십 점씩 나기 때문에 배치표를 이용할 필요가 없다. 차라리 하위권 학생은 대학에서 발표하는 입시 결과를 참고해 지원하는 것이 효과적이다. 이처럼 수험생의 성적대별로 기본 전략이 다르기 때문에 자신의 수준에 맞는 전략을 따라야 한다.

최상위권 | 물수능의 피해자가 될 것인가?

→ 지원 대학: **서울대, 연세대, 고려대, 의학계열, 카이스트, 포스텍 등**

학생부교과 성적이나 모의고사 성적이 1등급 초중반인 학생이 최상위권이라 할 수 있다. 계열에 따라 특징이 있는데 인문계 최상위권은 현실적으로 대학 간판을 중심으로 지원 전략을 짜야 한다. 서울대 지역균형 및 일반 전형 등 학생부종합 전형이 많고, 연세대와 고려대 등에서 논술 전형을 실시하므로 보통 학생부종합 전형과 논술 전형을 같이 준비한다. 자연계 최상위권은 의학 계열과 서울대, 카이스트, 포스텍, 연세대, 고려대를 중심으로 희망 대학 및 전공에 따라 준비 전략을 달리한다. 대학이나 전공에 따라 전형이 달라지므로 되도록 유형을 하나 정해서 준비하는 것이 좋다. 지방의 최상위권 학생은 최근 확대되고 있는 지역인재 전형을 활용하는 것도 고려해야 한다.

대학과 학과는 추천서 확보 여부 및 비교과, 논술 실력 등을 종합해 결정해야 한다. 그리고 재학생 최상위권은 반드시 재수생 및 반수생과 경쟁한다는 점을 염두에 두어야 한다. 명문대학의 비인기 학과에 지원할 경우 추가 합격자가 매우 적다는 점도 감안해야 한다. 실제로 추가 합격자가 한 명도 없을 때도 있다. 최상위권 대학은 학생부교과 성적만으로 선발하는 전형이 없기 때문에 평소 교과 성적에 신경쓸 뿐만 아니라 교내의 다양한 활동(경시대회, 임원, 동아리, 학생회, 봉사활동 등)에 적극적으로 참여해 실적 관리를 해야 한다.

최상위권 학생은 물수능의 피해자가 될 가능성이 가장 높기 때문에 국영수뿐만 아니라 탐구영역에서 만점을 목표로 준비해야 하는 부담이 있다. 쉽게 출제되는 과목에서 실수로 한두 문제만 틀려도 재수나 반수로 가게 되기 때문이다. 특히 수능이 쉽게 출제되면 상대적으로 어렵게 출제되는 탐구영역의 영향력이 커진다는 점에 주의해야 한다.

실제 의학계열이나 서울대를 목표로 준비하는 학생은 고1 때부터 이미 논술, 학생부종합 전형을 감안해 입시 전략을 세우고 준비한다. 수시와 정시를 지원할 때는 재수나 반수를 감안해 자신이 희망하는 학과에 소신 지원한다. 수시와 정시 모두에서 수능 성적이 입시에 미치는 영향이 제일 큰 성적대이므로 수시 준비에 지나치게 많은 시간을 투자해 자칫 수능 대비를 소홀히 하지 않도록 조심해야 한다. 평소 모의고사에서 범하는 실수를 유형별로 정리하면서 자신만의 해결책을 찾아야 한다. 또한 소홀하기 쉬운 체력이나 컨디션 관리에도 힘써서 슬럼프가 찾아오지 않도록 주의해야 한다.

상위권 | 수시와 정시 경쟁이 과열된다

➡ 지원 대학: **수도권 주요 대학 및 지방 거점 국립대, 교대 등**

학생부교과 성적이나 모의고사 성적이 1등급 후반~2등급대인 학생이 상위권이라 할 수 있다. 최상위권으로 도약하려면 자신의 현재 수준을 객관적으로 점검하고, 전략을 짜야 한다. 전략 수립과 실행에 따라 입시 결과가 엄청나게 달라진다.

최상위권에 비해 대학 선택의 폭이 넓지만, 중위권 학생이 상향 지원하므로 그만큼 경쟁률도 높게 나타난다. 물수능 여파로 시험 당일 실수할까 봐 학생들이 수시에 대거 지원하고, 수능 성적도 차이가 크지 않아 정시에는 소신 지원할 가능성이 매우 높은 성적대다. 반면에 물수능의 수혜를 많이 볼 수 있는 성적대이기도 하다. 상위권 학생은 최상위권 학생에 비해 특정 영역이 약한 경우가 많아 시험 당일 난이도에 따라 의외의 좋은 결과를 얻을 수 있다.

교대와 국립대, 주요 사립대 등 학교에 따라 전형이 다르기 때문에 고2부터 미리 자신의 주력 전형을 선택해 준비해야 한다. 또한 학생부교과 전형, 학생부종합 전형, 논술 전형, 정시 일반 전형 등 전형 선택의 폭이 가장 넓은 만큼 대학을 우선시하는 전략보다 자신에게 맞는 전형을 선택하는 전략을 펼쳐야 한다. 여러 전형에 모두 지원하다가 결과적으로 수능을 망쳐서 입시에 실패하는 경우도 많으니 주의해야 한다. 수시에는 수능 최저학력기준을 적용하는 전형이 많으므로 수능 대비를 철저히 해야 한다. 학생부교과와 비교과, 논술이 우수한 학생이면서 모의고사 성적 변동이 큰 학생이라면 수능 전에 실시하는 전형을 집중적으로 공략하는 것이 좋다.

상위권 수험생들이 수능 준비에 소홀해질까 봐 수능 후 전형에 집중적으로 지원하는 경향이 있기 때문에 주요 대학들의 수능 전과 수능 후의 전형별 경쟁률에 차이가 있다. 수능 후에 수능 최저학력기준을 적용하는 논술 전형의 표면 경쟁률은 40대 1 이상에 이르지만 수능이 끝나고 나면 수능 최저학력기준을 만족하지 못한 학생이 많이 나오므로 결시율이 최대 50퍼센트에 이른다는 점도 감안하자. 반면에 수능 최저학력기준을 적용하지 않은 대학은 결시자가 거의 없어 실질 경쟁률이 매우 높다.

논술 전형에 지원하는 학생은 교과 성적이 5등급 이내이면 거의 감점이 없으니 무리하게 내신 성적을 관리하기보다 논술과 수능 대비에 힘쓰는 것이 효과적이다. 학생부교과 전형은 경쟁률이 논술 전형에 비해 낮고, 중복 합격자가 많아 추가 합격자를 고려해 지원해야 한다. 학생부 100퍼센트로 선발하거나 학생부와 면접을 합산해 선발하는 경우도 있는데 수능 최저학력기준 적용 여부에 따라 합격자 성적대가 크게 달라진다. 수능 최저학력기준이 없는 주요 대학은 1등급 중후반대에서 거의 합격자가 형성된다.

전국의 교대는 여전히 인기가 높은 편이고, 교대만의 입시 특성이 있으므로 지원 여부를 미리 결정해 준비해야 한다. 최근에는 불경기 탓에 여학생들이 안정적인 직업을 얻으려고 교대를 많이 선호한다. 현실적으로 자신의 성적대를 기준으로 지원 가능한 대학과 희망하는 목표 대학 사이의 괴리가 클 수 있으니 대학별로 입시 결과를 살펴보고, 성적 향상 가능성을 냉정히 분석해 지원해야 한다.

중위권 | 다양한 경우의 수를 예측하고, 입시를 철저히 분석하자

➜ 지원 대학: **수도권 및 지방의 주요 사립 및 지방 국립대, 전문대 등**

학생부교과 성적이나 모의고사 성적이 3~4등급 대인 학생들이 중위권

이라 할 수 있다.

중위권 학생들은 입시 전략에 따라 다양한 입시 결과가 나온다. 이른바 수시 대박이 나올 수 있다. 학생부교과, 비교과, 논술, 적성, 수능 등 가장 자신 있는 강점을 살렸을 때 의외의 결과를 만들어낸다. 자신의 역량을 체계적으로 분석해 수시와 정시 중에서 전략적 선택을 해야 한다. 교과 성적이 3~4등급일 경우 수도권이나 지방 국립대를 지원할 수 있겠지만 신문방송학과 등 인기 학과를 지원하기에는 점수가 약간 부족한 수준이다.

논술이나 적성 고사를 실시하는 수시에 지원할 때는 교과 성적이 5등급 이내 정도라 해도 대학별 고사 실력이 뛰어나다면 과감한 선택도 고려해야 한다. 단 교과 성적이 부족한 만큼 많은 인원을 선발하는 중위권 학과를 집중적으로 노려야 한다. 비교과 실적과 희망하는 모집 단위와 연관된 교과 성적이 우수하면 학생부종합 전형을 지원하는 것이 좋다. 자기소개서와 면접 대비를 소홀히 하는 학생들이 많은데, 자기소개서는 6월 모의평가 이후 3~4차례 수정 및 보완해야 한다. 적성 고사 전형을 지원하는 학생은 최근 적성 고사 전형이 대폭 축소되어 실질 경쟁률이 매우 높다는 점을 감안해야 한다. 그리고 많은 대학에 수능최저학력기준이 없다는 이유로 적성 고사 전형에 올인하는 학생들이 간혹 있는데, 이러면 수시에 불합격했을 때 정시에도 실패할 가능성이 높으니 주의해야 한다. 그리고 적성 고사 유형이 최근에는 수능형으로 많이 바뀌었으므로 국어, 수학, 영어 모의고사 등급이 4등급 이내인 학생들이 준비하는 것이 좋다.

중위권 수험생은 전형을 선택할 수 있는 경우의 수도 많지만 대학 선택 시에도 경우의 수가 가장 많다. 특히 3~4등급대 학생 중에서는 취업을 우선적으로 고려해 4년제 대학 중 취업이 잘되는 학과를 선택하거나 아예 취업이 유리한 전문대를 선택하기도 한다. 전문대에 지원하는 학생은 전문대학교육협의회에서 운영하는 입시 포털사이트에서 전문대 유망 학과 정보 등을 확인하고, 대학별 입시 결과를 확인해 지원을 결정하자.

중위권 학생이 정시에 지원할 경우 주로 3개 영역 반영 대학에 지원할 가능성이 높다. 대학별로 3개 영역을 선택하거나 지정하는 식으로 경우의 수가 다양하니 반드시 희망 대학의 수능 반영 방법을 살펴 지원을 준비해야 한다. 시중의 배치표와 실제 대학의 입시 결과가 차이가 나는 경우가 많으니 배치표나 모의 지원을 기준으로 지원하기보다 대학별 입시 결과를 기초해서 지원해야 한다.

성적에 비해 수준이 높은 대학이나 학과를 생각하는 학생들이 많은데, 객관적으로 자신이 성적을 파악해 입시를 준비해야 한다. 또한 특별 전형에 해당된다면 약간 성적이 부족해도 지원을 고려하되 모집 인원이 적은 전형이나 모집 단위는 실제 합격선이 매년 크게 달라지므로 예측이 어렵다. 교과 성적 향상 가능성, 논술과 적성 고사의 실력, 비교과 준비 정도, 모의고사 성적 향상 추이를 감안해 입시를 준비해야 한다. 지방 학생은 지방 거점 국립대를 지원하면서 사립대를 지원하는 경우가 많다. 수시에서 불합격할 경우를 대비해 수능 3개 영역을 철저히 대비하는 것이 좋다.

→ 지원 대학: **지방의 사립대 및 지방 전문대**

학생부교과 성적이나 모의고사 성적이 5등급 이하인 학생이라면 입시에서 좋은 결과를 얻기 어렵다. 적성 고사를 아주 잘 보는 학생이라면 수시 모집에서 수도권 대학에 합격할 수 있으나 일반적으로 매우 드물다. 수시 합격 신화에 휩쓸리기보다 수능을 대비한 기본 실력을 쌓는 것이 오히려 유리하다. 하위권 학생의 문제점은 공부 요령과 학습량 자체가 부족하다는 점이다. 또한 스스로 자신의 한계를 그어 제대로 입시 정보를 찾아보지도 않는다. 하위권 학생도 지방 사립대 중에서 자신에게 유리한 대학을 찾는다면 좋은 결과를 거둘 수 있다.

이 성적대의 학생들은 수능 100퍼센트나 학생부 100퍼센트를 선호하는 경향이 있다. 비교과 실적이 우수하다면 지방 사립대의 학생부종합 전형을 집중적으로 공략하는 것도 방법이다. 학생부종합 전형에 지원했다가도 자기소개서나 면접에 부담을 느껴 포기하는 경우가 많기 때문이다. 학생부 교과와 모의고사 성적을 철저히 분석해 지방 4년제 사립대나 전문대학 지원도 적극 고려해야 한다. 대학을 우선시하기보다 현실적으로 취업을 감안한 선택을 해야 한다. 장차 본인이 하고 싶은 직업을 구체화해서 취업에 도움이 되는 학과를 최우선으로 고려하자. 학생부 교과와 수능을 준비할 때는 최대 3개 영역을 집중적으로 준비하도록 하자. 학교 내신 시험을 대비하며 기본 개념을 잡고, 쉬운 문제부터 풀면서 실력을 쌓아가야 한다. 3개 영역을 주로 준비하되 탐구에서도 1개 과목을 중심으로 파고드는 것이 효과적이다.

나는 어떤 유형일까?
유형별 입시 키포인트

Talk | 진교학생회장과 임원 활동을 많이 했는데, 입시를 어떻게 준비해야
하나요?

| 우리 학교가 내신 따기가 쉬워서 내신은 좋은데, 모의고사가 별로에요.

| 학생부종합 전형은 스펙이 좋은 아이들만 쓰니까 불리하지 않나요?

대입 간소화 정책으로 전형이 단순화되었다. 이제 자신의 강점을 파
악해 미리 전형을 선택해 준비해야 한다. 대학 입시에 활용하는 전형
자료는 교과, 비교과, 대학별 고사, 수능으로 크게 구분할 수 있는데,
모집 시기에 따라 주로 활용하는 자료가 다르다. 수시 모집에서는 교
과, 비교과, 대학별 고사를 중심으로 선발이 이루어지고, 수능 성적은
전형별 최저학력기준으로만 활용된다. 최근 수시에서는 대학들이 수능
최저학력기준을 완화한 경우가 많고, 대학에 따라 아예 적용하지 않기
도 한다. 수시 모집의 선발 비율이 정시 모집의 두 배 정도 되기 때문에
대다수 수험생들은 적극적으로 수시를 지원해야 한다. 하지만 학생부
교과 성적이나 비교과, 대학별고사에 특별한 장점이 없고, 모의고사 성

적이 우수한 학생이라면 정시 모집에 집중해야 한다. 아래 표를 활용해 자신의 유형을 찾아보고, 자신에게 맞는 입시 전략을 참고해 철저히 대비하도록 하자.

학생 유형별 키포인트

유형	강점 자료	시기	대학 수준	선발
내신형	학생부교과 성적, 모의고사, 면접	수시	상,중,하	많음
비교과형	학생부 비교과 활동, 학생부 교과, 면접	수시	상,중,하	많음
논술형	논술 실력, 모의고사	수시	상	보통
적성형	적성 실력, 모의고사	수시	중	적음
특기형	특기 실적(어학,수상실적,예체능 등)	수시	상,중,하	적음
수능형	모의고사	정시	상,중,하	많음

내신형 | 수능 최저학력기준 충족 여부에 따라 대학 수준이 크게 달라진다

➡ 학생 유형: **내신 성적에 비해 모의고사, 논술, 비교과 실적 등이 취약한 학생**

➡ 고교 유형: **일반고, 특성화고**

➡ 키포인트: 전형 자료 중에서 교과 성적이 뛰어난 학생들이다. 일반고 출신 학생이 많은데, 상대적으로 우수한 내신 성적을 확보하기가 수월하기 때문이다. 이러한 유형의 학생은 학생부교과의 강점을 최대한 살릴 수 있는 수시 모집에서 승부를 내야 한다. 정시 모집에서는 대부분 학생부를 반영하는 비율이 실질적으로 낮고, 수능의 영향력이 거의 절대적이기 때문이다. 최근 대학들이 학생부 중심으로 선발하는 전형을

확대해서 교과 성적이 우수한 학생에게 입시가 유리해지고 있지만 수능 최저학력기준 및 면접 고사 실력에 따라 지원할 수 있는 대학 수준은 크게 달라진다. 이런 유형의 학생들은 우수한 내신 성적만 믿고, 수시에서 상향 지원을 했다가 불합격하는 경우가 많다.

수시의 학생부교과 전형은 교과 성적이 우수하지만 모의고사가 취약한 학생들이 대거 응시하므로 기본적으로 합격선이 높다. 특히 중앙대와 한양대를 비롯한 주요 대학들의 경우에는 수능 최저학력기준과 상관없이 합격선이 높게 나타난다. 주요 대학들의 학생부교과 전형에 지원하려면 인문계열은 1.0~1.3등급, 자연계열은 1.0~1.6등급의 교과 성적을 확보해야 한다. 인(in) 서울을 생각한다면 인문계열은 2.5등급, 자연계열은 3등급 이내로 내신 성적을 관리해야 한다. 대학에서 발표하는 합격자 성적을 참고하거나 전국 단위에서 상대적인 위치를 파악하는 등 자신의 경쟁력을 객관적으로 살펴야 한다.

수시 모집에서 사용할 수 있는 여섯 번의 기회를 잘 살려야 하는데, 내신 성적보다는 모의고사 성적을 기준으로 지원 가능한 대학과 학과 이상에 합격하는 것을 목표로 해야 한다. 대학별로 반영 교과 및 반영 지표가 다르기 때문에 자신에게 유리한 대학을 찾아야 한다. 우선 학생부교과 성적을 분석해 유리한 반영 영역과 조합을 찾아야 한다. 학생부교과 전형은 일괄합산 전형이거나 다단계 전형인데, 학생부 성적만으로 선발하거나 학생부와 면접을 합산해 선발한다. 특히 1단계에서 학생부교과 성적만으로 선발한다면 1단계 통과가 가능한 성적대인지를 파악해 지원해야 한다.

이때 2단계에서 실시하는 면접이 당락에 미치는 영향이 매우 크다.

또한 면접 고사 실시일이 수능 전인지 수능 후인지에 따라 경쟁률과 합격선이 달라진다. 모의고사 성적이 저조하다면 수능 전에 실시하는 대학을 주로 공략하는 것이 유리하다. 3학년 1학기까지 주요 교과의 내신을 철저히 관리하면서 수능 대비에 힘써야 한다.

비교과형 | 자기소개서와 면접을 철저히 대비해야 한다

➡ 학생 유형: **다양한 교내 활동 실적이 있으며, 교과 성적이 평균 이상인 학생**

➡ 고교 유형: **외국어고, 국제고, 과학고, 자사고, 일반고**

➡ 키포인트: 교과 성적이나 모의고사 성적에 비해 비교과 활동 실적이 풍부한 학생들이다. 이런 유형에는 보통 우수한 교내 프로그램이 많은 특목고 학생이 많다. 비교과 실적에 따라 학생부종합 전형이나 특기자 전형을 고려할 수 있다. 학생부종합 전형에서는 교내 실적만 반영되므로 어학 실적이나 외부 수상 실적이 우수한 학생이라면 특기자 전형에 지원해야 한다.

　최근 정부의 정책으로 학생부종합 전형이 급격히 확대되고 있으므로 적극적으로 이 전형에 지원할 것을 고려해야 한다. 교과나 모의고사는 객관적으로 자신의 위치를 파악할 수 있지만 비교과 실적은 상대적으로 우위를 비교하기 힘들다. 그래서 상향 지원이 가장 많은 유형이기도 하다. 지원 기준은 비교과 실적을 최우선으로 하되 모의고사 성적을 참고해 정시에 지원 가능한 대학 이상으로 맞추도록 하자. 모의고사 성적이 저조하더라도, 우수한 실적만을 믿고 상향 지원을 많이 하기도 하는

데 수시에 불합격할 수 있다는 점을 명심하고, 수시 6회의 기회 중 2~3개 정도는 상향 및 소신 지원을 하되 3~4개 정도는 적정 및 안정 지원을 할 필요가 있다.

비교과 실적이 우수하다면 대학별로 교과와 비교과, 면접 등 전형 방법을 살펴 지원해야 한다. 학생부종합 전형에서도 여전히 대다수 대학에서 학생부교과 성적을 중요한 선발 기준으로 삼고 있다. 지원하는 학과와 관련된 내신 성적은 철저히 관리해 학년이 올라갈수록 성적이 향상되는 모습을 보여줄 필요가 있다. 학생부종합 전형을 모집하는 대다수 대학이 자기소개서를 요구하고, 면접을 실시한다. 비교과가 우수하더라도 자기소개서 및 면접을 철저히 대비해야 한다. 그리고 가급적 지원하는 학과와 관련된 비교과 실적을 관리할 필요가 있다. 학생부종합 전형은 대체로 학생부교과 전형에 비해 내신 성적 기준이 비교적 낮은 편이며, 비교과 실적이 중요하게 반영된다. 또한 최저학력기준이 없거나 일반 전형에 비해 낮은 점 또한 유리한 측면이다. 학생부종합 전형의 면접은 인성 면접이므로 자기소개서와 학교생활기록부의 내용을 주로 물어본다. 평소 모의 면접 테스트를 자주 하면서 면접 태도를 점검해야 한다.

논술형 | 내신이 부족해도 실력이 있다면 과감히 준비해야 한다

➔ 학생 유형: **논술 실력이 뛰어나고, 모의고사 성적이 우수한 학생**

➔ 고교 유형: **외국어고, 국제고, 자사고, 일반고**

➔ 키포인트: 교과 성적이나 비교과에 비해 논술 고사에 강점이 있는 유

형이다. 교과 성적이 부족해도 평소 꾸준히 논술 고사를 준비해왔고, 수능 최저학력기준을 충족할 수 있다면 지원이 가능하다. 경쟁이 치열한 외고나 국제고, 자사고 출신 수험생이 해당되는데 이들은 내신 성적이 3~6등급 정도로 저조하지만 모의고사 성적이 우수하다. 심화학습이 잘되어 있으며, 사고력이 뛰어나 논술에 강점이 있다. 논술 고사는 객관적으로 자신의 실력을 파악하기 어렵기 때문에서 수시에서 묻지마식 상향 지원을 하는 원인이 되기도 한다. 인문계열은 국어와 사회탐구의 모의고사 등급, 자연계열은 수학과 과학탐구의 모의고사 등급을 참고해 기본적인 교과 수준을 파악한다. 가급적 모의고사 등급이 3등급 이내일 경우에 지원을 고려하는 것이 좋다.

주로 학원을 다니거나 과외를 하며 논술을 준비하는 경우가 많은데, EBS를 비롯한 인터넷 강의 사이트에서도 대학별 논술 강의를 제공하니 꼭 활용해보자. 여름방학 때 단기 강의로 준비해서 합격하는 경우는 드물며, 주로 고2 때부터 장기간 준비한 학생의 합격률이 높다. 대학 공통 논술 강의보다는 대학별 출제 경향에 맞춰 맞춤형으로 하는 강의를 듣는 편이 좋다. 2014년부터 논술 난이도가 예년에 비해 쉽게 조정되었지만 여전히 주요 대학의 난이도는 높은 편이다. 대학별 출제 경향이 다르다는 점과 수능 후에 논술을 실시하는 대학들의 일정이 중복되므로 지원 기회가 줄어든다는 점을 감안해야 한다. 학교마다 인문계열인데 수리 논술을 출제하거나 자연계열에서 수리 논술만을 실시하거나 수학과 과학 논술을 실시하는 등 출제 유형에 차이가 있다. 그리고 주요 대학은 수시에서 논술 고사를 다년간 실시했기 때문에 출제 유형이 정형화되어 있는 경우가 많다. 모의 논술과 기출문제, 논술 설명회를 참고해 확실한 방향을 잡고 맞춤형으로 준비해야 한다.

주요 대학은 주로 수능 후에 논술 고사를 실시하며, 수능 최저학력기준을 적용한다. 수능 최저학력기준을 적용하는 대학 중 수능 이후에 논술 고사를 실시하는 대학에 지원한 학생의 결시율은 매우 높다. 주요 대학은 보통 논술 결시율이 30퍼센트 정도인데, 2015 수시에서 성균관대와 중앙대, 경희대의 논술 결시율은 약 50퍼센트 정도로 매우 높게 나타났다.

적성형 | 선발 규모가 줄어들어 경쟁률이 여전히 높을 것

➜ 학생 유형: **교과 성적은 저조하지만 국어와 수학 성적이 좋은 중위권 학생**

➜ 고교 유형: **일반고**

➜ 키포인트: 적성 고사 전형은 교육부의 대입 간소화 방침에 따라 특기자 전형과 더불어 가장 많이 축소되고 있다. 선발 규모가 몇 년 전에 비해 급격히 줄어들었으므로 경쟁률이 매우 높다. 적성 고사는 적성검사, 적성평가로도 불리며, 대학별 고사 중 유일한 객관식 시험이다. 적성 고사를 실시하는 대학은 주로 중위권 대학이며, 학생부교과 성적이 3~6등급 선의 학생들이 주로 지원한다. 내신 영향력이 낮고, 수능 최저학력기준을 적용하지 않는 대학들이 많다. 적성고사 한 문제로 내신의 불리함을 극복할 수도 있어 기본 경쟁률이 매우 높다. 최근 실시 대학이나 선발 인원이 대폭 감소한 점을 감안해 자신의 경쟁력을 파악해서 무모한 지원은 자제하는 것이 좋다. 이른바 수시 대박을 터트린 경우가

가장 많은 유형이다 보니 중하위권 학생들이 묻지 마 상향 지원을 많이 한다. 실제로 합격한 학생의 사례를 살펴보면 학생부교과 성적은 4~5 등급인 학생들이 많고, 평소 적성 고사 전문 사이트나 학원을 통해 장기간 준비한 학생이 많다. 자신의 실력을 온라인 모의고사 등으로 확인하고, 국어와 수학 모의고사 성적을 감안해 최소 4등급 이내인 경우에 지원을 고려하자.

시험 유형은 국어와 수학 중심으로 출제되며, 대학에 따라 영어를 출제하기도 한다. 최근에는 수능형으로 출제하는 경우가 많아 모의고사 성적에 비례해 합격할 확률도 높다. 짧은 시간에 많은 문제를 풀어야 하므로 평소 철저히 모의고사 연습을 해야 한다. 적성 고사 전형에 지원하는 학생은 대학별 기출문제와 모의 적성 문제는 필수로 공부해야 하며, 인터넷 강의 사이트에서 강의를 듣고 적성 모의고사를 보며 꾸준히 준비해야 한다.

특기형 | 실시 대학과 지원 자격을 확인하자

➡ 학생 유형: **어학 및 수상 실적, 실기 능력이 뛰어난 학생**

➡ 고교 유형: **외국어고, 국제고, 과학고, 자사고, 일반고**

➡ 키포인트: 교육부의 대입 간소화 방침에 따라 가장 많이 축소되고 있는 전형 중 하나다.

특기자 전형은 어학 특기자를 비롯해 일반 학생이 지원할 수 있는 전형과 예체능계열 학생들이 지원할 수 있는 전형으로 구분한다. 특히 어학특기자 전형은 선발 규모가 많이 줄어들었다. 어학특기자 전형은 보통 공인 어학 성적 또는 외국어 면접과 에세이 등으로 선발한다. 상위권 일부 대학은 모집 인원이 늘었으나 전반적으로는 축소된 것이 현실이다. 일반적으로 외국어고, 국제고, 해외고 출신 학생에게 유리하나 최근에는 일반계 고교 학생도 많이 도전하고 있다. 수험생 혼자 준비하는 것이 쉽지 않으므로 보통 어학원이나 전문 학원을 다니며 준비한다. 선발 규모가 많이 줄었으므로 정말 우수한 학생이 아니라면 논술 전형 등 다른 전형으로 준비하는 것이 좋다.

예체능계열은 실기를 주로 보고, 특기자 전형이나 학생부종합 전형으로 같이 선발하는 대학들이 있다. 고1때부터 실기 준비를 철저히 해야 하며, 전국대회 수상 실적을 요구하는 등 지원 자격을 제한하는 경우도 있다. 대학마다 실기 유형이 달라 비슷한 유형끼리 실기를 준비해야 한다.

수능형 | 정시를 우선적으로 준비하되 수시도 일부 지원하도록 하자

➡ 학생 유형: **내신이나 비교과 실적이 저조하면서 모의고사 성적이 우수한 학생**

➡ 고교 유형: **외국어고, 국제고, 자사고, 일반고**

➡ 키포인트: 내신이나 비교과 실적, 대학별 고사 경쟁력이 부족하지만 상대적으로 모의고사 성적이 잘 나오는 유형이다. 특목고나 자사고 등 내신 경쟁이 치열한 학교 출신이 많다. 일반고 학생 중에도 수능 점수는 높지만 1, 2학년 때 내신 성적 관리를 제대로 하지 못한 학생들이 이에 해당한다. 우선적으로 정시를 고려해야 하는데, 수능 당일 컨디션이나 실수 여부에 따라 지원 가능한 대학과 학과가 크게 달라지니 수시에

도 일부 지원하는 것이 좋다. 특히 수능 최저학력기준을 높게 설정한 전형을 중심으로 지원해야 한다. 학생부교과 전형이나 논술 전형을 중심으로 지원 전략을 짜되 되도록 수능 이후에 대학별 고사를 실시하는 대학을 지원하자.

목표 대학을 정하는
SMART 원칙

적어도 10년 이상 전국 각지로 입시 설명회나 진학 상담을 하러 다니면서 수많은 학생과 학부모를 만났는데 그들의 목표는 현실에 비해 너무 높았다. 때로는 높아도 너무 높아서 도저히 얘기를 들어줄 수 없는 경우도 있다. 특히 학부모의 학벌이 높을수록 자녀의 성적과는 상관없이 기대치는 높아만 간다. 재수와 삼수 등 실패를 거듭해도 기대치는 낮아지는 법이 없다. 고3이 되었는데도 '로또' 당첨을 기대하듯이, 혹시나 하는 생각에 수시와 정시에서 과감히 '묻지 마식 상향 지원'을 한다.

▌도대체 무엇이 문제일까? 올바른 목표는 어떻게 세워야 할까?

대학 입시를 준비하는 수험생에게는 구체적이고 명확한 목표가 있어야 한다. 그래야 학생부교과, 비교과, 대학별 고사, 수능 등 여러 가지 전형 중에서 가장 가능성 있는 자료 준비에 집중할 수 있다. 흔히 목표 대학과 학과를 찾아야 한다고 얘기하면 많은 학생과 학부모가 '가고 싶은 대학' 또는 '더 좋은 대학과 학과'를 말하는데, 이는 잘못된 목표다. 대학 입시는 정해진 기간 내에 수많은 수험생이 경쟁해서 최종적으로 합격자를 선발하는 방식이다. 그러므로 구체적이고 실현 가능한 목표를 설정해야 한다.

올바른 목표 설정을 위한 SMART 원칙

목표 대학과 학과 설정을 하는 기본적인 원칙은 잘 알려진 SMART 방식이다.

Specific: 구체적이고
Measurable: 측정이 가능하며
Attainable: 달성 가능한 수준의
Realistic: 현실적이고 타당한 목표를
Time based: 시간제한을 두고 설정하라

진학하고 싶은 목표 대학과 학과는 구체적이어야 한다. '명문대에 가겠다'는 추상적인 말보다는 '서울대 경영학과에 지원하겠다'는 구체적인 목표가 있어야 한다. 그리고 목표는 반드시 객관적인 기준으로 평가할 수 있어야 한다. 즉 학생부교과와 수능에서 구체적으로 받아야 할 목표 점수가 있어야 한다. 학기별로 혹은 시험별로 구체적인 성적 향상치를 정하고, 평가하는 것도 좋은 방법이다. 그리고 목표는 반드시 실현 가능한 수준이어야 한다. 예를 들어 내신과 모의고사 성적이 모두 5등급 수준인 학생이 의대 진학을 꿈꾼다면 지나치게 비현실적인 목표를 잡은 것이다. 물론 기적 같은 성공 스토리를 만들어내는 학생도 있지만 대다수 수험생의 성적은 크게 달라지지 않는다. 따라서 입시를 앞둔 수험생이라면 이제 객관적인 실력과 현실적인 입시 결과 등을 감안해 현실적이고, 타당한 목표를 세워야 한다. 마지막으로 목표 달성까지 가는 구체적인 기한을 정해야 한다. 주요 시험별로 목표를 정하고, 달성 여부를 계속해서 체크해나가는 것이 좋은데, 예를 들어 6월 모의평가에서 수학 2등급을 달성하겠다는 식으로 구체적인 기한이 있어야 한다.

▌조기 목표 설계가 꼭 필요한 이유

대학 입시는 단거리가 아닌 마라톤이라 할 수 있다. 또한 전형이 다양한 만큼 자신의 장점을 살릴 수 있는 구체적인 목표가 있어야 선택과 집중이 가능하다. 장기간에 걸친 구체적인 계획을 세우고 실천한다면 성적이 향상되므로 자신감이 생기고 동기부여가 된다. 현재 성적이 좋지 않더라도 구체적으로 해야 할 학습 계획이 보이기 때문이다. 또한 슬럼프에도 당황하지 않고, 목표를 떠올리며 학습에 매진할 수 있다. 목표 대학과 학과가 뚜렷한 학생이 대학 입시에서 성공하는 이유가 바로 거기에 있다.

그리고 자신이 앞으로 다닐 대학과 학과에 대한 정보를 파악하고 결정하면서 미래를 구체적으로 설계할 수 있다. 단순히 대학과 학과 소개만 알면 되는 것이 아니라 이 학과를 졸업한 후에 무엇을 할 것인지, 즉 자신의 미래 직업에 대한 정보도 같이 파악하는 것이 좋다. 현재 인기를 끌고 있는 전공에 연연하지 말고 미래 수요를 예측해 좀 더 수요가 많은 전공을 택하는 것도 고려해야 한다.

마지막으로 목표 대학과 학과를 결정하고 나면 현재의 성적대에서 지원 가능한 곳과 앞으로 이루어야 할 영역별 성적 향상 목표치를 설정할 수 있다. 즉 앞으로 해야 할 일을 구체적으로 알게 되는 것이다. 예를 들어 정시 모집 대학에 지원하려면 현재의 모의고사 성적에서 수학과 영어를 어느 정도 향상시켜야 하는지 알 수 있고, 매 시험별로 성적 향상 목표를 세우고 도전할 수 있다.

목표 대학과 학과 어떻게 정할까?

목표 대학은 현재 성적으로 지원 가능한 대학이 아니라 가고 싶은 대학과 학과를 선정하는 것이다. 그렇다고 무조건 희망만을 기준으로 설정해서는 안 된다. 현실적으로 자신이 올릴 수 있는 성적 범위 내에서 목표 대학과 학과를 선택해야 한다. 재수를 염두에 두고 있더라도 막연한 성적 상승을 기대하기보다 평균적인 점수 상승 폭을 염두에 두고 결정해야 한다. 목표 대학과 학과를 정한 다음에는 희망과 목표를 감안해 현실과의 격차를 줄여나가는 전략을 세워야 한다. 목표는 주어진 시간 내에 자신의 역량을 기반으로 최선을 다해 맞춤형 준비를 한다면 합격 가능한 수준으로 세워야 한다. 지나치게 높거나 낮아도 문제가 된다. 현실에 비해 목표를 너무 높게 세웠다가 스스로 불가능에 가깝다는 것을 알고서 포기하는 수험생이 많다. 그래서 목표 대학과 학과의 수준을 높게 잡았다가 수시와 정시에 원서를 접수할 때가 되면 지나치게 현실적으로 낮춰서 지원한다.

목표 대학과 학과는 전형 시기에 따라 별도로 설정하는 것이 좋다. 특정 대학과 학과만 우선시하기보다 전형의 특성과 현재 수험생의 학생부교과, 비교과, 대학별고사, 모의고사 성적 등을 합산해 통합 계획을 세워야 한다.

● **1단계: 모의고사 성적을 기준으로 정시에 지원 가능한 대학과 학과를 찾아보자**

선발 규모가 정시보다 크지만, 수시에는 다양한 전형이 있어 학생부교과 성적이나 수능 최서학력기순만으로는 합격을 예측하기 어렵다. 가장 객관적인 기준은 현재의 모의고사 성적으로 정시에 지원 가능한 대학과 학과를 찾아보는 것이다. 메가스터디 등 인터넷 강의 사이트와 진학사, 유웨이 등 입시 기관이 모의고사별 배치표를 서비스하고 있다. 업체에 따라 유료로 결제해야 하는 경우도 있다. 주의할 것은 모의고사 성적을 누적 관리해서 최근 2회의 모의고사 성적으로 지원 가능한 대학과 학과를 파악하라는 것이다. 그래도 각 업체별로 동일 대학의 동일 모집 단위라도 배치 점수가 크게 차이가 난다. 업체마다 배치 기준이 달라 어쩔 수 없으니 3개 이상의 업체 정보를 활용해 평균점을 구해서 활용하도록 하자.

● **2단계: 현재의 학생부교과, 비교과, 대학별고사, 모의고사 성적을 감안해 수시 모집에서 지원할 대학을 정리하자**

수시 모집에서 제일 중요한 것은 자신에게 맞는 전형을 찾는 것이다. 학생부교과 성적이 우수하다면 학생부교과 전형, 비교과 실적이 우수하고 교과 성적이 좋다면 학생부종합 전형을 우선적으로 고려해야 한다. 또한 논술에 자신 있고 수능 최저학력기준을 충족할 수 있다면 논술 전형을 고려한다. 고른기회 전형이나 기타 여러 특별 전형에 해당된다면 특별 전형을 우선적으로 고려할 필요가 있다. 전형 방법과 수능 최저학력기준, 대학별고사 유형, 서류 평가, 대학별 고사 일정을 종합해 우선순위를 결정해야 한다. 학생부교과 전형 이외의 전형에서는 학생부교과 성적보다 대학별 고사, 비교과, 수능 최저학력기준을 중점적으로 고려해야 한다.

● **3단계: 1단계와 2단계의 지원 대학 리스트를 참고해 모집 시기별로 최종 목표 대학과 학과를 결정하자**

최종적으로 모집 시기별로 목표 대학과 학과를 정해야 한다. 1단계와 2단계에서 작성한 대학 리스트를 참고해 목록을 작성해보자. 대학과 학과별로 지원 성향을 상향, 적정, 안정으로 구분해 구체적으로 작성하는 것이 좋다. 1단계에서 작성한 정시 지원 가능 대학과 학과 리스트를 각 군별로 2순위까지 압축해서 작성하자. 주요 대학들이 가, 나군에서 주로 선발하는 만큼 다군에 지원 대학과 학과가 없다면 빈칸으로 두자.

수시는 2단계에서 총 18개의 대학과 학과를 후보로 삼았으니 자신의 지원 성향을 감안해 6순위까지 신중하게 선택하도록 하자.

희망 학과를 선정하는 것을 어려워하는 학생이 많은데, 먼저 대학의 학과 홈페이지에서 세부 전공 같은 학과 정보와 졸업 후 진로를 파악하는 것이 좋다. 모집 단위 및 학과명이 비슷해도 대학마다 세부 전공이 다양하므로, 미리 정보를 검색하는 것이 좋다. 특히 자연계열 학생이라면 더욱더 학과 선택을 신중히 해야 한다. 평소 자신의 진로와 적성을 철저히 고민하지 않는다면 결국 점수에 맞춰 학과를 선택하기 쉽다. 이는 곧 재수나 반수 같은 결과를 부른다. 또한 졸업 후에 자신이 갖고 싶은 직업에 대한 정보를 진로 검사와 직업 정보 사이트 등을 활용해 모으자. 다양한 정보를 기초로 결정하는 것이 좋다. 학년이나 시기에 따라 목표 대학과 학과는 달라질 수 있다. 이때 단순히 유명세를 이유로 변경해서는 안 되고, 진로 계획 변동에 따른 선택이어야 한다.

■ 목표 대학과 학과 선정 시 주의사항

- 수시와 정시, 모집 시기별로 목표 대학과 학과를 구체적으로 정하자.
- 모의고사 성적을 기준으로 정시에 지원 가능한 대학과 학과를 먼저 살펴보자.
- 수시 학생부종합 전형이나 논술 전형은 전형 자료별 유불리를 판단하자.
- 현실적으로 합격이 가능한 수준의 대학과 학과를 고려하자.
- 정시에 지원할 경우 반드시 재수생을 감안해 지원 가능한 대학 라인을 잡자.
- 가장 잘 본 시험이 아니라 최근 모의고사의 평균 점수로 판단하자.
- 대학 우선과 학과 우선 중 자신의 지원 성향을 결정하자.

- 재수와 반수 등 다양한 변수를 고려해 결정하자.
- 교직이수, 전과, 복수전공 등 해당 대학의 세부 사항을 먼저 확인하자.
- 대학별 설치 학과를 살펴보고, 비슷한 수준의 다른 대학들도 고려하자.

상위 1퍼센트 학부모의
입시 전략

요즘 학부모 사이에 회자되는 자녀의 대입 성공 4대 요인은 조부모의 경제력, 엄마의 정보력, 아빠의 무관심, 둘째의 희생이다. 흔히 명문대에 합격하는 조건 중 엄마의 정보력을 가장 중요하다고 얘기한다. 입시에서 학생의 성적 못지않게 중요한 것이 바로 학부모의 정보력과 입시 전략이기 때문이다. 특히 입시 제도 전반에 변화가 많은 시기일수록 더욱더 학부모의 역할이 중요하다. 학부모에게는 요즘 입시가 부담되는 것이 현실이지만, 그대로 자녀에게 모든 것을 믿고 맡기다가 실패하는 것보다 지금부터라도 적극적인 관심을 갖고 준비하는 것이 좋다.

고교 다양화 정책으로 외고, 과고, 자율고(자율형 사립고, 자율형 공립고)뿐 아니라 혁신학교, 중점학교 등 고교 유형이 매우 다양해졌다. 어떤 고등학교를 진학하느냐에 따라 대학 입시 결과가 크게 달라진다. 고등학교 유형에 따라 주로 공략할 입시 전형이 대략 정해지는 만큼 자녀의 특성에 맞는 고교에 진학시켜야 대학 입시에서 좋은 결과를 거둘 수 있다. 예를 들어 외고나 국제고, 전국 단위 자사고에 지원한다면 수시 모집 중 학생부종합 전형과 논술 전형, 특기자 전형 그리고 정시 모집을 집중적으로 준비한다. 반면에 일반 인문계고에 진학한다면 주로 수시 모집 중 학생부교과 전형과 학생부종합 전형, 논술 전형을 준비한다. 학생에 따라 차이는 있지만, 큰 틀에서 고교 유형별로 유리한 전형이 있다. 따라서 고교를 선택할 때부터 대입을 염두에 둔 선택을 해야하며, 우선순위를 미리 정하고 집중하는 것이 좋다.

▌나는 어떤 유형의 학부모일까?

각양각색이라는 말처럼 누구나 개성이 있다. 학부모 또한 예외가 아니다. 같은 수험생을 둔 학부모라도 평소 가치관과 교육 철학에 따라 저마다 대입을 준비하는 방법이 제각각이다. 내 유형은 어떨까? 아래 내용을 통해 간단하게 확인해보도록 하자. 가장 문제가 되는 것은 극단적인 유형이다.

1 전문가형: 입시뿐 아니라 학원가 정보 등 다양한 정보를 전문가 수준으로 파악하고 있는 유형이다. 자녀의 적성과 성적도 잘 파악하고 있어 혼자서도 좋은 결과를 만들어낼 수 있다.

2 이론가형: 각종 학부모 교육, 입시 설명회를 통해 이론은 잘 배웠지만, 정작 자신의 자녀에게는 제대로 활용하지 못하는 유형이다. 전문가의 조언이나 학교 선생님들의 경험을 잘 활용해야 한다.

3 사교육 의존형: 학원이나 과외 등 사교육을 맹신하고, 의존하는 유형이다. 자녀에게 많은 사교육비를 투자하면서 스스로 위안을 얻거나 자녀에게 그룹 과외, 족집게 과외 등을 시켜 단기에 성적 향상을 꾀한다. 필요에 맞게 사교육을 활용하면 좋지만, 지나치게 의존할 경우 아이의 자기주도학습 능력을 떨어뜨릴 수 있다.

4 공교육 의존형: 학교 활동과 공교육 프로그램을 주로 활용하는 유형이다. 학교에 다양한 프로그램이 많은 경우 좋은 결과를 얻을 수 있다. 최근에는 교육청이나 학교에서 논술 프로그램이나 입시 컨설팅, 진로캠프 등 다양한 프로그램을 운영한다. 하지만 학교에 따라 정시와 수시비중이 다르고, 운영 프로그램의 질과 양에서 차이가 많다.

5 자유방목형: 학생의 의견을 존중하며, 명문대보다 학생 스스로 길을 찾아서 선택하기를 바라는 유형이다. 학생이 원한다면 여러 가지 도움을 주고자 한다. 학생에게 선택권을 주는 것은 좋지만, 학생이 아직 자제력과 판단력이 부족한 미성년이라는 점을 감안해야 한다. 입시를 준비하는 과정에서 학생과 갈등을 겪지는 않지만, 입시 결과가 좋지 않을 경우 후회할 가능성이 높다.

6 스파르타형: 입시 기간에는 학부모가 철저한 관리를 해야 한다고 믿는 유형이다. 등하교와 학원 선택, 스케줄 관리 등 모든 면에서 통제해야 마음이 편한 유형이다. 부모의 의지가 뚜렷한 만큼 학생과의 갈등이 커질 가능성이 높다.

각각의 유형은 그만큼 장점과 단점이 혼재한다. 예를 들어 자유방목형 부모는 입시를 준비하는 과정에서 학생과의 갈등이 적다는 점은 긍정적이다. 하지만 입시에 실패했을 경우 학생이 부모의 무관심을 원망할 가능성이 높다. 그리고 한국의 고등학생 대다수는 스스로 인생을 설계할 만큼 진로 의식이 높지도 않다. 대학 입시가 인생의 큰 관문인 만큼 학생과 적절한 소통과 합의를 해서 해결책을 찾아가는 노력이 필요하다.

▎객관적으로 내 아이를 파악하고 있다면 이미 당신은 상위 3퍼센트

대학 입시의 기본은 바로 수험생의 역량을 객관적으로 파악하는 것이다. 그러나 흔히 학부모가 놓치기 쉬운 부분도 자녀를 객관적으로 파악하는 것이다. 자신의 자녀이기에 객관적 자료보다 주관적 판단, 감정적 판단에 의존하는 경우가 많다. 예를 들어 평소 모의고사 성적이 잘 나오다가 성적이 급락하면, 대체적으로 단순 실수일 뿐 실력이 하락했다고 생각하지 않는다. 하지만 재학생만 보는 모의고사와 달리 6월과 9월 모의평가, 수능시험 등 재수생이 대거 응시하는 시험에서는 얼마든지 성적이 하락할 수 있다.

자녀의 수준을 지나치게 낮게 평가해서도 안 된다. 흔히 말하는 '수시납치'는 학생의 성적이 갑작스럽게 올라서 나타나기도 하지만, 학생의 성적을 전국 단위에서 객관적으로 파악하지 않고, 지나치게 낮게 평가해 하향 지원을 유도하기 때문에 나타나는 경우가 많다.

중요한 것은 입시에 임하는 전체 경쟁자를 감안해 냉정하고 객관적으로 자녀의 학력 수준을 파악하는 것이다. 부모는 학원, 학교 선생님 등 여러 사람과 상의하고 학교 시험 및 모의고사 성적을 보며 자녀를 객관적으로 파악할 수 있어야 한다. 또한 학교생활기록부의 비교과, 진로 적성검사 자료는 물론 자녀의 특성, 소질과 관련한 자료를 항상 모아두고, 객관적으로 평가할 수 있어야 한다. 자녀에 대한 객관적 평가가 결국 자녀만을 위한 맞춤형 입시 전략의 기본이 된다.

자녀 양육 일지를 만든 예린이 엄마

예린이 엄마는 지인의 소개로 상담했다. 보통 상담을 하기 전에 간단하게 참고 자료를 받는다. 예린이 엄마는 부모의 시각에서 바라본 예린이의 입시 준비 현황, 학업 성적, 공부 습관, 진로에 대한 의견을 A4 3장에 걸쳐 일목요연하게 정리했다. 더욱 놀라운 것은 고교 3년 동안 자녀 양육 일지를 매주마다 기록해둔 점이었다. 일회성 상담에서 제대로 파악하기 어려운 개인 공부 습관까지 세심히 적혀 있어서 그 자료만 봐도 충분히 예린이의 많은 점을 파악할 수 있었다. 냉철하게 제3자의 시각에서 관찰한 자료는 결국 예린이가 성균관대에 합격하는 밑거름이 되었다.

장기적인 비전을 같이 세우고, 실패를 두려워하지 말자

수험생이 단기적인 성적에 주로 신경을 쓴다면, 학부모는 대학과 학과

뿐 아니라 졸업 후 진로를 설계하는 등 장기적인 계획을 세워야 한다. 수험생들은 모의고사와 내신 시험을 합치면 학년별로 최소 여덟 번 이상 시험을 치른다. 시험을 볼 때마다 성적에만 집착하는 학생들이 있는데, 부모가 성적에 집착할수록 자녀의 공부 스트레스는 더욱더 심해지게 마련이다. 또한 성적 때문에 갈등이 생기면 결국 성적도 하락하는 경우가 많다. 대학 입시는 최소 3년 이상 해야 하는 마라톤과 다름없다. 장기 목표와 자신만의 교육 철학과 비전을 갖고 자녀를 지도해야 한다. 자녀에게 올바른 목표 의식을 심어주고, 때로는 흔들리는 자녀의 마음을 붙잡고, 지켜주는 부모가 되어야 한다.

재수는 필수, 삼수는 선택이라는 말이 있듯이 대입 경쟁에서 실수는 누구나 할 수 있다. 장기적인 관점에서 보면 1, 2년 정도는 투자할 만한 가치가 있다. 자녀가 자신의 한계에 머물러 안정적인 선택만을 하기보다 단계별로 한계를 극복할 수 있도록 격려하고 응원해주자. 수험생이 슬럼프나 입시 실패를 겪으면 의기소침해지기 쉽다. 그럴수록 성공 스토리를 같이 얘기하면서 실패에 대한 두려움을 없애주자. 시험 성적이 나왔을 때 성적의 향상과 하락도 중요하지만, 그 과정에서 학생이 얼마나 노력했는지를 먼저 생각해보자. 결과도 중요하지만 과정을 복기하면서 자녀는 더욱더 발전한다.

삼수의 기적을 만든 세원이 엄마

고3일 때 내신과 수능이 모두 평균 4등급이었지만, 재수와 삼수를 하면서 결국 교대에 합격시킨 의지의 한국인이 바로 방배동 세원이 엄마다. 세원이는 재수종합학원을 다니다가 학원 상담 외에 별도로 재수와 삼수를 감안한 전략을 짜고 싶다며 상담을 신청했다. 학생부교과나 수능 모두 인 서울도 어려운 성적이지만, 학부모와 학생 모두 사수를 각오하면서까지 교대 진학을 희망했다. 처음에는 만류했지만 학생과 학부모의 의지를 알고 같이 입시를 준비했다. 모의고사를 보고 매번 성적 분석과 실수 체크를 하며 앞으로의 학습 방향을 지속적으로 조언했다. 결국 2년에 걸친 노력 끝에 마침내 정시에서 교대에 합격했다.

▌입시 정보를 수집하고, 분석해 자녀에게 맞는 전형을 선택하자

대학 입시에 변화가 많고 전형이 다양한 요즘, 입시 정보의 중요성은 나날이 커지고 있다. 대학교육협의회나 대학교 홈페이지, 입시 정보 사이트, 언론 기사, 입시 설명회 등에서 적극적으로 입시 정보를 얻고, 분석해야 한다. 고1 때부터 미리 대입 설명회 등을 다니면서 차근차근 준비하다 보면 입시 트렌드를 이해할 수 있다. 특히 희망하는 대학과 관련해서는 해마다 달라지는 전형 변화, 입시 결과를 파악하고 합격생 후기, 대학교 입시 설명회 등에서 다양한 정보를 수집해서 자녀와 공유하는 것이 좋다. 인터넷에 떠도는 잘못된 정보나 풍문에 속지 말고, 학생과 학부모가 올바른 입시 정보를 습득해야 한다.

대학 입시는 모집 시기별로 정시 모집과 수시 모집이 있고, 그에 따라 다양한 전형이 있으므로 자녀의 성적(비교과)과 재학 중인 학교의 진학 실적, 전형별 선발 규모, 전형의 변화 등을 감안해 유리한 전형을 찾아야 한다. 단순히 내신 성적이 주변 친구에 비해 좋게 나왔다고 해서 학생부교과 전형을 선택하는 것은 좋지 않다. 학생부교과 전형을 실시하는 수도권 대학의 실제 합격 컷은 예상보다 높기 때문이다. 또한 선발 인원이 대폭 축소된 적성 고사 전형을 불필요하게 고집하는 것도 마찬가지다. 선발 인원이 대폭 줄었기에 경쟁률이나 합격 컷이 예년에 비해 올라갈 가능성이 높다. 또한 어학특기자 전형 등 대폭 축소되고 있는 전형을 불필요하게 준비하는 것도 마찬가지로 위험하다. 단순히 내신의 불리함을 극복할 수 있다는 이유로 선택할 것이 아니라 학생에게 맞는 전형을 선택해야 한다.

이처럼 달라지는 입시 흐름을 이해하고, 자녀에게 유리한 전형을 찾는다면 좋은 결과를 얻을 것이다.

수시 지원 없이 정시에 인 서울 한 미선이

미선이는 서울 일반고 출신으로 내신과 모의고사 성적이 평균 3.5등급 선이며, 특별한 비교과도 없고, 논술을 비롯한 대학별 고사 준비도 제대로 되어 있지 않았다. 대다수 수험생과 학부모는 그래도 수시에 지원하지만, 미선이 엄마는 미선이가 수시에 지원했다가는 수능 준비에 소홀할 수 있고, 별다른 강점이 없어 합격이 어렵다고 판단해 정시만을 철저히 준비하기로 했다. 과목별로 현재 미선이의 부족한 면을 학교 선생님과 학원 선생님의 도움을 얻어 파악하고, 그에 맞는 학습 계획을 짜서 관리를 받았다. 전문 학습 컨설턴트의 도움까지 받으면서 수능 준비에 매진한 결과 마침내 인 서울 할 수 있었다.

교과 성적 관리 못지않게 교내 활동도 중요하다

최근 학생부종합 전형이 급격히 확대되면서 자녀의 교내 활동에 관심을 갖는 학부모가 늘어났다. 예전 입학사정관 전형은 각종 교외 스펙, 해외 봉사 활동 등 사교육으로 준비할 수 있는 것이 많았지만, 학생부종합 전형은 철저하게 학교 활동을 중심으로 평가한다.

자녀의 교과 성적 관리도 중요하지만, 비교과도 신경 써서 학교 및 공교육에서 실시하는 다양한 프로그램에 적극적으로 참여하도록 해보자. 학교 홈페이지에서 연간 학사 일정 및 학교별 특성화 프로그램 내용을 확인하자. 특히 자녀의 진로와 연계된 동아리 활동은 필수다. 학교별 동아리 활동 내용은 학교알리미 사이트에서 프로파일을 다운받아 확인하거나 학교에 문의해서 쉽게 파악할 수 있다. 최근 영자신문반, 과학탐구 동아리 같은 인기 동아리는 경쟁이 매우 치열해 신청자를 모두 수용하지 못하는 경우가 많다. 학생의 특성에 맞는 동아리가 없다면 여러 학생을 모아 동아리를 개설해 운영할 수도 있다. 또한 소논문 작성과 같은 특성화 프로그램이 있다면 반드시 활용하도록 하자.

자녀가 학교 수업 및 동아리 활동 등 교내외의 다양한 활동에 적극적으로 잘 참여할 수 있도록 도와주자. 입시를 준비하는 데 많은 도움이 될 뿐만 아니라 다양한 활동에서 자신의 적성과 흥미를 찾고 진로를 설계할 수 있어 효과적이다. 평소 학교 수업뿐 아니라 여러 실적을 체계적으로 잘 관리한 학생은 학생부종합 전형에서 좋은 결과를 얻을 수밖에 없다.

족집게 강사를 맹신할 것이 아니라 사교육을 똑똑하게 활용하자

명문대 합격의 필수조건이 족집게 과외라고 생각하는 학부모가 많다.

학원, 과외와 같은 사교육은 꼭 필요한 만큼만 활용하자. 사녀와 힘께 구체적인 필요, 활용 기간, 성적 향상 목표 등 꼼꼼하게 기준을 정하자. 흔히 강사의 출신 대학 같은 유명세를 우선적으로 보는데, 제일 중요한 것은 자녀의 수준에 맞는 강의인지 알아보는 것이다. 아무리 명강사라 하더라도 자녀에게 학습 의욕이 없거나 자녀의 학력 수준에 맞지 않는 어려운 수업이라면 쓸모가 없다. 또한 지나치게 많은 학원 강의와 과외를 받는 등 사교육에 의존하다 보면 정작 가장 중요한 학교 수업을 소홀히 할 수 있다. EBS 수능 강의와 강남구청 인터넷 강의 등에도 사교육에서 내로라하는 강사가 많이 등장한다. 전체적인 학습 계획을 먼저 짜고, 시기별 과목별 우선순위를 정해 균형 잡힌 학습을 할 수 있도록 지도해주자.

대학도 중요하지만 자녀의 적성에 맞는 학과를 고려하자

부모는 대학 간판을, 자녀는 학과를 더 중요하게 생각해서 갈등이 생기는 경우가 있다. 대학의 인지도도 중요하지만, 자녀의 적성에 맞는 학과도 중요하다. 실제로 간판만을 보고 대학에 입학한 후에 자퇴하거나 반수를 하는 학생이 많다. 더구나 요즘에는 서울대를 비롯한 명문대를 나와도 취업을 못하는 이들이 너무나도 많다. 기업도 대학의 간판보다 역량을 보고 선발하는 경우가 많아지고 있다. 특히 대학이 집중적으로 육성하는 특성화 학과나 채용 조건형 계약 학과의 정보를 잘 살펴보자. 자녀의 적성에 맞는 학과라면 과감히 진학을 고려해볼 필요가 있다. 대학교 입학처나 학과 사무실에 학과별 커리큘럼, 장학금 및 혜택 등 다양한 정보를 물어보고, 신중하게 결정하도록 하자.

▌학부모가 꼭 알아야 할 공부에 대한 오해와 진실 7

오해 1. 내신과 수능은 별개의 시험이다?

기본적으로 시험별 출제 범위와 성격의 차이가 있다. 하지만 수능이 쉬워지고, 점차 고교 교육과정 중심으로 출제함에 따라 학교 내신으로 수능의 기본 개념을 준비할 수 있다. 특히 수능처럼 사고력을 평가하는 시험에서는 각 교과에 대한 개념이 기본이라는 점을 감안해야 한다. 즉 학교 진도에 맞춰 교과별 기본 개념을 완벽히 이해하고, 시험을 본 후 다시 한 번 복습하는 것이 수능 시험을 대비하는 첫걸음이다.

오해 2. 학교 수업보다 스타 강사의 인강이 더 중요하다?

최근 인강으로 공부하는 학생이 많다. 하지만 인강도 결국 학교 수업, 학원 강의, 과외처럼 결국 하나의 수단에 불과하다. 스타 강사라면 수업 준비와 수업 방식, 교재 등 여러 가지가 우수한 것도 사실이지만, 자신의 수준에 맞는 공부를 하는 것이 더 중요하다. 스타 강사는 상위권 중심으로 강의하기 때문에 중하위권 수험생이라면 학교 수업부터 제대로 소화할 필요가 있다.

오해 3. 4당5락은 진리다?

수험생이라면 자주 듣는 말이 바로 4당5락이다. 그러나 절대 수면 시간을 확보하는 것이야말로 수능 대비에서 기본이다. 4당5락은 체력적으로 뒷받침이 되고, 제한적인 수면을 취해도 깨어 있는 시간에 몰입이 잘되는 극소수의 학생에게 해당되는 말이다. 대부분 수면이 부족하면 학교 공부가 소홀해진다. 수업 중 졸거나 체력이 저하돼 오히려 장기적인 수능 대비가 근본부터 어려워진다. 개인에 따라 기본적 차이는 존재하나 수험생은 5~6시간 동안 양질의 수면을 취할 필요가 있다.

오해 4. 공부엔 왕도가 없다?

공부에는 왕도가 없는 것이 사실일지 모른다. 하지만 수능 시험은 국가 단위의 평가 시험이다. 명확하게 제시한 출제 경향과 다년간 쌓인 기출 문제와 유사한 유형으로 출제된다. 따라서 수능 시험의 특징을 이해하고, 기출문제를 철저히 분석해 빈출 유형을 파악하고 그에 따른 올바른 학습법을 체득한다면 누구나 좋은 결과를 얻을 수 있다.

오해 5. 문제만 많이 풀면 된다?

중하위권 성적대의 학생들이 가장 많이 저지르는 실수가 문제집만 무식하게 풀어대는, 이른바 '양치기'다. 이런 방식은 당장 공부를 많이 한 것 같은 착각을 줄지는 모르지만 근본적으로 수능형 공부에 대한 정답은 아니다.

수능 출제 매뉴얼을 보고 출제 방식을 이해하는 것이 가장 바람직하다. 즉 수능은 암기로 해결하거나 시중의 문제집과 동일하게 출제되는 시험이 아니다. 가장 중요한 것은 자주 출제되는 개념을 철저히 이해하고 다양한 유형을 응용 연습하는 것이다.

오해 6. 머리가 나쁘면 공부를 못한다?

흔히 하는 오해 중 하나가 바로 머리가 나쁘면 해도 안 된다는 편견이다. 주변에 머리가 좋고, 성적이 좋은 친구들을 보면서 자연스레 이런 편견을 갖게 된다. 고승덕 변호사는 하루 17시간을 공부했고, 밥 먹는 시간을 아끼기 위해 일부러 비빔밥을 먹었다고 한다. 그는 머리가 좋은 것이 아니라 머리가 안 좋기 때문에 남들보다 더 많은 시간을 공부했다고 한다.

오해 7. 학습법을 알아야 공부를 잘한다?

최근 학습법 열풍이 불면서 학습법 서적이나 명문대에 합격한 수험생의 수기를 찾는 학생이 많다. 물론 학습법은 필요하지만, 학습법 자체를 또 공부하는 것은 지양해야 한다. 특히 학생 개개인별 학습 수준이나 공부 습관, 환경이 다르기 때문에 선배의 학습법을 맹신하는 것은 매우 위험하다. 시중 학습법 서적이나 수기는 반드시 참고 자료로만 활용하도록 하자.

예체능계열 학생이 알아야 할
기본 전략

Talk　|예체능 계열은 실기만 잘하면 되나요?

|요즘 예체능계열 수능 비중이 높아진다는데, 어떻게 준비해야 하나요?

|2학년 때부터 실기를 본격적으로 준비하려는데, 괜찮을까요?

　예체능계열은 전통적으로 어려서부터 아주 재능이 뛰어나거나 초등학교 때부터 고가의 사교육을 받으며 재능을 키운 경우가 많다. 예전에는 실기 비중이 매우 커서 실기만 잘하면 쉬웠지만, 최근에는 내신과 수능 비중이 많이 늘어났다. 특히 전통적으로 인기를 끌던 음악, 미술, 무용뿐만 아니라 실용음악, 체육학과, 골프학과 등 전반적인 예체능 관련 학과의 경쟁률이 높아지고 있다. 특히 최근 오디션 프로그램의 인기에 영향받아 실용음악학과, 모델학과도 덩달아 경쟁률이 높아지고 있다. 실용음악학과는 최소 100대 1의 높은 경쟁률을 보이고 있고, 많게는 400대 1의 기록적인 경쟁률을 보이기도 했다. 수시 모집과 정시 모집을 아울러 4년제 대학과 전문대에서 모두 공통적으로 실용음악학과

의 경쟁률이 상위권을 기록하고 있다. 또한 최근 요리프로그램이 인기를 얻으면서 요리 관련 학과의 경쟁률도 덩달아 상승하고 있다. 이렇듯 사회 트렌드에 따라서 예체능계열의 경쟁률도 영향을 받는다.

일반적으로 예체능계열에는 주로 초등학교, 늦으면 중학교 때부터 자신의 재능을 발견해 각종 대회에서 입상한 학생이 많다. 체육계열에는 전국대회를 비롯한 각종 대회에서 우수성과 재능을 입증할 만한 결과를 거둔 학생이 많다. 조기에 발견한 재능을 기반으로 고교도 예술고와 체육고, 국악고, 미술고 등 자신의 진로에 맞는 학교에 진학한다. 이처럼 재능을 발견해 체계적인 진로 계획을 세웠다면 향후에도 그 재능을 기반으로 입시에서 좋은 결과를 거둘 가능성이 높다. 문제는 일반고에 진학했다가 뒤늦게 예체능계열 입시를 준비하는 경우다. 재학 중인 학교를 비롯해 공교육에서 준비할 수 있는 부분이 적기 때문에 대부분 사교육에 의존하게 된다. 또한 공교육에서 예체능계열 입시 정보를 얻기 힘들기 때문에 학원가를 다니면서 입시에 대한 정보를 별도로 얻어야 하는 부담도 크다.

구체적인 대학과 학과를 정하고, 장기적으로 준비하자

여전히 우리 사회는 재능보다 간판을 중요시한다. 'SKY'와 '인 서울'로 대변되는 학벌지상주의 탓에 수험생과 학부모는 성적이 잘 안 나올 경우 부랴부랴 예체능계열이라도 좀 더 이름 있는 대학에 진학시키고자 한다. 처음부터 진로를 구체적으로 정해서 준비해왔다면 문제가 없지만, 갑작스럽게 점수에 맞춰 더 나은 간판을 얻는 편법으로 예체능계열을 지원하면 대학 입학뿐만 아니라 향후 취업 등 여러 면에서 불리할 수 있다는 사실을 꼭 염두에 두자.

자신의 실기 능력을 객관적으로 파악하자

예체능계열은 음악, 미술, 체육으로 구분되는데, 대다수 대학이 실기 시험을 실시한다. 또한 같은 계열이라고 해도 대학에 따라 실기 시험의 내용이 다르다. 따라서 자신의 실기 능력을 객관적으로 파악해 입시를 준비해야 한다. 가급적 전국 단위 혹은 진학 실적이 뛰어난 학원에서 실기 테스트를 받아보고, 현재 수준을 냉정하게 평가받는 것이 좋다. 특히 실기의 향상 정도를 낙관적으로 판단하는 경우가 있는데, 내신과 수능을 준비하면서 실기에 많은 시간을 투자하기는 현실적으로 어렵다는 것을 알아야 한다.

특기 실적이 우수하면 특기자 전형

전국 단위 대회나 대학에서 인정하는 대회에서 우수한 실적을 거둔 학생이라면 특기자 전형이 유리하다. 예체능계열은 일반 전형과 특별 전형으로 구분하는데, 특별 전형은 대학에 따라 지원 자격이 다르다. 특히 대학별로 인정하는 대회나 수상 실적의 제한이 있으니 반드시 희망 대학의 전형을 살펴 지원 여부를 결정하도록 하자.

▍수시로 지원할까? VS 정시를 노릴까?

수시에서는 주로 학생부와 실기를 합산해 선발하고, 수능 최저학력기준을 적용하지 않는 대학이 많다. 반면에 정시에서는 학생부와 수능, 실기를 합산해 선발하는 경우가 많다. 서울대처럼 일부 모집 단위는 아예 수시에서만 선발한다. 따라서 자신의 학생부성적, 모의고사, 실기 능력을 객관적으로 평가해 유리한 모집 시기에 집중해야 한다.

예체능계열 합격을 위한
준비 전략

예체능계열은 실기 능력도 중요하지만 학교 내신과 수능 성적의 반영 비율도 대체적으로 높아진 편이다. 대학에 따라 학생부종합 전형을 확대해 실기를 실시하지 않고, 아예 서류 평가만으로 대체하기도 한다. 이에 따라 예체능계열을 준비하는 학생은 학교 내신, 모의고사, 실기 능력, 비교과 등 여러 가지 전형 자료 중에서 강점을 살릴 수 있는 입시를 준비해야 한다. 현실적으로 모두 준비하기도 쉽지 않거니와 모집 시기에 따라 2~3가지 자료만을 주로 합산해 평가하기 때문이다.

　최근 서울 주요 대학 예체능계열 지망생은 실기에서 큰 차이가 없어 내신이나 수능 성적이 더욱더 중요해지고 있다.

▍대학에 따라 여러 전형으로 선발하므로 유리한 전형 선택
같은 모집 단위라 하더라도 수시 모집에서는 다양한 전형을 실시하는 대학이 많다. 따라서 자신이 응시하고자 하는 모집 단위에서 실시하는 여러 전형을 살펴 유리한 전형을 선택해 지원해야 한다. 대략 학생부 중심, 실기 중심 전형이 많은데 일부 대학에서는 특정 모집 단위를 대상으로 일반 전형에서 논술 고사를 실시하기도 한다.

▌수능은 국어와 영어 중심으로 대비

수시 모집에서는 일부 대학이 수능 최저학력기준을 적용하고, 정시 모집에서는 대다수 대학이 수능 성적을 반영한다. 예체능계열은 수학을 반영하지 않고, 국어와 영어, 사회탐구를 반영하는 경우가 많다. 따라서 자신이 정시로 지원하고자 하는 대학의 수능 반영 영역과 반영 비율을 살펴, 전략적으로 준비해야 한다. 최근 합격생의 내신과 수능 성적을 보면 점차 향상세에 있다. 그러므로 전년도 합격자 평균 수준까지 성적을 올려야 한다.

▌실기 전형 VS 비실기 전형 중에서 유리한 전형을 선택하자

최근 서울대와 홍익대는 미대 등 일부 모집 단위에서 실기를 실시하지 않는 비실기 전형으로 선발했다. 대표 미술 대학인 홍익대 미대는 2016학년도에 이어 2017학년도 수시 모집에서도 학생부 교과 전형과 학생부종합 전형으로 미술계열을 선발한다. 특히 학생부교과 전형에서는 학생부만으로 평가해 선발하며, 수능 최저학력기준을 비교적 높게 적용한다. 학생부종합 전형으로도 상당수 인원을 선발하는데, 총 3단계에 걸쳐 전형을 실시하며, 실기 시험은 실시하지 않는다. 학생부와 서류평가, 면접만으로 최종 합격자를 선발한다. 단 미술계열 합격자는 미술활동보고서를 제출하게 해 실기 시험을 보완한다.

▌실기는 전문 학원에서 체계적으로 장기간에 걸쳐 준비해야

예체능계열의 경우 실기는 입시뿐만 아니라 대학 입학 후 학업과 졸업 후까지 대비해 준비하는 과정이다. 특히 체대를 비롯해 실기 비중이 높은 계열은 더욱더 그렇다. 대학에 따라 실기 시험 과목과 유형이 다르므로 실기는 조기에 전문 학원에서 준비하는 것이 효과적이다. 경우에 따라서는 별도로 개인 레슨을 받아야 한다.

평소 내신을 체계적으로
관리하자

1년에 네 차례 응시하는 중간고사와 기말고사는 대학 입시에서 가장 기본이 되는 시험이다. 내신 시험은 단순한 교내 시험이 아니라 수능과 논술, 면접을 대비해 기본기를 쌓는 과정이라는 점을 명심해야 한다. 또한 교내 재학생끼리의 경쟁이므로 평소 학교 수업에 집중하면서 체계적으로 대비한다면 단기간 내에 성적 향상이 가능하다는 점도 중요하다. 최근 대입에서 학생부 위주 전형이 확대되면서 내신 경쟁은 더욱 치열해졌다. 시험 3~4주 전에 체계적인 시험 계획을 세우고 도전하는 습관을 들이자. 평소 학교 수업을 적극적으로 활용해 시험 대비를 하도록 한다.

▎4주 시험 대비 계획(3주는 시험 대비+진도 병행, 1주는 최종 마무리)

교내 시험은 경쟁이 매우 치열하므로 효과적으로 공부 계획을 세워야 한다. 우선 시험 전 1주일은 최종 복습을 하는 기간으로 설정하는 것이 좋다. 3주간의 공부 기간 동안 제대로 하지 못한 부분을 복습하거나 과목별로 최종 마무리를 해야 하기 때문이다. 마지막 1주일은 시험 일정을 참고해 최종 복습 계획을 짜는 것이 좋다.

3주 동안 시험 대비 계획을 세우고, 학교 수업 진도에 맞춰 프린트나 교재를 복습하는 것이 좋다. 이때 과목별로 우선순위와 중요도를 정하고, 계획을 세운다. 평일에 공부할 수 있는 시간대별로 과목과 교재를 배치하고, 주말 중 1일은 평일에 못다 한 공부를 하는 여유 시간으로 남겨둔다. 주말 중 남은 1일은 평일에 공부한 내용을 복습하거나 정리하는 시간으로 삼아야 한다. 이때 인터넷 강의 사이트에서 시험 대비 특강을 골라서 짧은 시간에 출제 범위를 복습하는 것도 효과적인 방법 중 하나다.

▎내신 1등급을 만들어주는 내신 대비 요령

● **시험 출제자인 교과 선생님의 출제 포인트를 읽어라!**
학교 시험은 다른 시험과 달리 선생님이 직접 출제한다. 이번 시험의 출제자를 확인하고, 수업 시간에 강조한 내용을 별도로 정리해두자. 평소 선생님의 강조 내용이나 출제 경향을 파악해두는 것이 중요하다.

● **벼락치기는 그만! 지금부터 수업에 집중하라**
평소 학교 수업에 100퍼센트 집중한다면 내신 대비 기간에 벼락치기를 할 필요는 없다. 규칙적인 공부 습관을 만들기 위해서라도 지금부터 수업에 집중하자. 시험을 앞두고 선생님이 은연중에 강조하는 부분이 바로 시험에 출제된다.

- **누구나 단기간에 성적 향상이 가능하다**

내신 시험은 출제 범위가 제한적이고, 수능이나 대학별고사에 비해 시험의 난이도가 낮다. 학교 공부만 충실히 하고, 한 달 동안 제대로 세 차례 이상 복습한다면 누구나 단기간 내에 성적이 향상된다.

- **친구는 경쟁자가 아니라 동반자다**

내신 시험에서 친구를 경쟁자로 생각하는 학생들이 많은데, 사실 대학 입시의 경쟁자는 전국의 수험생이다. 친구를 경쟁자로 생각하는 것은 우물 안 개구리 같은 근시안적인 사고방식이다. 과목별로 잘하는 친구와 스터디 그룹 만들어 진짜 실력을 향상시키는 것이 중요하다.

▌절대 공부 시간을 확보해 고도의 집중력을 발휘하라

내신 시험은 아무리 준비를 소홀히 했더라도 절대 포기해서는 안 된다. 수험생에게 내신 성적은 가장 기초적인 전형 자료로 사용되므로 시험 기간 내에 벼락치기를 해서라도 주요 과목에서 최대한 좋은 결과를 얻어야 한다.

벼락치기는 머리가 좋거나 운이 좋아서 성공하는 것이 아니다. 벼락치기의 3대 요소는 절대 공부 시간 확보, 출제 경향 파악, 고도의 집중력이다.

먼저 시험까지 주어진 시간이 매우 짧은 만큼 최대한 공부시간을 확보하는 것이 중요하다. 수면 시간, 휴식 시간, TV 시청, 게임 등 일상에서 줄일 수 있는 시간은 최대한 찾아서 확보해야 한다. 아울러 기상 후, 취침 전, 등하교 시간 등 헛되이 보내는 자투리 시간도 낱낱이 확보해야 한다. 자투리 시간을 활용해 노트 필기와 프린트물 등을 여러 번 반복해서 보면 최대한 집중할 수 있어 효과적이다. 출제가 예상되거나 자주 강조한 부분은 벼락치기 노트에 과목별로 한 권에 정리해두고, 시험 기간 내에 자주 복습한다. 절대적인 시간을 예상한 다음 10분 단위로 구체적인 공부 계획을 세우고 공부할 것을 미리 준비해두어야 한다.

내신 시험의 가장 큰 특징은 학교에서 직접 가르치는 선생님의 수업 내용이 시험에 그대로 출제된다는 점이다. 즉 출제 선생님의 수업 특징과 노트 필기, 기출문제를 종합해 분석하면 어느 정도 출제 경향을 파악할 수 있다. 또한 대부분 시험 1~2주 전 수업에서 선생님은 알게 모르게 시험에 대한 힌트를 준다. 따라서 시험 직전의 수업 내용은 반드시 철저히 집중해 소화해야 한다. 무엇보다 노트 필기, 프린트를 기본적으로 확보하고, 선생님의 출제 힌트를 파악해야 한다. 평소 필기를 잘하는 친구의 노트 필기를 확보할 수 있다면 수업 시간에 선생님이 강조하는 내용도 모두 얻을 수 있어 효과적이다. 시험 대비 기간이 짧은 만큼 인터넷 강의를 활용해 시험 범위에 해당하는 강좌를 여러 번 반복해 듣고, 단기간에 핵심을 정리하는 것도 좋다.

마지막으로 자신감을 갖고, 최고의 집중력을 발휘해야 한다. 준비 기간이 짧다고 불안해하면 학습 효율이 떨어진다. 남은 기간 동안 최선을 다하면 반드시 좋은 결과가 있을 것이라는 믿음을 가져야 한다. 공부가 잘되는 장소를 찾아서 시험 기간 내내 그곳에서 집중적으로 시험을 대비하자. 휴대전화 등 공부에 방해되는 요소는 미리 치워두는 것이 좋다. 지나치게 늦게까지 공부하는 것보다 평소 수면 시간에서 1~2시간 정도만을 줄여 집중력을 유지하는 것이 좋다.

또한 시험 중간중간 지나간 시험에 대한 정답이나 점수를 확인하기보다 앞으로의 시험을 대비하는 것이 좋다. 지난 시험에서 저지른 실수를 알면 다시 불안한 마음에 실수할 수 있기 때문이다.

2장

내게 맞는 전형과 대비 전략을 알아보자

맞춤형 입시 전략에서 가장 중요한 것은 자신에게 맞는 전형을 파악하는 일이다. 자신의 입시 준비 수준과 내신 성적, 모의고사 성적, 비교과 실적 등을 객관적으로 분석해 자신에게 가장 유리한 전형을 파악하고 그에 맞는 대비 전략을 세우자.

나의 자기주도 입시 수준은
어느 정도일까?

현재 대학입시 구조에서는 우수한 '성적'도 중요하지만 전형별, 대학별로 천차만별인 입시 전형의 특성상 자신에게 맞는 '입시 전략'도 합격을 좌우하는 중요한 요소로 자리 잡았다.

최근 언론 기사를 보면 수험생의 입시 전략과 학습을 월 단위로 도와주는 '입시 매니저'가 화제다. 또한 교육청이나 지방자치단체에서 학부모를 대상으로 입시 지도 및 학습 지도 방법을 교육해주고 있다. 뿐만 아니라 사설 기관에서 전문 컨설턴트 과정을 운영하기도 한다. 수험생이 명문대에 합격하려면 학부모가 입시 전문가가 되어야 한다는 얘기도 많이 들리고 있다. 하지만 말을 물가에 데려갈 수는 있지만 물을 먹일 수 없듯이 결국 가장 중요한 것은 수험생 스스로 얼마나 적극적으로 입시를 준비하느냐다.

대다수 수험생과 학부모가 접하기 쉬운 오류를 한번 점검해보고 입시를 준비하도록 하자.

수험생들과 학부모가 저지르기 쉬운 오류

▌조금만 더 하면 수능 때 성적이 오를 거야

성적이 오를 것이라는 실낱같은 희망에 수시를 포기하고, 정시에 올인하는 수험생과 학부모가 간혹 있다. 사실 성적이 오르면 얼마나 좋은 일인가! 하지만 현실은 결코 호락호락하지 않다. 6월 모의평가와 9월 모의평가 때부터 등장하는 재수생의 위력은 고3 수험생이 느끼기에는 난공불락의 요새와도 같을 것이다. 특히 쉬운 수능일수록 평소 실력보다 시험 당일의 운과 실수가 점수를 좌우한다. 막연한 기대로 수시를 상향 지원했는데 수능에서 성적이 떨어진다면 정시에서 처절한 실패를 맛본다. 정시는 철저히 수능 위주의 입시이며, 합격과 불합격이 1~2점이 아니라 소숫점 단위로 갈린다.

▌비교과 실적이 좋아야 학생부종합 전형에 지원하지

사실 주요 대학의 학생부종합 전형에 지원하려면 교과 성적과 더불어 비교과 실적도 우수해야 한다. 하지만 중하위권 대학에 학생부종합 전형으로 합격한 수험생의 사례를 보면 비교과 실적이 평범한 경우도 많다. 대학 수준을 감안해 학생부종합 전형에 지원할 것인지 결정하자. 그리고 종교나 철학, 지리, 물리 등 흔히 말하는 비인기 학과는 수시에 중복 합격하면 다른 대학이나 학과로 이탈하는 수험생이 많다. 때문에 정말 학과에 대한 애착이 있는 학생이라면 교과나 비교과가 부족해도 합격할 기회가 있다. 특히 여러 중위권 수험생이 자기소개서 작성 및 면접 준비에 부담을 느껴 포기하기 때문에 학생부교과 전형에 비해 경쟁률이 낮은 편이다. 지원 학과와 관련된 교과 성적이 우수하다면 수시 6회의 기회 중 1~2회를 이용해 적극적으로 학생부종합 전형에 지원해보자.

▌논술 아무나 하는 게 아니지. 그냥 정시로 가자

성적이 우수한 최상위권 학생 중에도 논술에 자신감이 부족해서 오로지 수능만 준비하는 학생이 있다. 물론 자신의 유형을 잘 살펴 집중하는 것도 좋은 방법이지만 문제는 바로 '물수능'이다. '물수능' 여파로 최상위권 학생이 한 문제를 틀린 죄로 재수를 하는 일이 빈번하다. 최근 논술 난이도가 상당히 떨어진 만큼 수능 이후에 실시하는 논술 전형에 과감히 지원해두고, 수능을 치르고 나서 응시 여부를 결정하는 것이 좋다. 수능 이후에 적어도 며칠 혹은 몇 주까지 시간이 있기 때문에 치르기로 했다면 최선을 다해 도전하는 것이 좋다. 특히 자연계열은 수학과 과학 지식을 많이 묻기 때문에 교과 지식이 우수한 학생이라면 단기간만 준비해도 합격할 가능성이 높다.

▌비인기학과는 다들 안 쓰겠지? 일단 붙고 보자

흔히 종교나 철학, 물리, 지리 등 비인기 학과는 합격선이 낮을 것이라고 예상한다. 하지만 실제 수시와 정시에서 주요 대학의 경우를 보면 비인기 학과에 추가 합격자 수가 적고, 인기 학과에는 추가 합격이 많아 실제 합격선이 역전되는 경우가 흔하다. 대학들이 경쟁력을 강화한다고 비인기 학과의 인원을 감축하고 있어서 더욱더 그렇다. 심지어 예비 1번도 추가 합격되지 않을 때도 있다. 반면에 중하위권 대학은 비인기 학과일수록 경쟁률이 낮고 추가 합격이 많다.

▌경쟁률이 낮으니 수능 전 수시에 올인하자

주요 대학의 수능 전 전형은 수능 후에 실시하는 전형에 비해 경쟁률이 많이 낮은 편이다. 그래서 경쟁률만 보고 수능 전에 실시하는 수시에 올인하는 학생이 있는데, 수시 원서 접수와 전형 기간이 수능 마무리 학습 기간과 겹치는 점을 염두에 두어야 한다. 따라서 수능 전 수시에 올인하다가 불합격하면 정시도 연쇄적으로 실패할 가능성이 매우 높다. 특히 수능 전에 실시하는 수시 전형은 결시율이 매우 낮아 실질 경쟁률이 높다. 모의고사 성적이 너무 저조해서 정시로는 정말 힘든 경우라면 수능 전 수시에 올인하더라도 안정적 지원을 최소 1~2개교 이상은 해야 한다.

▌나보단 낫겠지. 상담받은 대로 다 쓰자

학교뿐만 아니라 전문 입시 기관 혹은 대학에서 상담을 받았다고 하더라도 특정 상담만 맹신하는 것은 매우 위험하다. 아무리 믿을 수 있는 전문가라 하더라도 1회 상담으로 자신의 미래를 좌우하는 중요한 결정을 맡기는 것은 위험하다. 여러 경우를 고려해 2~3회에 걸쳐 반복 상담을 받아 더 좋은 선택을 하도록 해야 한다. 특히 동일 자료를 가지고도 상담자에 따라 지원 가능 대학과 학과가 다를 수 있으니 주의해야 한다. 상담자의 역량뿐만 아니라 상담에 활용되는 자료의 양과 질도 반드시 감안해야 한다.

▌수시 배치표에서 합격 가능하다니 써보자

수시 배치표는 참고 자료로만 활용해야 하는데, 주요 교과 평균 등급으로 만든 배치표를 맹신하는 수험생이나 학부모가 꽤 많다. 배치표는 사설 기관별로 같은 대학 같은 학과인데도 최대 1등급 이상 차이가 나기도 한다. 특히 학생부종합 전형이나 논술 전형 등 대학별 고사와 서류를 반영하는 전형에서는 수시 배치표가 의미 없다. 학생부교과 전형에서만 배치표를 참고 자료로 활용할 수 있으며, 이 경우에도 절대적인 기준이 될 수 없다.

나의 입시 준비 수준은
어느 정도일까?

수험생이라면 누구나 가고 싶은 대학과 학과가 있을 것이다. 그러한 꿈을 이루는 과정이 바로 대학 입시다.

이를 위해 수능 시험, 그리고 모의고사, 중간고사와 기말고사 등 거의 한 달에 한 번꼴로 시험을 치른다. 거의 매달 시험을 치르고, 성적표를 확인하다 보면 어느새 수능 시험이 코앞인 경우가 많다. 수험생은 다른 사람들보다 시간의 흐름을 훨씬 빠르게 느낀다. 당장 오늘 공부해야 할 것이 있고, 학교 수업이나 과제도 준비해야 하고, EBS 교재도 풀어야 하는 등 눈앞에 해야 할 일이 태산처럼 쌓여 있게 마련이다. 가끔씩 성적이 떨어지거나 오르기라도 하면 평정심도 깨지고, 무더운 여름에는 슬럼프도 찾아온다. 사실상 고3 수험생이 시험 대비 공부를 하면서 제대로 입시를 준비하기란 매우 벅차다. 이제부터 자신의 입시 준비 정도를 한번 체크해보도록 하자. 아래 체크리스트를 참고해 현재 자신이 어느 정도로 입시를 준비하고 있는지, 혹시 앞으로 입시 준비 과정에서 보완해야 할 점은 무엇인지를 확인해보도록 하자.

자기주도적인 입시 준비를 위한 체크리스트

		YES	NO
1	학교생활기록부, 모의고사 성적표 등을 보관하고 있다	☐	☐
2	희망 대학과 전공에 대한 정보를 잘 모으고 있다	☐	☐
3	나에게 유리한 전형을 찾아 준비하고 있다	☐	☐
4	입시 설명회 등에 자주 참가하고 있다	☐	☐
5	성적과 적성에 맞는 목표 대학과 학과를 정했다	☐	☐
6	학생부의 교과와 비교과 실적을 분석해 활용한다	☐	☐
7	모의고사 성적을 매 시험마다 비교 분석하고 있다	☐	☐
8	목표 대학의 입시 결과와 경쟁률을 파악하고 있다	☐	☐
9	주요 입시 사이트에서 입시 정보를 파악하고 있다	☐	☐
10	논술이나 적성 고사를 장기간 준비하고 있다	☐	☐

Yes로 체크한 항목이 7개 이상

일반적인 수험생 수준을 뛰어넘는 학생이며, 자신의 학업 역량을 기본으로 우수하게 입시를 준비하는 학생이다. 이 정도로 잘 준비한 학생은 평소 성적에 비해 대학 입시 결과가 좋은 경우가 많다. 이른바 '입시 대박'을 터트리는 학생 유형이다. 수험생 사이에서 흔히 '정보통'으로 알려진 학생이 많다. 평소 하던 대로만 꾸준히 준비하면 입시에서 원하는 결과를 거둘 가능성이 매우 높다.

Yes로 체크한 항목이 4∼6개 사이

일반적인 수준으로 입시 준비에 신경을 쓰는 학생들이다. 나름대로 목표 대학도 찾아보고, 시간이 날 때 인터넷에서 정보도 찾아보지만, 구체적인 입시 전략은 없고 단편적인 정보만 찾아보는 경우가 많다. 파편적인 정보는 나름 잘 알고 있지만 제대로 된 준비 전략을 세우지 못해 고민하는 수험생이 여기에 해당된다. 앞으로 조금만 더 입시 정보 수집과 활용에 신경 쓰면 좋은 결과를 거둘 수 있다.

Yes로 체크한 항목이 3개 미만

대체로 입시에 관심이 없는 중하위권 수험생들이다. 당장 눈앞의 시험 성적부터 향상시켜야 하기 때문에 입시 준비에 별로 신경을 쓰지 않는다. 간혹 성적은 비교적 우수하지만 입시에 대해 잘 모르고, 정시 위주로 준비하는 학생도 여기에 해당된다. 막연히 열심히 하는 것만으로는 결코 입시에서 좋은 결과를 거둘 수 없다. 성적이 다소 떨어져도 자신의 강점을 잘 살릴 수 있는 전형을 찾아야 한다. 이제부터라도 입시 설명회나 입시 사이트에서 정보를 계속 모아야 한다.

학부모의 입시 준비 수준은
어느 정도일까?

처음으로 자녀의 대입을 준비하는 학부모라면 누구나 난관에 봉착한
다. 입시 전형은 매년 달라지고, 학교나 학원에 가서 상담을 해도 매번
다른 이야기를 듣고, 뉴스에서는 입시 전략이 중요하다는데 정작 도움
받을 사람은 별로 없다. 자녀의 성적이 중하위권이라면 학교나 학원에
서 상담받기도 때로는 무안하다.

뉴스나 입소문으로 퍼지는 '대치동 엄마' 이야기, 이제는 '입시 전문
가'가 되어야 한다는 조언, 자녀가 입시 스트레스로 시달릴 때 속 시원
하게 도와주고 싶은 바람 등 여러 가지 상황이 학부모에게 '슈퍼맨'이
되라고 주문하고 있는 듯하다.

자녀가 혼자 잘 준비하고 있다면 정말 좋지만, 대부분의 수험생은 당
장 시험 공부하기에도 바쁘다. 특히 시험 성적이 중요시되는 분위기에
서 자신의 적성과 소질에 맞는 직업을 찾아보는 것은 언감생심이다. 대
입을 준비하는 수험생 학부모라면 기본적으로 체크해야 할 사항을 한
번 정리해보자.

수험생 학부모를 위한 입시 준비 체크리스트

		YES	NO
1	자녀의 진학지도용 자료(학생부, 성적표) 등을 관리한다	☐	☐
2	학원, 대학, 교육청 주관의 입시 설명회에 자주 다닌다	☐	☐
3	자녀의 성적대에 맞는 대학 입시 정보를 수집한다	☐	☐
4	대학 입학처, 입시 사이트, 대교협 등에서 자료를 모은다	☐	☐
5	언론사의 교육 섹션을 정기적으로 읽고, 스크랩한다	☐	☐
6	학사 일정 및 시험 일정, 입시 일정을 알아둔다	☐	☐
7	자녀에게 필요한 사교육은 목적에 맞게 잘 활용한다	☐	☐
8	자녀의 적성과 미래에 유망한 직업을 검토한다	☐	☐
9	성적뿐만 아니라 자녀의 비교과에도 관심이 있다	☐	☐
10	수험생 자녀의 체력 및 스트레스 관리에 주의한다	☐	☐

Yes로 체크한 항목이 7개 이상 ─────────

학부모 사이에서 '입시 전문가'로 소문날 수준의 열성적인 부모라 할 수 있다. 언제 어디서 어떤 정보를 얻는지를 줄줄 꿰고 있는 수준이다. 학교 선생님이나 학원 선생님보다 특정 대학의 입시 결과와 트렌드를 더 잘 알 수도 있다. 초중학교 때부터 특목고 입시를 준비하면서 일찍부터 입시 정보의 중요성을 깨달은 부모가 여기 많이 속한다. 첫째의 입시 경험으로 둘째 아이부터 부모가 적극적인 조력자로 활동하는 경우가 많다. 다만 자녀를 주관적인 시각으로 볼 것이 아니라 성적과 소질, 역량을 전국 단위에서 파악할 필요가 있다. 또한 자신의 입시 정보력을 지나치게 과신해 학교나 다른 상담자의 조언을 흘려들을 수 있으니 객관적인 정보라도 다시 한 번 검토해볼 필요가 있다.

지금처럼 입시를 잘 준비한다면 자녀가 성적보다 좋은 대학에 진학할 가능성이 매우 높다.

Yes로 체크한 항목이 4~6개 사이

그래도 자녀의 입시를 신경 써서 준비하는 학부모다. 입시 전문가만큼 정보와 통찰력이 뛰어나지는 않지만 꾸준히 정보를 모으고, 자녀를 관리하다 보면 좋은 결과를 거둘 수 있다. 여러 가지 경로를 통해 다양한 정보를 모을 수 있지만 제일 중요한 것은 자녀의 수준에 맞는 대학 입시 정보다. 대학 수준에 따라 필요한 정보가 다르기 때문이다. 학교나 학원 혹은 입시 전문가와 상의해 자녀의 수준에 맞는 목표 대학과 학과를 정하고, 계획을 세우고, 준비하면 효과적이다. 자녀의 성적 관리 못지않게 자녀에게 맞는 전형을 선정해 학습 부담을 덜어주는 것도 중요하다.

Yes로 체크한 항목이 3개 미만

대입 준비는 자녀에게 맡기는 유형이거나 아예 자녀의 대입 준비에 신경을 쓰지 못하는 학부모 유형이다. 대입의 승패는 결국 '성적'에 달려 있다고 생각해 입시 정보보다 자녀의 성적 관리에만 집중하는 경우도 많다. 특히 예체능계열을 준비하는 수험생 학부모나 지방 학부모들이 여기에 많이 해당된다. 자녀 혼자 잘해서 좋은 결과를 내는 경우는 드물다. 이제부터라도 학부모가 자녀의 대입에 관심을 갖고, 지속적인 정보를 수집하고 분석해야 한다. 1년 동안만 학부모가 고생하면 자녀의 인생을 좌우하는 대입에서 훨씬 더 좋은 결과를 얻을 수 있다. 주위의 선배 학부모나 경험자, 학교나 학원에서 주기적으로 조언을 얻는 것이 좋다.

내신 성적이 우수, 모의고사 성적이 저조 = 학생부교과 전형

Talk ┃묻수능 때문에 주요 대학의 학생부교과 전형이 축소된다는데, 사실 인가요?
┃학생부교과 전형은 수능 최저기준에 따라 입결이 크게 달라지나요?
┃서울 소재 대학에 학생부교과 전형으로 지원하려면 성적이 어느 정도여야 하나요?

대입전형 간소화 정책으로 수시 모집은 학생부교과 전형, 학생부종합 전형, 논술 전형, 실기(특기) 전형으로 분류되었다. 교과 성적이 우수한 학생이라면 학생부교과 전형을 우선적으로 고려해야 한다. 학생부교과 전형은 전체 대입 정원 중 3분의 1 이상을 선발하는 가장 규모가 큰 전형이자 수시 모집에서 절반 이상을 차지하는 전형이기도 하다.

학생부교과 전형은 특목고나 자율고에 비해 상대적으로 우수한 내신 성적을 확보할 수 있는 일반고 학생이 주로 지원한다. 최상위권 대학 중에는 선발 대학이 적고, 중위권 이하의 대학에서 많이 선발하는 방식이다. 그동안 모의고사 성적과 6월과 9월에 실시하는 평가원 주관의 모의평가 결과를 참고해 지원 여부를 결정해야 한다. 주로 수도권이나 지방에 소재한 고등학교 중 내신 시험 경쟁이 치열하지 않은 학교에 다니며 모의고사 성적이 저조한 학생이 주로 많이 지원한다.

교과 성적만 집중 관리해 동국대에 합격한 수경이

언니를 이화여대에 합격시킨 인연으로 수도권에 살고 있는 수경이를 고1 때부터 개인적으로 관리했다. 이미 언니를 지도하면서 그 지역과 고고별 진학 수준을 파악했기에 수경이는 고1 때부터 바로 학생부교과 전형, 즉 학생부 내신 성적과 면접만으로 선발하는 전형을 중점적으로 준비하게 했다. 내신 전교 1등도 모의고사 3등급 수준일 정도로 교육 환경이 열악한 지역이므로 수능 중심으로 선발하는 정시 모집에서는 결코 좋은 결과를 얻기 어려웠기 때문이다.

고1 때부터 학기별로 목표 점수와 등급을 정해 지속적으로 관리했는데, 중간고사와 기말고사 3주 전부터 미리 계획을 짜고, 보완 및 점검을 해나갔다. 중간중간 전국연합학력평가 결과를 참고하면서 대학이나 학과 라인을 잡아나갔다.

평균 3.5등급 수준이라는 모의고사 결과를 보고 나서 수시에서 승부를 내야 한다는 목표 의식이 수경이에게 점차 커지기 시작했다. 교과 성적은 1학년 1학기 2.2등급을 시작으로 3학년 1학기에는 1.5등급까지 매 학기마다 상승했다. 구체적인 목표를 달성하는 현실적인 방법이 우수한 내신 성적 확보였으므로 수경이 또한 학교 수업에 집중하면서 성적을 올렸다. 모의고사 성적을 보면 정시는 가능성이 낮아 수능 최저학력기준에 맞추고 대학 입학 후 전공 공부에 맞는 국어와 영어, 사회탐구 2과목에 집중하는 전략을 취했다. 목표 등급은 국어 3등급, 영어 2등급, 사회탐구 3등급으로 설정해 결코 무리한 수준은 아니었다.

목표 대학 및 학과를 체험하고자 대학교를 탐방하고 학과와 관련된 도서를 학기별로 2권씩 읽으면서 대학 입학 후까지 대비했다. 그리고 동아리 활동이나 봉사 활동 등 이른바 스펙을 쌓는 활동은 최소화하면서 오로지 내신 및 수능 특정 영역만 집중적으로 파고들었다. 또 학생부교과 전형이지만 면접을 실시하는 대학들이 많아 기본적인 시사 상식, 면접 기출문제 등 면접 훈련을 월 2회씩 진행했다. 면접 기본 자세부터 익히면서 주요 면접 기출문제를 정복해나갔다. 1년 이상 장기 훈련을 하며 학교 모의 면접 체험에서 좋은 평가를 받는 등 점차 발전하는 모습을 보였다.

3학년이 되면서부터 본격적으로 희망 대학과 취업에 유리한 학과, 미래 유망 직업을 같이 찾아보았다. 수경이와 부모님은 취업이 힘든 요즘 상황을 감안해 공무원 시험을 준비하기 쉬운 행정학을 선호했다. 행정학과 및 경영학과를 중심으로 서울 주요 대학 수시에 지원한 결과 동국대에 합격하는 좋은 결과를 거두었다. 이처럼 각자 자신의 환경에 따라 유리한 전형을 찾아 집중하는 것이 입시 성공의 지름길이다.

학생부교과 전형 지원 시 체크포인트

학생부교과 전형은 논술이나 적성 고사에 대한 부담이 없고, 비교과 실적이 부족하거나 없어도 합격할 수 있기 때문에 선호도가 높다. 특히 수능 최저학력기준을 적용하지 않는 주요 대학의 입시 결과를 보면 합격 기준이 매우 높게 형성된다.

학생부교과 전형은 교과 성적만 보거나 교과 성적과 면접을 합산해 선발한다. 따라서 학생부교과 전형에 지원할 학생은 크게 학생부교과 성적, 수능 최저학력기준, 면접 실시 여부와 면접 준비를 기준으로 지원 가능한 대학들을 찾아보는 것이 중요하다. 또한 대학별로 교과 성적 반영 방법이 다르니 대학별로 내신 성적을 계산해보고, 유리한 대학을 선택해야 한다. 반영 교과와 학년별 반영 비율, 반영 과목 수, 가중치, 반영 지표를 면밀히 체크해야 한다.

주의할 것은 전형이 단순하고 최저학력기준이 없는 대학은 경쟁률이 높게 나타나며 인기 학과와 비인기 학과 간의 성적 격차가 크지 않다는 점이다. 또한 주요 대학 합격선은 논술 전형이나 다른 전형에 비해 높게 나타난다. 또 성적이 우수한 학생들은 중복 합격되는 경우가 많다. 한양대, 경희대, 서울시립대, 한국외대, 중앙대, 이화여대 등 주요 대학에 지원하는 학생이라면 한양대에서 입시 결과를 공개하고 있으니 참고해 지원하는 것이 좋다. 주요 대학에 지원 가능한 성적대는 1.2~1.6등급 이내로 예상할 수 있다.

수능 최저학력기준을 적용하는 대학이라면 6월과 9월 모의평가 결과를 기준으로 최저학력기준 충족 여부를 가늠해 지원을 결정해야 한다. 앞으로 남은 기간 동안 성적을 향상시키는 것이 쉽지 않으므로 냉정하게 자신의 실력을 분석해야 한다.

마지막으로 면접을 실시하는 대학에서는 면접에서 합격, 불합격이 결정되는 경우가 많으니 지원 대학의 출제 경향을 살펴 면밀히 준비해야 한다. 2015학년도부터 문제 풀이 방식의 심층 면접은 지양하고 인성 면접을 실시하는 경우가 많으니 참고하자.

학생부교과 전형 지원 시 꼭 체크해야 할 10가지 핵심 포인트

- 학생부교과 성적의 반영 방법을 살펴 유리한 대학에 지원하자.
- 수능 최저학력기준 유무에 따라 합격선이 크게 달라진다.
- 학생부교과 100퍼센트는 대학 수준에 비해 합격선이 높게 형성된다.
- 다단계 전형에서는 1단계 선발 배수에 따라 합격선이 달라진다.
- 대학에 따라 면접을 실시하거나 비교과를 반영한다.
- 면접을 실시할 경우 면접 성적에 따라 합격, 불합격이 결정된다.
- 교과 우수자 중에 중복 합격자가 많으니 예년 추가 합격 결과를 참고하자.
- 수능 최저학력기준을 충족하려면 수능 대비를 철저히 해야 한다.
- 학생부교과 전형은 수시 배치표 및 입시 결과를 참고해 지원해야 한다.
- 대학 수준에 따라 비인기 학과의 입시 결과가 크게 달라진다.

대학별 학생부교과 전형
선발 방식과 특징

▌2017학년도 수시모집 학생부 100% 반영 주요 대학(2017 전형계획 기준)

대학	전형명	전형방법	수능 최저학력 기준 적용
가천대	학생부 우수자	교과 100	적용
가톨릭대	교과 우수자	교과 100	적용
광운대	교과성적 우수자	학생부 100	적용
덕성여대	학생부100	교과 100	적용
단국대	학생부교과 우수자	교과 100	적용
명지대	학생부교과	교과 100	없음
상명대	학생부교과 우수자	교과 100	적용
서울시립대	학생부교과	교과 100	적용
성신여대	교과 우수자	학생부 100	없음
숙명여대	학업 우수자	교과 100	적용
인천대	교과성적 우수자	교과 100	적용
중앙대	학생부교과	교과 70+비교과 30	적용
한국외대	일반	교과 100	적용
한국항공대	교과성적 우수자	교과 100	적용
홍익대	학생부교과	교과 100	적용

학생부만으로 선발하는 주요 대학에 지원할 때 중요한 것은 수능 최저학력기준 적용 여부다. 비슷한 수준의 대학이라 해도 수능 최저학력기준을 적용하지 않으면 실질적인 입시 합격선이 매우 높게 형성된다.

전국 단위에서 내신 관리를 잘한 학생들이 수시에서 합격하려고 올인하는 성향이 높은 전형이기 때문이다.

주요 대학 중에는 학생부 100퍼센트로 선발하는 인원이 적고, 중하위권 대학으로 가면 학생부 100퍼센트로 많이 선발한다. 학생부교과 성적만으로 선발하는 대학이 있고 출결 및 봉사 활동을 반영하는 대학이 있는데, 출결과 봉사 활동에서 수험생 간 차이는 무의미한 수준이다. 한양대와 중앙대, 한국외대 등 주요 명문대의 학생부교과 전형에 합격하길 희망한다면 교과 성적이 1.1~1.3등급 사이는 되어야 한다.

재수생을 비롯한 N수생까지 지원이 가능하거나, 고교 유형에 대한 제한이 없을수록, 반영 교과와 반영 과목의 수가 적을수록 합격자 성적이 상승한다. 그리고 수능 최저학력기준의 높고 낮음에 따라 경쟁률 및 합격선 자체가 변화하는 경우가 많은 전형이니 지원 시 참고해야 한다.

▌2017학년도 수시모집 학생부교과 전형 면접 실시 주요 대학
(2017 전형계획 기준)

대학	전형명	전형방법	수능 최저학력 기준 적용
국민대	교과성적 우수자	1단계: 교과 100 (6배수) 2단계: 교과 70+면접 30	없음
동국대	학교생활 우수 인재	1단계: 교과 100 (3배수) 2단계: 교과 70+면접 30	없음
명지대	학생부교과(면접)	1단계: 교과 100 (5배수) 2단계: 교과 60+면접 40	없음
상명대	학생부교과면접	1단계: 교과 100 (5배수) 2단계: 교과 50+면접 50	적용
이화여대	고교추천	1단계: 교과 80+서류 20 (3.5배수) 2단계: 1단계 80+면접 20	없음

대학	전형명	전형방법	수능 최저학력기준 적용
한양대	학생부교과	1단계: 교과 100 (3배수) 2단계: 면접 100	없음
인천대	INU교과	1단계: 교과 100 (3배수) 2단계: 교과 60+면접 40	없음 (일반학과)
인하대	학생부교과	1단계: 교과 100 (3배수) 2단계: 교과 70+면접 30	없음

학생부교과 전형에서 면접을 실시하는 대학에 지원할 경우에는 1단계 통과 가능성, 1단계 선발 배수, 면접 유형과 면접 비율에 주의해야 한다. 또한 전형별로 지원 자격이 있는지 반드시 확인해서 해당하는지도 알아봐야 한다. 동국대 불교추천인재처럼 특정인의 추천을 받아야 지원이 가능한 전형도 있기 때문이다. 또한 대다수 대학이 다단계 전형으로 실시하는 만큼 1단계 선발 가능성을 가늠해봐야 한다. 1단계 선발 인원이 3배수일 때와 5~6배수일 때를 비교해보면 1단계 합격자 성적에서 큰 차이가 난다. 따라서 내신 성적이 약간 부족하다면 1단계 선발 인원이 많은 대학이나 학과에 지원하는 편이 유리하다. 1단계 통과 후에는 지원자끼리 성적 차이가 크지 않으므로 면접에서 합격 여부가 가려진다. 따라서 대학별 면접 유형을 미리 파악해 철저히 준비해야 한다. 대입 간소화 정책에 따라 대학별로 실시하는 면접 유형이 많이 바뀌었으니 반드시 지원 대학의 출제 유형을 살펴야 한다. 그리고 수능 최저학력기준을 적용하는지 여부는 반드시 확인하고 감안해야 한다.

2017학년도 수시모집 학생부교과 전형 비교과 반영 주요 대학

대학	전형명	전형방법	수능 최저학력 기준 적용
가톨릭대	학생부 우수자	교과 70+비교과 30	없음
고려대	학교장추천	1단계: 서류 100 (3배수) 2단계: 서류 70+면접 30	적용
동덕여대	학교생활 우수자	1단계: 교과 100 (3배수) 2단계: 교과 70+서류 30	적용
숭실대	학생부 우수자	1단계: 교과 100 (5배수) 2단계: 교과 70+ 　　　　학생부종합평가 30	없음
아주대	학교생활 우수자	교과 70+비교과 30	없음
연세대	학생부교과	1단계: 교과 100 (3배수) 2단계: 교과 70+비교과 30	적용

학생부교과 전형이지만 자기소개서와 비교과를 반영하는 대학이 있다. 1단계에서 교과 성적만으로 일정 배수를 선발하는 전형에서는 비교과뿐 아니라 교과 성적도 필요하다. 이런 대학은 기본적으로 교과 성적이 우수한 학생을 선발하겠다는 의도가 있다. 또한 학생부교과 성적과 비교과 성적을 합산해 선발하더라도 기본적으로 일정 수준 이상 학생부교과 성적을 받아야 한다.

형식적으로는 학생부교과 전형이지만 학생부종합 전형과 마찬가지로 비교과를 반영하거나 자기소개서 등을 요구하는 대학도 있으니 주의하자. 교과 성적이 우수하면서 비교과 실적에 자신 있는 학생이 지원하는 것이 좋다.

학생부 교과 성적 기준 수시 모집 지원권 대학 리스트

교과 등급	인문계	자연계
1~1.3등급	서울대, 연세대, 고려대, 성균관대, 한양대, 서강대 등	서울대, 의학계열, 연세대, 고려대
1.2~1.7등급	이화여대, 중앙대, 한국외대, 서울시립대, 경희대, 전국 교대 등	성균관대, 한양대, 서강대, 이화여대, 중앙대, 서울시립대, 전국 교대 등
1.5~2.0등급	건국대, 동국대, 홍익대, 숙명여대, 숭실대, 국민대, 세종대, 단국대 등	건국대, 동국대, 홍익대, 인하대, 아주대, 숙명여대, 숭실대, 국민대, 세종대, 단국대 등
1.8~3.0등급	서울 소재 대학 및 지방 거점 국립대	서울 소재 대학 및 지방 거점 국립대
2.7~4.0등급	경기도권 대학 및 지방 군소 국립대 및 지방 주요 사립대	경기도권 대학 및 지방 거점 국립대, 군소 국립대 및 지방 주요 사립대
4.0등급 이하	지방 사립대 및 전문대	지방 사립대 및 전문대

비교과 반영 및 수능 최저학력기준 적용 유무에 따라 대학별 실제 지원가능한 성적대는 변화하므로 위의 내용은 단순 참고자료로 활용해야 한다.

비교과 실적 우수 =
학생부종합 전형

Talk | 학생부종합 전형은 대체 스펙을 어느 정도로 쌓아야 인 서울이 가능
한가요?
| 고1 때 내신을 망치면 학생부종합 전형 지원은 아예 불가능한가요?
| 학생부종합 전형에 지원하는데, 자기소개서를 어떻게 써야 하나요?

학생부종합 전형은 교육부의 적극적인 지원으로 해마다 크게 확대되고 있다. 학생부종합 전형은 정시처럼 성적 중심의 줄 세우기식 선발이 아니라 학생부와 자기소개서, 면접을 통해 대학의 건학 이념과 모집 단위별 특성에 맞는 합격자를 선발하는 전형이다. 공인 어학 성적, 외부 수상 실적은 반영되지 않으며, 학생부의 교과 성적과 교내의 다양한 활동 실적이 중요하게 반영된다. 기존 입학사정관 전형과 같이 서류 평가와 면접에 입학사정관이 참여해 평가하는 방식이며, 사교육을 유발하는 과도한 스펙을 반영하지 않고, 고교 재학 중의 실적을 중심으로 평가한다.

학생부종합 전형은 학생부의 교과와 비교과, 자기소개서, 추천서, 면

접을 종합해 선발한다. 하지만 세부 선발 방식은 대학마다 차이가 있다. 서류 평가를 해서 1단계에서 일부 인원을 선발한 후 면접 고사로 최종 합격자를 선발하는 방식이 보편적이지만 대학에 따라 교과 성적과 서류를 일괄 합산해 최종 합격자를 선발하기도 한다. 대다수 대학은 학생부종합 전형에서 수능 최저학력기준을 적용하지 않지만 일부 대학은 적용한다.

대학별 학생부종합 전형 선발 방식 및 특징

▌학생부종합 전형은 비교과 실적만 우수하면 될까?

학생부종합 전형은 지원자의 교과와 비교과를 모두 평가해 선발하는 방식이다. 대학에 따라 비교과만을 평가하기도 하지만 비교과 실적에 기본적인 교과 성적이 포함된다. 흔히 잠재력과 열정만 있다면 지원해도 된다는 잘못된 생각을 하는데, 객관적인 평가를 받아 통과한 학생들이 상대적으로 우수한 실적을 보유하고 있다. 또 아무리 비교과 실적이 우수해도 지원 학과와 관련된 교과 성적이 매우 저조하다면 좋은 평가를 받을 수 없다. 또한 학생부종합 전형에서 수능 최저학력기준을 적용하지 않는 대학이 많지만 주요 명문대는 수능 최저학력기준을 적용하기도 하니 주의해야 한다.

대학	전형명	전형방법	수능 최저학력 기준 적용
고려대	융합형인재	1단계: 서류 100 (3배수) 2단계: 서류 70+면접 30	적용
서강대	학생부종합 (일반형)	서류 100	적용
서울대	일반전형	1단계: 서류 100 (2배수) 2단계: 서류 50+면접 및 구술 50	없음(일부 모집 단위별 적용)
서울대	지역균형선발	서류평가+면접	적용
연세대	학교활동 우수자	1단계: 서류 100 2단계: 서류 70+면접 30	적용
이화여대	미래인재	1단계: 서류 100 (3배수) 2단계: 서류 80+면접 20	적용

면접을 실시하지 않고, 서류 평가만으로 학생을 선발하는 대학도 있다. 면접을 실시하지 않으면 경쟁률이 상승한다. 다단계 전형을 실시하는 대학에 지원할 때는 1단계 선발 배수를 고려해야 한다. 학생부종합 전형의 경쟁률이 그리 높은 편이 아니기 때문에 1단계 선발 배수가 많을수록 통과 가능성이 높다. 수능 최저학력기준을 적용하는 대학은 비슷한 수준의 다른 대학에 비해 경쟁률이 약간 낮을 수 있다.

대학	전형명	전형방법	수능 최저학력 기준 적용
가톨릭대	잠재능력 우수자	1단계: 서류 100 (3배수) 2단계: 서류 80+면접 20	미적용
건국대	KU자기추천	1단계: 서류 100 (3배수) 2단계: 면접평가 100	미적용

대학	전형명	전형방법	수능 최저학력 기준 적용
경희대	네오르네상스	1단계: 서류 100 (3배수) 2단계: 서류 70+인성면접 30	미적용
경희대	고교대학연계	교과 60+서류 40	미적용
광운대	광운참빛인재	1단계: 서류 100 (3배수) 2단계: 서류 60+면접 40	미적용
국민대	국민프런티어	1단계: 서류 100 (3배수) 2단계: 서류 60+면접 40	미적용
국민대	학교생활 우수자	교과 60+서류 40	미적용
단국대	DKU인재	서류 100	미적용
동국대	DO Dream	1단계: 서류 100 (3배수) 2단계: 서류 70+면접 30	미적용
상명대	상명인재	1단계: 서류 100 (3배수) 2단계: 서류 50+면접 50	미적용
서강대	학생부종합 (자기주도형)	서류 100	미적용
서울대	일반전형	1단계: 서류 100 (2배수) 2단계: 서류 50+면접구술 50	미적용(일부 모집 단위 적용)
서울시립대	학생부종합	1단계: 서류 100 (3배수) 2단계: 면접 100	미적용
성균관대	성균인재	서류 100	미적용
성균관대	글로벌인재	서류 100	미적용
성신여대	학교생활 우수자	1단계: 학생부종합 100 (3배수) 2단계: 심층서류평가 100 (사범대 심층서류평가 90+적인성 10)	미적용
숙명여대	숙명미래리더	1단계: 서류 100 (3배수) 2단계: 서류 40+면접 60	미적용
숭실대	SSU미래인재	1단계: 서류 100 (3배수) 2단계: 서류 40+면접 60	미적용
인하대	학생부종합	1단계: 서류 100 (3배수) 2단계: 서류 70+면접 30	미적용

대학	전형명	전형방법	수능 최저학력기준 적용
중앙대	다빈치형 인재	1단계: 서류 100 (3배수 내외) 2단계: 서류 70+면접 30	미적용
중앙대	탐구형 인재	서류 100	미적용
한국외대	학생부종합	1단계: 서류 100 (3배수) 2단계: 서류 70+면접 30	미적용
한양대	학생부종합	학생부종합평가 100	미적용

대다수의 대학은 학생부종합 전형에서 수능 최저학력기준을 적용하지 않는다. 서류 평가와 면접으로 학생의 잠재력과 역량을 평가해 대학이 원하는 인재를 충분히 선발할 수 있기 때문이다.

면접을 실시하는 전형과 서류 평가만 하는 전형으로 크게 구분할 수 있는데, 교과 성적과 비교과 실적이 매우 우수한 학생이라면 서류 평가만으로도 인정받을 수 있다. 하지만 교과 성적이나 비교과가 약간 부족한 학생이라면 1단계에서 2~3배수 정도를 선발하는 다단계 방식에 지원하는 것이 유리하다. 또한 자기소개서와 추천서를 요구하는 대학이 있으니 서류는 평소 체계적으로 준비해야 한다. 면접이나 자기소개서를 준비할 때는 대학별 평가 기준을 참고해야 한다. 학생부종합 전형 평가 세부 기준이 다르기 때문이다.

학생부종합 전형
어떻게 준비해야 효과적일까?

▌모집 단위와 연계된 교과의 우수한 성적은 기본

학생부종합 전형은 잠재력과 열정만으로 합격생을 선발하는 전형이 아니다. 잠재력과 열정은 누구에게나 있다. 그것을 객관적으로 평가하려면 신뢰할 만한 실적이 필요하다. 가장 기본이 되는 것은 학생의 자질인데, 학교생활기록부의 교과 성적을 최우선으로 판단한다. 전 교과에서 우수한 성적을 보이는 것도 중요하지만, 특히 지원하는 모집 단위와 연계된 교과에서 우수성을 보여줘야 한다.

공과대학에 지원하면서 특별한 이유 없이 수학과 과학 성적이 저조하다면 어느 대학도 원하지 않을 것이다. 교과 성적은 학생이 학교 생활을 얼마나 성실하게 했는지, 잠재 능력이 있는지를 판단하는 기본 자료다. 학생부종합 전형에 지원하는 학생이라면 앞으로 남은 내신 관리에 힘써 최대한 우수한 성적을 확보해야 한다.

▌구체적이고 장기적인 진로 계획

학생부종합 전형에서 중요하게 여기는 것은 교과 성적 이외에도 '학생의 관심과 흥미, 학과 선택의 동기와 열정, 잠재력' 등이다. 따라서 자기소개서를 비롯한 서류 평가에서 강점을 드러내려면 구체적인 진로 계획이 있어야 한다. 그러려면 우선 자신의 정체성부터 제대로 파악해야 한다. 전문적이고 객관적인 진로 검사를 해서 성격, 흥미, 능력, 잠재력을 파악해야 한다. 그런 다음 자신이 갖고 싶은 직업, 배우고 싶은 학문에 대한 다양한 정보를 습득하면서 자신만의 진로를 찾는 것이 좋다. 닮고 싶은 롤모델을 설정해 도전하는 것도 좋은 방법이다.

▍학과와 연계된 교내 활동을 꾸준히

흔히 스펙이라 말하는 실적 쌓기에 몰입하는 학생이 간혹 있는데, 양보다 중요한 것이 바로 활동의 질이다. 문어발식으로 잡다하게 비교과 실적을 쌓기보다는 희망하는 학과와 연계된 교내 활동을 꾸준히 하는 것이 좋다. 자신의 진로와 적성을 파악한 다음 그 꿈을 이루고자 도전하는 과정에서 체험한 비교과가 좋은 평가를 받게 마련이다. 평소 목표를 세워 봉사 활동과 같은 기본적인 외부 활동과 진로와 연계된 교내 활동을 관리하는 것이 좋다. 또한 틈틈이 활동 내역을 정리하고, 실적을 관리하는 것이 좋다.

학생부종합 전형
어떻게 지원해야 합격할 수 있을까?

수험생이라면 늦어도 6월 모의평가 이후에는 수시 지원을 결정하고, 최종 준비를 해야 한다. 6월 모의평가와 3학년 1학기까지의 학생부교과와 비교과, 대학별 고사 등을 살펴 수시에 지원할 6개 대학과 학과의 라인을 설정해야 한다. 학생부종합 전형은 대학마다 전형 방법에서 세부적인 차이가 있기는 하나 큰 흐름은 교과와 비교과를 중요시하고, 대학에 따라 면접을 실시한다는 점이다. 특히 상위권 대학뿐 아니라 중하위권 대학에서도 학생부종합 전형으로 많은 인원을 선발하는 만큼 학생들의 관심이 필요하다.

▌학생부를 철저히 분석하고, 보완하자

학생부 사본을 발급받아 그동안의 교과와 비교과 성적을 확인하고 분석해야 한다. 교과는 우수한 교과, 학년별 성적 추이, 취약 과목, 주요 교과별 성적을 확인해야 한다. 비교과는 교내 수상 실적, 자율 활동, 동아리 활동, 봉사 활동, 진로 활동, 독서 활동, 행동 특성 및 종합 의견을 중점적으로 살펴봐야 한다.

▌6월과 9월 모의평가를 참고해 지원 대학과 전형, 학과를 선택하자

교과와 비교과를 분석하고, 6월과 9월 모의평가 결과를 토대로 지원 대학과 전형을 선택하도록 하자. 6월과 9월 모의평가 성적은 최저 지원 대학과 학과를 정하는 기준으로 활용하도록 하자. 대학별 전형 방법, 수능 최저학력기준, 면접 유형, 면접고사 일정을 참고해 자신에게 유리한 대학을 선택하도록 하자.

▌자기소개서 및 기타 제출 서류를 직접 작성하자

대다수 대학이 자기소개서를 매우 중요한 자료로 활용한다. 대교협 공통양식을 주로 활용하며 대학에 따라 개별 문항을 추가한다. 자기소개서 작성 전에 논술 개요를 작성하듯 문항별로 키워드와 주제문을 먼저 뽑고, 작성하면 효과적이다. 또한 첫 문장에서 평가자의 관심을 이끌어낼 수 있도록 핵심 내용을 담아야 한다. 문장은 간결하게 쓰고, 최소

3회 이상 퇴고를 거쳐 완성하도록 하자.

▌학생부종합 전형 면접은 어떻게 준비해야 할까?

학생부종합 전형에서 서류 평가로만 선발하는 경우도 있으나 대다수 대학은 면접 고사를 실시한다. 면접 고사를 실시하는 경우에는 면접 고사에서 당락이 결정되는 만큼 철저히 준비해야 한다. 특히 교육부 방침에 따라 문제 풀이 중심의 심층 면접은 축소될 전망이므로 대학별 출제 경향 변화도 알아봐야 한다. 많은 대학이 학생부종합 전형 면접을 인성 면접으로 실시하는데, 수험생의 가치관과 인성을 파악하거나 전공 적합성을 평가한다. 대학별로 면접 유형은 비슷하나 세부 사항은 차이가 많으니 꼭 지원 대학의 출제 유형에 맞추어 준비해야 한다.

● 학교별 출제 유형을 파악하라

올해 새로 학생부종합 전형을 실시하거나 전년도와 다른 유형으로 면접 고사를 실시하는 학교도 있다. 가장 먼저 대학교 홈페이지나 입학처에 문의해 학교별 출제 유형을 철저히 파악해야 한다. 논술 고사는 대학들이 기출문제 및 모의문제, 해설 등을 홈페이지에 공개하는 데 비해 면접고사는 공개를 안 하는 대학이 많으니 직접 문의해 최대한 정보를 얻는 것이 좋다.

● 학교생활기록부, 자기소개서를 철저히 숙지하라

학생부종합 전형에서 면접 질문은 주로 자기소개서 및 학교생활기록부를 중심으로 출제한다. 자신이 제출한 서류나 학교생활기록부의 주요 내용을 제대로 답변하지 못하면 좋은 평가를 받을 수 없다. 주요 활동 실적에 대한 활동 기간, 활동 내용, 느끼고 배운 점 등을 별도로 정리해 두는 것이 좋다. 또한 자기소개서와 생활기록부의 내용을 숙지해 면접 관의 검증성 질문에 명확하게 답변할 수 있어야 한다.

● **교과서 및 주요 시사 이슈로 면접 대비를 하라**

대기실에서 면접 문항이 담긴 질문지와 준비 시간을 주고 면접을 실시 하는 대학도 있다. 가치관 및 인성 평가, 전공 적합성을 평가하려고 교 과서 속의 지문이나 주요 시사 이슈에 관한 질문을 던질 수도 있다. 문 과라면 사회탐구 과목의 교과서 주요 개념을 정리해두는 것이 좋고, 이 과라면 수학과 과학 교과서의 주요 개념을 확실히 이해해둘 필요가 있 다. 또한 최근 2개년 동안의 주요 시사 이슈를 점검하는 것이 좋은데, 시사 이슈를 암기하려 하지 말고, 계열과 관련된 소재를 읽어보는 것 이 좋다. 시사 이슈의 쟁점과 해법, 관련된 교과 지식을 연계해 정리해 야 한다.

● **예상 문제를 만들어 모의 면접 테스트를 하라**

실제 면접장에서 지나치게 긴장해 평소보다 제대로 답변하지 못하는 학생이 많다. 평소에 교실에서 카메라를 활용해 모의 면접 테스트를 자 주 해보는 것이 도움이 된다. 친구들과 예상 문제와 평가표를 만들고, 교대로 모의 면접 테스트를 하면 효과적이다. 낯선 상황에 적응하는 능 력과 추가 질문에 대한 대처 능력을 키울 수 있다.

● 올바른 면접 태도를 익혀라

면접에서 가장 중요한 것은 학생다운 태도다. 모의 면접 테스트 촬영 영상을 보며 평소 자신의 태도, 예의, 말투, 손짓 등의 제스처, 시선 처리 등을 체크하고 보완하는 것이 효과적이다. 또한 가장 기본이 되는 올바른 답변 요령을 익혀야 한다. 면접관의 사소한 질문이라도 최대한 공손하게 답변해야 한다. 그리고 모든 면접에서 발언은 두괄식으로 조리 있게 논리적으로 해야 한다. 지나치게 짧은 답변이나 성의 없는 답변은 불합격의 지름길이니 반드시 피하도록 하자.

자주 묻는 질문 유형들

- 우리 학교 및 학과에 지원한 동기는 무엇인가?
- 교내 활동(동아리, 임원, 봉사 등)에서 가장 기억에 남는 경험과 그 과정에서 느낀 점을 말해보시오.
- 대학 입학 후의 학업 계획과 본인의 진로 계획을 말해보시오.
- 자기소개를 해보시오(취미, 특기, 장점과 단점, 롤 모델 등).
- 자기주도학습을 하려고 노력한 경험을 말해보시오.
- 학교 생활 중 배려, 나눔, 협력을 실천한 사례를 구체적으로 설명해보시오.
- 교내 동아리 활동 경험을 설명해보시오.
- 봉사 활동을 통해 깨달은 점은 무엇인가?
- 가장 관심 있게 읽은 책은 무엇이며, 무엇을 배웠는가?
- 최근 가장 관심을 가졌던 사회 문제는 무엇인가?

교과 성적 부족, 논술 우수 =
논술 전형

Talk | 내신이 3등급인데, 한양대 논술에 지원해도 될까요?

| 자연계 논술도 글을 잘 써야 유리하지 않나요?

| 혹시 수능이 잘 나올 수 있으니 수능 이후 논술 전형에 집중해야겠죠?

필자가 입시 설명회나 입시 상담을 하다가 만난 학부모와 학생이 논술 전형에 대해 질문한 내용이다. 논술 전형이 이제 안정적으로 정착하고 있지만 여전히 어떻게 준비해야 할지 잘 모르는 학생과 학부모가 많다. 논술 전형은 학생부교과 성적이나 비교과가 다소 부족해도 논술을 잘한다면 과감히 지원할 수 있는 전형이다. 학생부교과 성적 3등급 선에서도 주요 대학에 합격한 학생이 많다. 심지어 5~6등급이 합격하기도 한다. 논술 고사는 대학에서 자체적으로 실시하는 시험이고, 대학에 따라 유형이 다르고, 객관적으로 자신의 실력을 파악하기 어렵기 때문에 논술 전형에 지원하는 학생들은 다른 전형에 비해 상향 지원을 하는 경우가 많다. 그래서 대학에 따라 차이가 있으나 평균 20대 1에서 50대

1 사이의 높은 경쟁률을 보인다.

　최근 교육부가 사교육을 유발한다는 이유로 학생부종합 전형을 권장하면서 소폭 줄어들기는 했지만, 주요 대학들은 여전히 논술 전형으로 20퍼센트 넘게 선발하고 있다. 주요 대학 중에서 논술 전형 비중이 높은 대학은 연세대, 고려대, 서강대, 성균관대, 중앙대, 한국외대 등이다. 서울시립대는 정시 선발 비중이 높으므로 논술 전형 선발 비율이 10퍼센트대로 낮은 편이다.

　논술 전형은 학생부와 논술 성적을 합산해 선발하고, 대학에 따라 수능 최저학력기준을 적용한다. 형식적인 학생부 반영 비율이 30퍼센트 이상으로 높지만, 실질적으로는 논술 고사 성적에 따라 합격이 좌우된다. 내신 성적 3~4등급 선에서 수능 최저학력기준을 충족할 수 있다. 논술에 자신 있다면 적극적으로 지원을 고려하자.

2016학년도 대입 주요 대학 전형별 모집인원

학생부 교과전형	학생부 교과전형		학생부 종합전형		논술전형		정시전형		전체 모집 인원
	인원 (명)	비율 (퍼센트)	인원 (명)	비율 (퍼센트)	인원 (명)	비율 (퍼센트)	인원 (명)	비율 (퍼센트)	
연세대	257	10.8	430	18.0	683	28.6	991	41.5	2,390
고려대	630	16.7	405	10.7	1,110	29.5	1,027	27.3	3,767
서강대	−	−	559	34.1	405	24.7	501	30.6	1,640
성균관대	−	−	1,362	36.6	1,363	36.6	900	24.2	3,725
한양대	346	11.9	1,030	35.6	520	18.0	759	26.2	2,897
중앙대(서울)	377	10.0	1,397	37.1	855	22.7	1,066	28.4	3,761
이화여대	380	12.5	595	19.6	550	18.1	1,155	38.1	3,035
경희대	−	−	1,742	35.4	935	19.0	1901	38.7	4,915
한국외대(서울)	163	9.6	376	22.3	476	28.2	573	33.9	1,690
서울시립대	−	−	557	31.5	190	10.8	1,038	58.7	1,768

꼭 체크해야 할
주요 변화 3가지
....

최근 2년 사이에 수시 모집에서 논술 전형이 상당히 많이 변했다는 점을 수험생들은 알아야 한다. 논술 전형의 주요 변화점은 크게 우선선발 폐지, 논술 난이도 하락, 수능 최저학력기준 완화라 할 수 있다. 우선선발은 논술 전형에서 높은 수능 최저학력기준을 적용하고 학생부교과 반영을 줄인 방식으로서, 내신 성적은 저조하지만 수능 성적이 우수한 특목고나 자사고 학생에게 유리한 방식이었다. 우선선발이 폐지되자 일부 대학에서는 교과와 비교과를 합산해 반영하는 방식을 도입해 교과 성적의 실질 반영 비율을 더 낮추고 있다. 이는 여전히 일부 대학이 특목고나 자사고 학생에게 기회를 주고자 하는 것임을 알 수 있다.

또한 '고교 교육 정상화'라는 이유 때문에 논술 고사의 난이도가 점점 하락하고 있다. 많은 대학이 교과서와 EBS 교재를 활용해 출제하면서 제시문이 쉬워지고 있다. 하지만 논술 시험의 난이도는 여전히 수능보다 높으며 단기간 내에 완성할 수 있는 수준이 아니란 점에 주의해야 한다. 2014년 이후의 모의 논술과 수시 논술 기출문제를 중심으로 출제 경향을 살펴야 한다. 특히 자연계열은 수학과 과학 지식을 주로 묻는 본고사 형태의 논술을 출제하는 경우가 많아 교과 성적과 논술 고사의 성적이 많이 연계된다.

마지막으로 수능 최저학력기준을 완화하거나 폐지하는 대학이 늘어나고 있다. 2016학년도를 기준으로 건국대, 광운대, 서울과학기술대, 서울시립대가 수능 최저학력기준을 전면적으로 폐지했다. 이외에도 수능 최저학력기준을 완화하는 대학이 많다. 수능 최저학력기준에 따라 수험생의 지원 성향과 결시율에 큰 차이가 있다. 즉, 수능 최저학력기준이 없는 대학일수록 경쟁률이 높고, 결시율이 5퍼센트 이하로 매우 낮다. 반면 수능 최저학력기준을 적용하는 대학은 경쟁률이 높은 편이지만 결시율이 최대 50퍼센트에 이를 정도로 매우 높다. 논술 고사 실시일이 수능 전이라면 경쟁률이 낮지만, 수능 이후라면 경쟁률이 높게 나타난다. 수능 성적에 따라 응시 여부를 결정할 수 있고, 수능 준비에 집중한 후에 응시하려는 학생이 많기 때문이다.

그리고 교육부에서 가급적 논술 전형을 실시하지 않도록 권장하고 있어 2015학년도부터 모집 인원이 줄어들고 있다. 하지만 수능 난이도가 내려가고 학생부종합 전형으로 많은 학생을 선발하기 때문에 대학에서는 여전히 논술 전형을 선호하고 있으므로 앞으로도 일정 비율을 유지할 가능성이 높은 것이 현실이다.

주요 대학 논술 전형
어떻게 선발할까?

대입 논술 전형은 수시모집에서 주로 상위권 대학들이 실시한다. 2017학년도 수시를 기준으로 30개 대학에서 1만 4861명을 선발한다. 전체 4년제 대학을 기준으로 하면 전체 정원의 4.2%에 불과하지만 상위권 대학을 기준으로 하면 약 20%를 넘는 막대한 비중이다. 전체적인 모집 인원은 2016학년도 수시에 비해 소폭 감소했으며 대학별로 5% 이상 모집 인원이 감소한 경우가 많다. 논술고사를 실시하는 대학들은 가톨릭대, 경북대, 경희대, 고려대, 동국대 등 총 30개 대학이다. 서울시립대만 1단계에서 논술고사 성적만으로 4배수를 선발하고 2단계에서 논술고사와 학생부 교과성적을 합산해 선발한다. 나머지 대학은 논술고사와 학생부를 합산해 선발하는 일괄합산 방식이다. 논술고사를 반영하는 비율은 최소 60퍼센트에서 최대 80퍼센트까지 대학별로 다양하다. 학생부 반영 비율은 최소 20퍼센트에서 최대 40퍼센트까지이며, 대학에 따라 비교과를 반영하는 경우가 있어 실질 반영 비율은 더욱 낮아진다. 그리고 대학에 따라 전형별로 학생부 교과 성적 반영 방법을 달리하는데, 대다수 대학들은 논술전형에서 학생부 등급간 점수 차이를 줄여서 내신이 불리한 학생들도 합격할 수 있는 구조로 되어 있다.

논술고사를 실시하는 대학들은 대다수가 수능 최저학력기준을 적용하는데, 한양대를 비롯한 10개 대학들은 적용하지 않는다. 즉 수능에 응시하지 않거나 수능 성적이 8~9등급이어도 논술만 잘하면 최종 합격이 가능하다. 논술고사에 응시하는 학생이라면 크게 논술고사일, 최저학력기준, 결시율을 반영한 실질경쟁률, 전년도 충원합격 현황 등을 참고해 지원해야 한다.

논술고사일과 최저학력기준에 따라 대학별로 결시율이 크게 차이가 난다. 수험생 대다수가 수능 이후의 논술 전형을 선호하는 경향이 높고, 수능 가채점 결과에 따라 수시 논술 응시 여부를 결정하는 경향이 많다.

논술 고사
대비 전략

▌장기간에 걸쳐 교과 학습과 병행해 논술을 준비하자

최근 논술 고사가 점차 쉬워지고 있으나 여전히 논술은 장기간에 걸쳐 체계적으로 준비해야 한다. 6월 모의평가 이후에 부랴부랴 논술을 대비하는 것은 수능 마무리 학습을 망치는 지름길이다. 적어도 고2 겨울 방학부터 장기간에 걸쳐 논술 대비를 해야 한다. 그리고 최근 논술은 사회탐구나 과학탐구, 수학 등 교과 지식과도 연계가 많이 된다. 논술 따로, 내신 따로, 수능 따로 식의 학습은 전체 학습 밸런스를 망치기 때문에 피해야 한다. 고등학교 1, 2학년은 인터넷 강의나 방과 후 프로그램을 이용해 기본 실력을 다지고, 3학년부터 대학별 실전 문제 풀이와 첨삭을 받으면서 논술을 준비하도록 하자.

▌대학별 논술 유형과 요구 사항을 파악하자

대학에 따라 논술의 세부 유형과 요구 사항이 달라서 비슷한 주제가 출제된다고 해도 답안 작성 방향이 크게 달라진다. 따라서 기출문제와 모의 논술을 참고해 자신이 지원한 대학에서 원하는 논술 접근 방식을 미리 알아두는 것이 좋다. 예를 들어 요약형은 단순히 제시문의 내용을 글자 수만 줄여서 쓰는 것이 아니라 제시문의 핵심을 서술해야 한다. 따라서 무엇보다 정확히 제시문을 분석해야 한다. 그러려면 제시문을 좀 더 세밀하게 독해해야 하며, 제시문에 나타나는 논지의 흐름을 명확히 파악할 수 있어야 한다. 논술 문제별로 요구 사항에 번호를 매겨 답안을 작성하는 연습을 하면 효과적이다.

대학별 모의 논술과 기출문제를 철저히 분석하자

2015학년도 수시부터 논술 고사 출제 방침이 변경되어 논술 고사의 난이도가 낮아지고 있다 따라서 각 대학에서 실시한 모의 논술을 중심으로 출제 경향을 파악하고, 2015 수시 논술 기출문제를 분석해보자. 기출문제는 논제의 유형, 문제의 요구 사항, 출제자의 의도, 모범 답안을 위주로 분석해야 한다. 대학에서 발표한 기출문제 해설과 모의 논술 해설 자료를 참고해 그 대학에서 요구하는 것을 제대로 파악하고, 그에 따른 논술 작성법을 익혀야 한다. 자신의 답안이 출제 의도에 맞는 글이었는지도 반드시 파악해야 한다. 출제 교수의 논술 특강을 학교 홈페이지에 올려두는 대학도 많으므로 반드시 참고하자.

논술 채점 기준을 이해하고, 대비하자

예시 답안 및 평가 의도, 논술 채점 기준을 공개하는 대학이 많다. 다음의 중앙대 모의 논술 채점 기준 요약표를 자세히 살펴보자. 다년간 논술을 시행하면서 평가의 객관성을 확보하고자 체계적인 채점 기준을 마련했다는 것을 알 수 있다. 기술 측면에서는 최대 5점 감점이 가능하고, 내용 측면에서 40점 만점으로 평가한다. 우선 감점과 가점 요인을 살펴야 한다. 기본적으로 각 문항별로 글자 수가 모자라거나 넘치게 작성한 경우 분량에 따라 최대 2점까지 감점당할 수 있다. 맞춤법과 원고지 사용법도 최대 3점까지 감점을 당하고, 가장 크게 감점을 당하는 요인은 제시문을 한 문장 이상 그대로 옮겨 적는 경우다. 기술 측면에서 최대 감점을 당하는 원인이니 반드시 주의하자.

내용 측면에서는 구체적으로 논지의 차이점을 제대로 파악했는지와 논리적으로 구성했는지 여부를 판단해 점수를 세분화해서 준다. 또한 참신한 구성이라면 추가 점수까지 주는 구조로 되어 있다. 대학마다 평가 기준이 조금씩 다르니 자신이 지원하는 대학의 채점 기준을 반드시 이해하고, 무심코 넘길 수 있는 감점 요인에 주의하자. 논술 전형에서 합격자와 예비합격자의 차이는 1, 2점에 불과하다.

중앙대학교 2015학년도 수시 인문사회계열 모의 논술 문제 1번 채점 기준 요약표

기술 측면 (−5점)	글자 수 위반(−2점)	±1~25자 ±26자 이상	1점 감점 2점 감점
	맞춤법과 원고지 사용법(−3점)	중대한 오류	최대 3점 감점
	제시문을 그대로 옮겨 쓴 경우(−5점)	한 문장 이상	최대 5점 감점
내용 측면 (40점)	① 각 논지의 차이점 파악 (37점): 8~37점	4개를 정확히 제시한 경우	30~37점
		3개를 제시한 경우	22~29점
		2개를 제시한 경우	15~21점
		1개를 제시한 경우	8~14점
		참신한 분류	최대 3점 추가
	② 논리적 구성 (3점): 0~3점	서론−본론−결론으로 구성	1점
		서론과 결론의 내용이 충실	2점

여러 번 첨삭과 퇴고를 반복해
실력을 쌓자

논술 고사 준비에는 특별한 왕도가 없다. 하지만 단기간에 핵심을 잡을 수 있는 방법은 있다.

바로 첨삭을 3회 정도 반복하면서 논술 유형을 정복하는 것이다. 많은 학생이 논술 첨삭을 1번만 받는 것에 그친다. 하지만 첨삭을 받으면 바로 첨삭 내용을 바탕으로 답안을 다시 한 번 작성해야 한다. 자신이 잘못 접근한 부분을 고치고, 다시 첨삭을 받아야 한다. 이렇게 3번 정도 첨삭과 수정 과정을 거치면 대부분 해당 주제에 대한 감을 잡고, 제대로 된 논술 작성 요령을 익힐 수 있다.

▌ 실전 논술 주의사항

● **논제의 요구 사항을 명확하게 파악하고, 지켜라**

최근 출제되는 논술 문제의 특징은 요구 사항이 구체적이라는 점이다. 모의 논술 문제를 풀며 논제의 요구 사항을 파악하는 연습을 최소 주 1회 이상 해야 한다. 올해 유형에 맞게 대학별 출제 경향을 파악하고 준비하자.

● **개요 작성은 명확하게 해라!**

개요 작성에는 충분한 연습이 필요하다. 실전에서는 시간에 쫓겨 개요 작성을 소홀히 하는 경우가 있다. 하지만 개요 작성을 제대로 해야 탄탄한 글을 쓴다. 500자 이내로 작성하는 경우에는 개요 작성보다 문제에서 제시하는 요구 사항 준수가 우선이다.

- **문장은 간결하게, 글씨는 보기 좋게 써라**

많은 학생이 긴 문장으로 답안을 작성하는데, 문장은 60자 정도가 적당하며, 40자 내외도 무방하다. 반드시 어문규정에 맞게 작성하도록 하며, 영어식 표현은 피하도록 한다. 글씨가 꼭 명필일 필요는 없으나 최대한 채점자가 알아보기 쉽게 작성하도록 한다.

- **시간 분배와 답안 분량은 정확하게 해라!**

고사 시간이 부족해 실전에서 낭패를 보는 학생이 많다. 지원한 대학의 고사 시간과 동일하게 설정해서 실전 연습을 하는 것이 좋다. 개요 작성–답안 작성–퇴고 순으로 시간을 미리 배분해두고, 연습하는 훈련을 해야 한다. 또한 답안 분량이 모자라거나 넘으면 감점을 받으니 정확하게 작성할 수 있도록 미리 연습해야 한다.

- **배경지식보다 제시문에 집중하라**

논술 답안을 작성할 때 배경 지식이 필요하기는 하나 배경지식 자체가 좋은 점수를 받는 것이 아니다. 배경지식만을 나열하기보다 제시문을 정확하게 분석하는 게 우선이다. 사례 제시에만 상당한 시간과 분량을 들이는 학생이 있는데 사례는 핵심적인 내용만 제시하도록 한다.

내신 부족 =
적성 전형

Talk | 저희 학교 선배가 6등급인데 합격했데요. 저도 원서 쓸래요.
| 고3 때 철들어서 공부하는데, 정시는 불안하니까 써보고 싶습니다.
| 내신이나 모의고사 성적이 너무 형편없어요. 혹시나 하고 한번 써보
  면 안되나요?

적성 고사는 학업능력 고사, 전공 적성검사 등 다양한 이름으로 불린다. 주로 중위권 대학에서 많이 실시하며, 대부분 수능 최저학력기준을 적용하지 않는다. 적성 고사도 수능형으로 문제를 출제하면서부터 단순히 IQ가 좋은 학생이 아니라 기본 교과 실력이 있는 학생이 유리해졌다.

주로 중위권 대학에서 실시하는 적성 고사 전형은 최근 교육부가 사교육 유발을 이유로 축소를 권장하고 있어서 많이 줄고 있는 전형이다. 하지만 수능 최저학력기준을 적용하지 않고, 객관식 시험이고, 수능에 비해 쉽게 출제되고, 내신이 부족해도 지원이 가능하기에 중하위권 수험생이 '수시 대박'의 환상에 빠져 많이 선호한다. 선발 규모가 대폭 축소되었지만 내신 성적 4~6등급인 학생이 중위권 대학에 진학할 유일한 방법이기 때문에 평균 수십 대 일의 높은 경쟁률을 보인다.

수시 적성 고사 전형의
7가지 특징

1 고려대(세종), 서경대 등 중위권 대학들이 주로 적성 고사 전형을 실시한다

2017학년도 수시모집에서는 가천대, 고려대(세종), 삼육대, 서경대, 수원대, 을지대, 한국산업기술대, 한신대, 홍익대(세종) 등이 실시한다. 실제 정시로 이 대학에 지원하려면 2등급 후반에서 4등급 초반의 수능 성적을 확보해야 한다.

2 대학에서 자체적으로 적성 고사를 출제하며 객관식 시험이 많다

적성 고사는 대학에서 자체적으로 실시하는 대학별 고사다. 따라서 시험 출제 및 채점을 대학에서 자체적으로 하며, 주로 객관식으로 출제한다. 객관식 시험이기에 중하위권 수험생의 선호도가 높다. 예전에는 오답을 쓰면 감점하기도 했으나 현재는 대다수 대학이 감점하지 않는다.

3 난이도는 수능과 비교해 상대적으로 쉬운 편이며, EBS 교재를 활용하는 대학도 있다

적성 고사는 최근 몇 년 사이에 출제 유형 및 난이도가 달라지고 있다.

최근에는 주로 고등학교 교과 과정을 반영해 출제하고 있으며, 수능의 약 80퍼센트 수준으로 난이도를 조정한 경우가 많다. 수능에 비해 상대적으로 쉽고, EBS 교재의 지문을 자주 활용한다.

4 주로 국어와 수학 과목을 출제하며, 영어를 출제하는 대학도 있다

최근 적성 고사는 주로 교과 적성형으로 출제하기 때문에 수능 준비와 적성 고사 준비를 병행할 수 있다. 출제 과목은 대학에 따라 차이가 있는데 국어와 수학을 기본으로 하며, 영어를 출제하는 대학도 있다. 계열에 따라 출제 과목을 달리하기도 한다. 기본적으로 고교 교육 과정 내의 문제를 출제하므로 교과 지식이 우선이다.

5 내신 실질 반영 비율이 낮은 편이며, 내신 3~6등급대인 학생이 주로 합격한다

적성 고사 전형은 학생부 반영 비율이 55퍼센트~60퍼센트 수준이다. 형식적인 비율만 보면 학생부교과 성적 반영 비율이 매우 높다. 하지만 학생부교과 성적의 실질 반영 비율을 감안하면 적성 1~2개 문제로 내신 1~2등급의 차이를 커버할 수 있다. 그만큼 적성 고사 전형에서는 내신의 영향력이 크지 않으며, 3등급~6등급 사이인 수험생이 주로 지원하므로 실질적 차이도 그리 나지 않는다.

6 일부 대학에서는 수능 최저학력기준을 적용하지만 대다수는 적용하지 않는다

적성 고사 전형의 가장 큰 매력 중 하나는 바로 수능 최저학력기준을 적용하지 않는 대학이 많다는 점이다. 수능 성적과 상관없이 합격할 수 있으므로 선호도가 높다. 수능 전에 적성 고사를 실시하는 경우가 많으니 수능 마무리 학습을 소홀히 하지 않도록 주의해야 한다.

7 적성고사 전형을 준비하면 유리한 학생이 있다

- 내신 성적이 3~6등급 대이면서 국어와 수학, 영어가 모의고사 성적 기준 4등급 대인 학생
- 쉬운 문제를 빠르게 잘 풀 수 있는 학생
- 학생부 교과와 비교과가 저조하지만 객관식 시험에 강한 학생
- 뒤늦게 대입 공부를 시작해 국어와 수학 등 특정 영역만 잘 나오는 학생
- 장기적으로 적성 고사를 준비해 적성 고사 실력이 뛰어난 학생

수시 적성 고사 전형 지원 시 주의해야 할 사항

적성 고사 전형 지원 전략은 각 대학별 출제 유형, 학생부 교과 반영 방법, 수능 최저학력기준, 적성 고사 일정 등을 감안해 수립해야 한다. 적성 고사 전형에 지원하는 수험생은 대부분 적성 고사만을 준비하거나 학생부 전형과 함께 준비한다. 적성 고사를 실시하는 전형에 지원하려면 다음 사항을 주의해야 한다.

적성 고사 전형으로 선발하는 인원이 대폭 줄어들었고, 이미 고 1, 2

때부터 적성고사를 준비한 학생이 있다는 점, 학생부 성적이 저조한 학생이 대안으로 삼을 전형이 별로 없다는 점을 감안하면 올해 적성 고사 전형은 이미 높은 경쟁률을 예고하고 있다. 따라서 제대로 준비하시 않은 학생이 묻지 마식 지원을 하면 상당히 위험하다. 경쟁력을 냉정히 분석하고, 지원 여부를 결정해야 한다.

순서대로 자신의 적성 고사 전형 지원 적합도를 체크해보자.

▌대학별 전형 방법과 수능 최저학력기준을 살펴 선택하자

2017학년도 수시모집을 기준으로 적성 고사를 실시하는 대학 중에 수원대를 제외하면 모두 학생부 성적과 적성 고사 성적을 일괄 합산해 선발한다. 수원대는 1단계에서 20배수를 선발하는 만큼 1단계 통과가 가능한 성적대인지를 파악해 지원해야 한다. 또한 일부 대학에서 수능 최저학력기준을 적용하고, 계열별로 수능 필수 응시 영역이 있으니 반드시 확인하도록 하자.

▌대학별 적성고사 출제 유형을 살펴 최종 선택하자

앞서 말한 바와 같이 최근 수능형 출제가 늘어나고 있으며, 대학 공통과 대학 계열별 시험으로 구분해 실시하기도 한다. 또한 주로 국어, 수학, 영어 과목을 중심으로 출제하는데, 대학에 따라 과목이 다르다. 따라서 자신에게 유리한 교과목 시험을 실시하는 대학을 중심으로 지원하는 게 좋다. 예를 들어 인문계열 학생이면서 수학에 자신이 없다면 고려대 (세종)캠퍼스를 최우선으로 고려하는 것이 좋고, 자연계열 학생이면서 국어에 자신이 없다면 홍익대 (세종)캠퍼스를 최우선으로 고려

146

하는 것이 좋다. 대학에 따라 과목별 출제 문항 수 및 비중이 다르니 참고해 지원하도록 하자. 계열별 문항 배점을 달리하거나 대학별로 기본 점수도 차이 나므로 내신 감점 여부를 확인해야 한다.

2016학년도 수시 모집 적성고사 대학별 유형

대학	시험 유형	시간
가천대	국어 20문항, 수학 20문항, 영어 10문항	60분
고려대(세종)	인문계: 국어 20문항 ,영어 20문항 자연계: 수학 20문항 ,영어 20문항	80분
금오공대	● 공학 및 이학 국어 15문항, 영어 15문항, 수학 30문항 ● 경영학과 국어 20문항, 영어 20문항, 수학 20문항	80분
서경대	언어영역 30문항, 수리영역 30문항	60분
성결대	국어 25문항, 수학 25문항	60분
수원대	국어능력 30문항, 수학능력 30문항	60분
을지대	국어 20문항, 수학 20문항, 영어 20문항	60분
한국산업기술대	국어 25문항, 수학 20문항, 영어 25문항	60분
한성대	국어 30문항, 수학 30문항	60분
한신대	국어영역 40문항, 수학영역 40문항	60분
홍익대(세종)	영어 25문항, 수학 25문항(계열별 출제)	각 50분

▌대학별 내신 성적을 계산해 유불리를 확인하자

적성 고사 전형은 내신 실질 반영 비율이 낮으므로 합격을 결정짓는 것이 적성 고사임은 분명하다. 그렇다 하더라도 대학별로 내신 반영 방법 및 반영 과목에서 차이가 있으니 자신에게 유리한 대학을 찾아 지원해야 한다. 또한 각 대학의 학생부 등급별 점수를 확인해 자신이 적성 고사로 극복 가능한 점수인지를 확인해야 한다. 내신이 3~4등급대 학생이라면 감점 여부와 상관없이 적성 고사 전형에 지원이 가능하다. 하지만 내신이 5등급 이하인 학생이라면 내신 4등급을 기준으로 자신이 얼마나 감점되는지와 그 점수를 극복하려면 적성 고사에서 몇 문항 정도를 더 맞혀야 하는지를 확인해야 한다.

▌적성 고사 전형에 집중해 2~3개 대학에 지원하자

적성 고사 전형에 지원하는 학생이라면 논술이나 학생부종합 전형 등 다른 전형과 병행하는 것은 가급적 피해야 한다. 중위권 학생은 여러 전형을 모두 준비하기보다 한 가지 전형에 집중해 승부를 내야 한다. 특히 적성 고사 전형은 수능보다 쉽지만 교과 학습을 하면서 준비하는 것이 가능하니 적성 고사 전형이 유리한 학생이라면 가급적 적성 고사 전형에 몰입하는 것이 좋다. 또한 실전 연습을 하기 위해서라도 1개 대학에 지원하기보다 2~3개 대학에 지원하는 것이 좋다. 시험 당일 컨디션에 따라 시험 결과가 달라지기 때문에 여러 차례 응시를 하는 것이 효과적이다.

▌수능 마무리 학습과 적성 고사 준비를 병행하자

적성 고사 전형은 수능 최저학력기준을 적용하지 않기 때문에 수능 전에 실시하는 대학이 많다. 그런데 적성 고사를 준비하는 기간이 수능 마무리 학습 기간과 겹친다. 수시에 지원하는 학생은 대부분 수시 합격만을 생각하는데, 반드시 수시에 불합격할 가능성도 염두에 두고 수능 대비는 해야 한다. 수능을 준비하면서 상대적으로 쉬운 적성 고사를 같이 대비한다는 자세로 임해야 한다.

적성 고사는 어떻게 대비해야 효과적일까?

각 대학별 기출문제와 모의 문제를 풀어보고, 대학별 출제 경향을 파악해야 한다. 기출문제를 풀 때는 시험 난이도가 비교적 쉽기 때문에 시험 시간에 맞춰 풀어야 자신의 실력을 과대평가하는 것을 방지할 수 있다.

▌실전처럼 기출문제를 풀어 자신의 실력을 객관적으로 평가하자

기출문제를 대학교 시험 시간에 맞춰 실전처럼 풀어보자. 문제와 해설은 대학교 입학처 홈페이지에서 공개하고 있다. 자신의 현재 수준을 냉정하게 판단하는 것이 바로 합격의 지름길이다. 정답률이 60퍼센트 이상인 경우에만 지원을 결정하자. 무리하게 상향 지원을 해봤자 수능형으로 적성 고사 문제를 출제하는 것이 대세인 요즘은 아무런 의미가 없다. 선배나 일선 학원이 말하는 과장된 합격 사례를 맹신하지 말고, 자신의 실력을 기초로 판단해야 한다.

그리고 나서 출제 유형 및 배점, 학생부 감점, 수능 최저학력기준 등을 감안해 유리한 대학을 선택하도록 하자. 시간 분배를 철저히 해야 좋은 성적을 거둘 수 있으므로 문제 유형별로 시간을 안배하는 훈련을 꼭 해야 한다. 사설 기관에서 실시하는 온라인 모의고사에 응시해보는 것도 좋다. EBS나 사설 학원에서 제공하는 인강으로 집중 학습을 해보자.

▌자신의 수준에 맞게 준비하자

모의고사 3등급 수준: 이 정도 성적대라면 적성 고사 전형에 합격할 가능성이 높다. 수능 위주로 공부하면서 적성 고사는 온라인 모의고사와 인터넷 강의를 활용해 짬짬이 준비하도록 하자. 모의고사 성적이 잘 나오는 만큼 수능 준비와 적성 고사 준비를 각각 7대 3 정도로 나누도록 하자.

모의고사 4등급 수준: 수시 적성 고사 전형과 정시 준비를 병행해야 하므로 자신이 잘하는 특정 과목을 중심으로 수능 준비에 힘쓰도록 하자. 최소 국어나 수학은 수능에서 4등급을 목표로 준비해야 한다. 적성 고사 준비 정도에 따라 합격이 좌우되니 수능 대비와 적성 고사 준비를 6대 4 정도로 나누자. 내신 성적의 유불리와 대학별 출제 과목, 수능 최저 학력기준 등을 파악해 목표 대학을 설정해야 한다.

모의고사 5등급 수준: 국어와 수학, 영어 중에서 최소한 수능에서 4등급 2개 정도를 목표로 해야 한다. 모의고사 성적이 저조한 만큼 적성 고사 준비에 더 힘써야 한다. 수능과 적성 고사 준비를 각각 5대 5정도로 나누자. 내신 성적 관리에 힘써 최소 5등급 이내의 성적을 확보해야 한다. 출제 과목에 따라 유불리가 달라지므로 자신에게 유리한 과목을 출제하는 대학을 선택한다. 수능 최저학력기준이 없는 대학을 중심으로 지원해야 한다.

수시의 틈새,
특별 전형

Talk | 고른기회 전형에 해당되는데 선발 인원이 너무 적어요. 어떻게 해야
하나요?
| 지역인재 전형과 일반 전형 중에서 어떤 전형에 지원해야 할까요?
| 특별 전형은 정말 특별한 아이들만 지원하는 전형 아닌가요?

수능을 중심으로 하고 일반 전형으로 주로 선발하는 정시 모집과 달리 수시 모집은 대학별로 다양한 전형을 실시하므로 특별 전형의 비율이 높다. 특별한 지원 자격 없이 학생부 성적이나 논술 고사, 적성 고사를 실시하는 전형을 일반 전형이라 한다. 반면에 특별한 지원 자격이 요구되는 전형, 예를 들면 특기자, 농어촌, 사회배려대상자, 특성화고 졸업자, 고른기회, 지역인재 전형은 특별 전형에 해당된다. 지원 자격에 제한이 없는 일반 전형과 달리 특별 전형은 지원 자격을 갖춘 수험생들만 지원이 가능하므로 경쟁률이 일반 전형에 비해 낮다. 또한 실제 입시 결과를 보면 일반 전형에 비해 합격자의 점수도 낮은 편이다. 하지만 특별 전형은 모집 인원이 매우 적고, 일부 모집 단위에서만 선발

하므로 경쟁률에 따라 합격선의 변동이 매우 심하다는 점은 꼭 유념해야 한다.

필자는 입시 상담을 할 때 기본적으로 학생의 특별 전형 해당 여부를 먼저 확인한다. 대다수 수험생과 학부모들이 특별 전형 해당 여부를 잘 몰라 일반 전형 위주로 지원 전략을 짜기 때문이다. 특히 명문대는 일반 전형과 특별 전형 모두 높은 합격선을 보이지만 중하위권의 일부 특별 전형은 미달되거나 합격선이 매우 낮은 경우도 있으니 적극적으로 관심을 갖고 지원하는 것이 좋다.

이제부터 수시 모집에서 합격하기 위한 가장 첫 번째 관문, 특별 전형을 구체적으로 파악해보도록 하자.

특별 전형이란
무엇일까?

대학 입시 전형은 목적에 따라 크게 일반 전형과 특별 전형(정원 내/외)으로 구분한다. 이 중에서 일반 전형은 앞서 말한 바와 같이 특별한 지원 자격 제한이 없는 전형이다. 일반 전형은 대학에서 가장 일반적으로 실시하는 전형으로 수능, 학생부, 대학별 고사 등을 활용해 선발하며, 모집 시기에 따라 각각 전형 자료를 달리한다. 특별 전형은 대학이 별도로 지원 자격을 제시해 학생을 선발하는 전형인데, 정원 내 특별 전형과 정원 외 특별 전형으로 구분할 수 있다. 정원 내 특별 전형은 특기자 전형과 대학별 기준에 의한 전형이 있다. 농어촌 전형, 특성화고 전형, 기초생활수급자 및 차상위계층 특별 전형 등 특수한 지원 자격이 있는 전형은 주로 정원 외로 선발하며 자격을 갖춰야 지원이 가능하다.

　일반 학생이 지원할 수 있는 특별 전형은 대학들이 독자적 기준으로 실시한다. 예를 들어 교사 추천 전형, 학교장 추천 전형, 종교지도자 추천 전형 등이 이에 해당된다.

일반 전형과 특별 전형

전형 구분			설명
정원 내	일반 전형	일반 전형	일반 학생을 대상으로 보편적인 교육적 기준에 따라 학생을 선발하는 전형
	특별 전형	특기자 특별 전형	특정 분야에 탁월한 능력을 소유한 학생을 선발하는 전형
		대학별 독자적 기준에 의한 특별 전형	대학별로 정한 일정한 전형 기준에 의해 학생을 선발하는 전형
정원 외	특별 전형	농어촌 학생 특별 전형	재학기간과 주거지 및 학교 소재지가 농어촌지역에 해당하는 학생을 대상으로 선발하는 전형
		특성화고 특별 전형	특성화고교 졸업자 및 졸업예정자를 대상으로 선발하는 전형
		특성화고졸 재직자 특별 전형	특성화고교 졸업자로 산업체 근무경력이 3년 이상인 재직자를 대상으로 선발하는 전형
		기초생활 수급자 및 차상위계층 특별 전형	〈국민기초생활보장법〉에 적용받는 수급권자 및 수급자와 차상위계층을 대상으로 선발하는 전형
		장애인 등 특별 전형	각종 장애 또는 지체가 있는 자 중 대학에서 구체적인 대상을 선정해 선발하는 전형
		재외국민과 외국인 특별 전형	외국 거주로 인한 학교급별 수학결손 정도(외국 학교 재학기간) 등을 고려하여 자격 기준을 결정하고 선발하는 전형

전형 구분			설명
정원외	특별전형	산업체위탁교육생 선발	산업체와의 계약에 의해 산업체에서 근무 중인 자의 교육을 위탁받아 선발하는 전형
		서해5도 특별법	〈서해5도 지원 특별법〉에 해당하는 자를 선발하는 전형

특별 전형의 선발 규모는
어느 정도일까?

특별 전형은 대다수를 수시에서 선발한다. 수시에서만 비교하자면 일반 전형과 특별 전형의 선발 비율이 비슷한 편이다. 최근 3개년 전형별 선발 인원 비교표를 보면 알 수 있듯이 최근 대학의 전체 모집 정원은 줄어들고 있다. 이는 학령 인구 감소에 따른 대학 구조 조정을 추진하는 교육부 방침에 따라 대학들이 모집 정원을 축소하고 있기 때문이다.

전체 모집 정원은 줄어드는 반면에 특별 전형으로 선발하는 인원은 최근 3년 동안 대폭 늘어나고 있다. 학생부종합 전형 및 고른기회 전형, 지역인재 전형 등을 확대하고 있기 때문이다.

2017학년도 대입전형계획안을 기준으로 전체 모집 정원에서 일반 전형의 선발 비율은 약 63퍼센트이며, 특별 전형의 비율은 약 37퍼센트에 이른다. 전체적으로 보면 일반 전형이 많지만, 수시 모집만 기준으로 보면 약 50대 50의 비율이다. 따라서 특별 전형에 해당되는 학생이라면 지원 대학의 수시 전형 계획을 살펴서 준비해야 한다. 2017학년도 대입전형계획안 기준으로 수시와 정시의 선발 비율이 각 7대 3정도이며, 수시에서 일반 전형과 특별 전형의 비율이 각각 절반 정도라는 점을 염두에 두자. 수시 모집의 선발 인원이 정시에 비해 두 배가 넘으니 실질적으로 정시 모집에서 선발하는 인원만큼을 특별 전형으로 선발하는 셈이다.

최근 3개년 일반 전형 및 특별 전형 선발 인원 비교

모집시기	정원 내/외	전형명	2015대입	2016대입	2017대입
수시	정원 내	일반 전형	136,377	124,426	121,419
		특별 전형	78,409	94,345	103,041
	정원 외	특별 전형	26,307	24,977	24,209
정시	정원 내	일반 전형	129,804	115,999	102,421
		특별 전형	2,272	2,034	1,699
	정원 외	특별 전형	3,698	3,528	2,956

내게 맞는 특별 전형을
어떻게 찾아야 할까?

우선 각 대학이 해당 학년도의 전형 계획안을 입학처 홈페이지에 사전에 공개하고 있으니 희망 대학의 전형 계획을 보고 자신에게 맞는 전형을 찾아야 한다.

우선 가톨릭대의 2017학년도 대입 전형 계획안을 예로 살펴보자. 가톨릭대는 수시모집에서 총 12개의 전형을 실시한다. 전년도와 비교해 교과우수자전형이 신설되었고, 지역균형전형 및 특성화고등학교를 졸업한 재식사득별전형 등은 폐지되었다. 이처럼 해마다 대학들이 예년의 입시 결과를 고려하고 더 우수한 학생을 선발하기 위해 전형을 신설/폐지하고 있다.

농어촌학생특별전형 등 특수한 전형은 주로 정원 외로 선발하고 있다. 전형 간소화로 큰 틀에서 전형은 간소화되었지만 대학 자체적으로 실시하는 전형들은 여전히 복잡하다는 것을 알 수 있다.

가톨릭대 2017학년도 수시모집 대입 전형 계획안

구분	전형명	모집인원(명)
정원 내	논술우수자전형	175
	학생부우수자전형	194
	교과우수자전형	134
	잠재능력우수자전형	300
	학교장추천전형	24
	가톨릭지도자추천전형	100
	성신특별전형	32
	교육기회균등전형	80
정원 외	농어촌학생특별전형	69
	특수교육대상자전형	10
	특성화고교졸업자특별전형	25
	재외국민특별전형	34

대학별 전형계획안에서 전형 명칭을 중심으로 자신에게 해당되는

전형을 찾는 것이 중요하다. 전형계획안 및 모집요강에는 전형별로 구체적인 지원자격을 명시하므로 꼭 참고해서 찾아보도록 하자. 일반 학생이 지원 가능한 전형에서도 학교 유형을 제한하거나 졸업연도에 따라 지원에 제한을 두는 경우도 있다. 일반 학생들은 논술우수자전형, 학생부우수자전형, 교과우수자전형, 잠재능력우수자전형 등에 지원이 가능하며 일반 학생이 지원할 수 있는 특별 전형에는 학교장추천전형, 가톨릭지도자추천전형 등이 있다. 학교장추천전형은 의예과만 모집하며, 고3 재학생 중에 소속 고등학교장의 추천을 받은 자만이 지원 가능하다. 또한 추천인원은 학교별로 1명 이내다. 가톨릭지도자추천전형은 가톨릭지도자의 추천을 받아야 지원이 가능하며, 지원자의 종교나 신앙과는 상관이 없다. 학생부우수자전형과 교과우수자전형은 모두 학생부교과 전형인데, 학생부의 비교과 반영 및 수능 최저학력기준 적용 등에서 차이가 있다. 논술우수자전형은 학생부와 논술을 일괄 합산해 선발하는데, 가톨릭대의 경우 모집단위별로 논술고사 실시 유형에 차이가 매우 크다. 따라서 지원 전에 반드시 자신이 희망하는 모집단위의 논술고사 유형에 대해 미리 기출문제 등을 참고해 파악해야 한다.

또한 특별한 지원자격이 요구되는 농어촌전형, 특수교육대상자전형, 재외국민특별전형 등은 선발인원이 일반 전형에 비해 매우 적다.

자신이 해당되는 특별 전형을 찾았다면 이제 세부적으로 전형별 지원자격, 전형방법, 선발인원, 수능최저학력기준, 대학별고사일 등 구체적인 내용을 살펴야 한다. 특히 여러 대학의 정보를 찾다 보면 전형 명칭이 비슷하기 때문에 지원자격 등을 소홀히 파악하는 경우가 많은데. 전형 명칭이 같더라도 대학별로 지원자격이 다를 수 있다는 점을 주의해야 한다.

최근 확대되는 지역인재 전형은 무엇일까?

2015학년도 입시에 처음 도입한 지역인재 특별 전형은 수도권을 제외하고 지역 고교 출신 학생에게 대학 입학 기회를 확대하려고 마련한 것이다. 농어촌 특별 전형과는 달리 정원 내로 모집하는 점이 특징이다.

지역인재 특별 전형은 지역을 6개 권역으로 나누어 충청권(대전광역시·세종특별자치시·충청남도·충청북도), 호남권(광주광역시·전라남도·전라북도), 대구·경북권(대구광역시·경상북도), 부산·울산·경남권(부산광역시·울산광역시·경상남도), 강원권(강원도), 제주권(제주특별자치도)으로 구분한다. 수도권이 아닌 지방의 수험생은 자신의 고교 소재지가 위치한 권역별 대학의 지역인재 특별 전형에 지원할 수 있다. 주로 '고른기회 대상자 전형'에 포함돼 있다.

지역인재 특별 전형은 '지방대학 및 지역균형인재 육성에 관한 법률 시행령' 제정과 함께 확정됐다. 지방대학의 경쟁력을 강화하고, 지역 인재의 수도권 유출을 막아 지역 균형 발전을 유도하는 법안으로, 대학이 지역 출신 고교생 및 대학생(대학원)을 일정 비율 선발해야 한다는 내용이다.

학부(의과, 한의과, 치과 및 약학대학)는 전체 모집 인원의 30퍼센트 이상을 해당 지역 고교를 졸업한 학생을 선발하고, 전문대학원(법학, 의학, 치의학, 한의학)은 20퍼센트 이상을 해당 지역 대학을 졸업한 학생을 선발하는 전형을 말한다. 다만 강원권 및 제주권은 지역 여건을 고려하여 학부는 15퍼센트 이상을, 전문대학원은 10퍼센트 이상을 뽑도록 했다.

2017학년도 수시 주요 대학 지역인재전형

대학	전형명	전형방법	수능최저학력기준 적용
강원대	지역인재	학생부 100	적용
국민대	국민지역인재	교과 60+서류 40	미적용
상명대	지역균형	1단계: 서류 100 (3배수) 2단계: 서류 50+면접 50	미적용
성신여대	지역균형	1단계: 서류 100 (3배수) 2단계: 서류 60+면접 40	미적용
전남대	지역인재	1단계: 학생부 100 (4배수) 2단계: 학생부 70+면접 30	적용
전북대	지역인재	학생부 100	적용
충남대	지역인재	1단계: 서류 100 (2~3배수) 2단계: 서류 60+면접 40	미적용
충북대	지역인재II	교과 100	적용

　수도권의 주요 대학도 지역인재 전형을 실시한다. 주로 수능 최저학력기준은 적용하지 않으며, 학생부와 서류 평가로 선발한다. 면접을 실시하는 대학도 있으므로 대학별 전형 방법을 확인해 유리한 전형을 선택해야 한다. 모집 인원이 많지 않아 지방 학생이 소신 지원할 경우에

경쟁률이 상승한다. 학생부교과와 비교과 모두 우수한 학생이 지원을 고려해야 한다. 교과 성적만 우수한 학생이라면 학생부교과 전형을 응시하는 편이 좋다.

의학계열을 희망하는 지방 학생이라면 거주 지역 대학에서 실시하는 지역인재 전형을 집중적으로 공략할 필요가 있다. 수도권 출신의 우수한 학생과의 경쟁을 피할 수 있으므로 일반 전형에 비해 유리할 것으로 예상된다. 대학별로 전형 시기, 전형 방법, 지원 자격, 수능 최저학력기준이 다르므로 고려해 지원하도록 하자.

평가자를 사로잡는 자기소개서,
어떻게 써야 할까?

Talk |에이, 선생님 요즘 누가 학생이 써요? 다들 학원에서 써주던데요?
|선생님, 저희 학교에 자기소개서 아주 잘 써서 대학 간 선배가 있대요
|선생님 저 그냥 다른 전형 쓸게요. 자기소개서 너무 힘들어요.

자기소개서=
자신의 적성과 소질을 어필하는 글

자기소개서는 자신이 지원하는 대학과 학과에 자신의 적성과 소질을 어필하는 글이다. 그래서 무엇보다 고등학교 생활을 바탕으로 '자신'을 먼저 재발견해야 한다. 무턱대고 자기소개서를 쓰기에 앞서 자신의 역량을 체크해볼 필요가 있다. 고교 생활에서 영향을 준 사건이나 자신의 장점 등을 환경, 희망 직업, 교내외 활동, 수상 실적 등 다양한 항목으로 학교생활기록부 등을 참고해 작성해두면 자기소개서를 더욱 내실있게 작성힐 수 있다. 특히 최근 학교에서 학년별로 자기소개서를 작성하는 등 공교육에서 자기소개서 작성 연습을 하는 경우가 많으니 기회가 된다면 반드시 참여해보자. 그리고 자기소개서를 작성하면서 평소 몰랐던 자신의 장점을 알 수도 있고, 미래 목표를 구상하면서 자신에게 맞는 유망 직업 등을 찾아볼 수도 있다.

▌자기소개서가 과연 도깨비방망이일까?

사교육업계나 언론에서 때로는 지나치게 학생부종합전형을 과대포장하는 경우가 있다. 특히 필자가 활동하고 있는 대치동을 비롯한 학원특구지역에서는 마치 자기소개서만 잘 쓰면 대학에 잘 갈 수 있다는 식으로 홍보를 하는 경우들도 많다. 지방에서도 일부 학원에서 자기소개서를 학교별로 50만 원에 써준다는 얘기도 들리곤 한다. 마치 대입 자기소개서가 학생부종합전형의 도깨비방망이가 된 느낌이다.

결론적으로 말하자면 학생부종합전형에서 자기소개서는 중요하지만 자기소개서만 잘 쓴다고 해서 꼭 합격하는 것은 아니다. 학생부의 비교과 내용도 중요하고, 면접에서도 좋은 결과를 얻어야 한다. 그리고 대필업체 등에 맡기는 것은 비용도 비용이지만, 학생 개개인의 특성을 제대로 파악해 써주기가 힘들고, 대교협에서 표절검색시스템을 운영하고 있는 만큼 자기소개서 표절 등에 주의해야 한다. 학교 선배나 친구, 인터넷 상의 예문 등을 활용하면 반드시 걸리는 만큼 절대 피해야 한다.

대교협에서 발표한 자기소개서 공통양식을 보면 전체적으로 학생부전형 취지에 맞게 고교 생활에서 학생의 학습경험, 비교과 활동, 인성항목 등으로 간소화했다. 과도한 스펙 열풍으로 인해 주로 사교육으로 준비했던 외부 스펙 등은 이제 기재할 수 없으며, 고교 생활을 중심으로 작성하게 되었다. 또한 기존의 4문항에서 3문항으로 축소되고, 대학 입학 후 학업계획 등은 대학이 자율 문항으로 활용할 수 있게 되었다.

남다른 자기소개서를 작성하는 5가지 방법

자기소개서를 평가하는 입학사정관 등은 다년간의 평가를 경험한 전문가들이라는 점을 감안해야 한다. 즉 전국의 수많은 수험생들이 작성한 대입 자기소개서와 학교생활기록부를 평가하고, 분석한 경험들이 많아서 평이하고, 비슷한 자기소개서들은 결코 좋은 평가를 받을 수 없다. 즉 내용 자체도 충실해야 하지만 겉으로 자신의 잠재력이 잘 드러날 수 있도록 잘 포장을 해야 한다. 가장 기본적인 작성 요령은 자신의 눈높이에 맞는 글이 아니라 평가자의 눈높이에 맞게 글을 쓰는 것이다.

1 대학 및 학과 지원동기, 미래 희망 직업을 먼저 정리하자

자기소개서 항목에는 없지만, 자기소개서를 쓰기 전에 가장 먼저 정리해야 할 내용이 바로 대학 및 학과 지원 동기, 그리고 미래의 진로계획이다. 대교협 공통양식에는 없지만 자기소개서 각 항목에 적절하게 써야 하는 항목이다. 실제로 자기소개서 등을 평가했던 입학사정관 등을 만나서 얘기를 하다 보면 지원동기가 구체적이지 않은 자기소개서가 많다는 얘기를 듣곤 한다. 그리고 일부 학생들은 여러 대학과 여러 학과별로 자기소개서를 써야 하는데, 그렇게 하지 않고 약간 문장만 손본 상태에서 제출하는 경우도 있다. 누가 봐도 평이한 자기소개서는 결코 평가자들에게 좋은 평가를 얻을 수 없다. 대학의 건학이념, 학과의 커리큘럼 등 상세한 정보, 학과별로 진출 가능한 직업 등 큰 틀에서의 진로설계가 매끄럽게 되어 있어야 한다. 이러한 큰 그림이 그려져야 구체적으로 자신의 적성과 장점 중에서 주로 어필할 내용 등을 선택해 작성하기가 쉽다.

진로 설계는 커리어넷 등을 활용해 체계적으로 수립하자!

대학 간판도 중요하지만 진로 계획을 체계적으로 수립하지 않으면 즉흥적으로 자신의 적성에 맞지 않는 학과에 지원하게 되어 위험하다. 실제로 학과와 본인의 적성이 맞지 않아 자퇴하거나 반수를 하는 수험생이 많다. 현재 수험생들 중에도 체계적인 진로 계획을 수립하기보다는 당장 눈앞의 현실인 시험에 집중하는 학생들이 많다. 현재 우리 사회는 급변하고 있으며, 앞으로의 미래 사회 또한 현재와 매우 다를 것이다. 전통적인 인기 직업이 향후 10년 이후에도 과연 그 지위를 누릴 수 있을까? 자신의 적성과 흥미에 맞는 목표 설정이야말로 입시를 위한 가장 기본적인 자세다.

진로를 선택하고, 준비할 때 가장 중요한 것은 자신을 객관적으로 이해하고, 다양한 정보를 수립하고 활용하는 것이다. 자신의 적성을 제대로 파악하고, 적성에 맞는 다양한 직업군 중에서 미래에 유망한 직업을 선택하고, 그 꿈을 이루기 위해서 대학과 학과를 선택해야 한다.

자신의 진로 선택 과정 단계 체크해보기

단계	내용	체크
1단계	자신의 적성과 흥미를 제대로 파악하고 있다.	
2단계	자신의 적성에 맞는 다양한 직업 정보를 갖고 있다.	
3단계	직업별로 연계 학과와 대학 등 진로 정보를 찾아보았다.	
4단계	목표 직업과 학과, 대학 등 진로 계획을 구체적으로 세웠다.	
5단계	다양한 학과와 대학 중에서 가능한 대학을 선택해 입시를 준비한다.	

위의 체크리스트에서 현재 자신의 진로 선택 과정 단계는 어느 정도인지 체크해보자. 일반적인 대입 수험생들은 보통 3단계 수준이며, 일찌감치 진로 계획을 수립한 학생들은 4단계나 5단계 정도다. 전국에서 60만 명이 경쟁하는 대학 입시에서 남보다 더 좋은 결과를 얻기 위해서는 자신의 진로 선택을 구체화할 필요가 있다.

최근에는 더욱더 직업의 중요성이 커지고 있다. 자신의 재능을 살릴 수 있고, 자신이 원하는 직업을 선택하는 것이 가장 중요하다. 평소부터 미래에 자신이 선택할 수 있는 다양한 직업군의 정보를 살펴 직업에 대한 제대로 된 안목을 길러야 한다. 직업에 따라서 선택해야 할 대학과 학과가 달라지는 경우도 있기 때문이다. 커리어넷www.ca-reer.go.kr은 한국직업능력개발원에서 운영하며, 수험생들이 이용할 수 있는 다양한 정보들이 많다. 특히 커리어플래너 서비스를 운영하고 있는데, 학생 개인의 진로와 학습 활동에 대한 일정 및 기록을 등록하고, 관리할 수 있다. 뿐만 아니라 개인 일정 관리가 가능하며, 한국직업능력개발원에서 운영하는 다양한 진로와 직업과 관련된 커리어넷 서비스에 대한 조회도 가능하다.

특히 수험생들이 자신의 적성에 맞는 식업을 찾고 싶을 때는 수많은 직업 정보를 찾아보기보다는 직업적성검사, 직업흥미검사, 직업 가치관검사, 진로성숙도검사를 먼저 이용해보는 것이 좋다. 그리고 직업과 학과정보, 진로동영상, 커리어플래너 등의 컨텐츠를 이용하면 자신이 궁금한 직업의 다양한 정보를 얻을 수 있다. 그리고 직업에 대해 궁금한 점들은 진로상담 코너에서 무료로 전문가의 상담을 받을 수 있으니 꼭 이용해보도록 하자. 특히 현업에서 활동하는 많은 전문가들과의 인터뷰를 통해서 좀 더 쉽게 정보를 얻을 수 있다. 그리고 실제 대학의 전공교수들과 전공과 관련한 인터뷰도 동영상으로 제공하고 있어서 평소 제대로 알지 못했던 전공 지식도 얻을 수 있다.

2 학교생활기록부를 낱낱이 조사해 참신한 글감을 찾자.

자기소개서는 항목별로 구체적인 작성 분량이 정해져 있다. 그렇기 때문에 남과 다른, 개성이 있는 자기소개서를 쓰기 위해서는 글감부터 제대로 선택할 수 있어야 한다. 먼저 학교생활기록부 사본을 발급받아서 학교생활기록부의 전체 내용을 읽어보면서 중요한 소재를 찾아보자. 학교생활기록부는 수험생의 3년간의 기록이 담긴 소중한 자료이며, 학교에서 무료로 발급받을 수 있다. 학교생활기록부의 세부 내용들을 읽어보면서 글감을 찾아서 별도로 노트에 정리를 해두자. 그리고 여러 개의 글감 중에서 우선 순위를 정해 소재를 정리하자. 평소 별도로 기록을 잘해두면 좋지만 대다수 수험생들이 입시철이 돼서야 학생부를 본다. 고등학교 1, 2학년 때의 일들이 잘 기억나지 않을 수 있으니 소재별로 자신의 활동 내역, 느끼고 배운 점 등을 미리 적어두자.

● 학생부를 활용한 글감 찾기 예시

아래의 표처럼 자신의 주요 활동을 모두 기록해두고, 자신이 희망하는 진로, 학과와 관련된 내용들과 자기소개서에 기술할 내용들을 정리해 보자. 아래의 학생은 언론인이라는 꿈을 갖고, 신문방송학과 등 유관 학과에 지원했다. 수상경력이나 동아리 활동, 독서활동 등 다양한 활동 중에서 자신이 의미 있게 활동하고, 자신이 성장했던 내용들을 간추려 자기소개서에 활용했다.

구분	주요 활동 내용	글감 활용
수상경력	영어에세이대회 은상(개인상 1학년) 동아리발표대회 금상(단체상 2학년) 교과우수상(국어,영어), 백일장, 표창장	영어에세이대회 은상 동아리발표대회 금상
진로 희망사항	특기 또는 흥미 및 진로 희망 활용	언론인(기자)이라는 희망 직업
동아리활동	영자신문반 활동(2학년) 독서토론동아리 활동(1학년)	영자신문 발행 및 취재, 기사 작성 경험
봉사활동	지역아동센터 및 노인복지관(100시간)	봉사활동 기술
교과성적	영어 1학년 2.5등급에서 2학년 2등급으로 향상	나만의 영어 공부법
독서활동	오프라 윈프리의 특별한 지혜, 리영희 평전	롤모델 언론인으로 활용

3 본인이 직접 작성하고, 교외 수상실적 등 감점 요인에 주의하자.

자기소개서는 면접에서 자기소개서와 관련한 추가 질문을 받을 수 있고, 대필을 했을 경우에는 입학 취소도 가능하므로 반드시 본인이 직접 작성해야 한다. 학생부종합전형의 취지상 실제 면접에서 학생부와 자기소개서를 중심으로 검증성 면접을 하는 경우가 많다. 예를 들어 가장 감명 깊게 읽은 특정 도서를 자기소개서에 썼다면 평가자들은 그 도서에서 가장 감명 깊게 읽은 부분, 도서를 읽은 이유, 주요 내용 등을 물어볼 수 있다. 자신이 직접 자기소개서를 쓰지 않았다면 쉽게 대답할 수 없는 부분들이다. 자기소개서는 표절, 대리 작성, 허위사실 기재 등의 검증을 위해 유사도 검색을 실시하고, 만일 표절이나 대리 작성에 해당된다면 불합격 처리된다. 대교협에서 유사도검색시스템을 운영하고 있어서 친구나 선배들의 자기소개서를 일부 활용하거나 인터넷상의 자기소개서 예문을 그대로 활용할 경우 적발될 가능성이 매우 높다. 대교협 발표에 따르면 2013학년도 기준으로 자기소개서 표절로 전국에서 1,102명이 불합격 처리되었다. 따라서 힘들더라도 자기소개서는 수험생이 충분한 시간을 갖고 미리 꾸준히 준비하는 것이 좋다. 또한 특기자전형을 제외한 학생부 전형에서 공인어학성적이나 수학·과학·외국어 교과에 대한 교외 수상실적을 기록할 경우 서류평가에서 0점 또는 불합격 처리가 된다는 점도 주의해야 한다. 실제로 서류평가에서 0점을 받는다면 불합격이나 마찬가지이므로 기재 금지 사항은 철저히 지켜야 한다.

대입 자기소개서 0점 처리 기준(학생부종합전형 기준)

학생부종합전형의 자기소개서에 공인어학성적, 수학이나 과학, 외국어 교과에 대한 교외 수상 실적을 기재할 경우 바로 0점 처리된다. 공인어학성적은 영어를 비롯해 제2외국어 등 여러 시험이 모두 포함된다. 또한 대회 명칭에 수학·과학(물리, 화학, 생물, 지구과학, 천문)·

외국어(영어 등) 교과명이 명시된 학교 외 각종 대회(경시대회, 올림피아드 등) 수상실적을 작성했을 경우에도 0점 처리 또는 불합격 처리된다는 점에 주의하자.

4 키워드를 뽑아 주제문을 만들고, 탄탄한 개요를 짜자.

자기소개서는 설득을 위한 글이므로 추상적인 내용이 아니라 사실에 근거한 논리적인 내용을 담아야 한다. 논술의 개요를 짜는 것처럼 항목별로 자신이 말하고자 하는 바를 키워드와 주제문을 뽑아서 개요를 작성해보자. 개요를 작성해두면 좀 더 설득력 있는 글쓰기가 가능하다. 각 문항별로 기승전결이 제대로 이루어지기 위해서는 무엇보다 탄탄한 개요가 중요하다. 그리고 개요를 작성하면서 주제문은 반드시 첫 문장으로 해야 한다. 두괄식으로 구성해야 평가자들의 시선을 사로잡을 수 있다. 첫 문장에서 평가자의 관심을 이끌어내고, 자신을 부각시켜야 좋은 평가를 얻을 수 있다. 또한 자기소개서의 항목별 요구 사항, 글자 수는 반드시 지켜야 한다. 작성할 항목에 대해서 요구 사항을 세분화해서 작성하고, 퇴고하도록 하자. 질문의 요지를 알아야 제대로 된 답변을 할 수 있다.

5 여러 번의 퇴고를 통해 간결하게 글을 다듬자.

자기소개서를 작성한 후에 선생님이나 친구들과 함께 보면서 의견을 듣고, 수정하는 것이 좋다. 시간을 두고 여러 번 수정을 하다 보면 불필요한 내용을 뺄 수 있어 탄탄한 자기소개서가 된다. 자기소개서에서 요구하는 것이 명문장은 아니지만 문장은 최대한 간결하게 쓰는 것이 좋다. 여러 가지 내용을 한 문장으로 쓰면 글의 내용이 잘 전달되지 않는다. 또한 항목별로 분량이 많지 않으므로 간결하게 핵심적인 내용을 써야 한다. 그리고 수식어를 많이 쓰면 내용이 추상적으로 흘러가기 쉬우니 조심하자. 또한 기본적인 어문법 규정은 반드시 지켜야 한다. 띄어쓰기나 맞춤법 등 기본적인 규정은 여러 번의 퇴고를 통해 제대로 고치도록 하자.

대교협 자소서 공통 문항별 작성 포인트

1 고등학교 재학기간 중 학업에 기울인 노력과 학습경험에 대해, 배우고 느낀 점을 중심으로 기술해주시기 바랍니다.

1번 문항은 수험생의 학업에 대한 목표의식과 노력, 학업역량과 지적 탐구역량을 볼 수 있는 항목이다. 수험생 본인의 자기주도적 학습 태도 및 수업 참여도 등 학업에 기울인 노력 및 비교과 영역을 통해 발휘된 학습역량에 대해 작성해야 한다. 조심해야 할 점은 단순히 학업 성적의 우수성만을 서술하거나 경험만을 나열하는 것이다. 평가자들이 보고자 하는 바는 수험생만의 구체적인 노력과 그로 인해 깨달은 경험들이다. 또한 고등학교 재학기간으로 기간이 제한되어 있는 만큼 무의미한 중학교 시절 등의 얘기는 생략해야 한다.

● 평범한 사례

현재 성적이 그렇게 좋지는 않습니다만 초등학교 때부터 공부를 잘하고, 머리가 좋다는 얘기를 많이 들었습니다. 중학교 때는 시험기간 때마다 벼락치기를 해서 비교적 성적이 잘 나왔습니다. 하지만 고등학교 때에는 제 머리만 믿고, 노력을 게을리해 좋은 결과를 거둘 수 없었습니다. 2학년 때부터 학교에서 실시하는 야간 자율학습에 적극적으로 참여하고 있습니다. 자율학습 시간에는 평소 학교 공부를 복습하고, 수능시험을 대비해서 부족한 과목을 중점적으로 공부하고 있습니다. (이하 생략)

➡ **평가:** 본인이 학업에 기울인 노력이나 학습 경험에 대해 구체적으로 작성하지 않고, 현재 자신의 노력에 대해 평이한 수준에서 쓰고 있다. 현재 성적이 좋지 않은 것을 알면서도 그 부족한 성적을 향상시키기 위해 본인이 노력한 점에 대해서 쓰지 않았다.

● 우수한 사례

제가 교사라는 꿈을 갖게 된 계기는 고등학교 1학년 때부터 참여한 지역아동센터 멘토링 활동이었습니다. 처음에는 봉사활동 시간을 따기 위해서 별생각 없이 참여했지만, 부족한 제 수업에 열심히 집중하는 아이들의 모습을 보면서 많은 것을 깨달을 수 있었습니다. 교사라는 직업이 주는 사명감과 효과적인 교수방법 등을 제 스스로 고민하고, 찾아보면서 학업 성적도 많이 향상시키는 계기가 되었습니다. (이하 생략)

➡ **평가:** 자신의 진로 희망과 학업 동기를 구체적으로 작성하고 있다. 또한 자신의 학업역량을 향상시키기 위한 구체적인 방법 등을 서술해

좋은 평가를 받을 수 있었다.

2 고등학교 재학기간 중 본인이 의미를 두고 노력했던 교내 활동을 배우고 느낀 점을 중심으로 3개 이내로 기술해주시기 바랍니다. 단 교외 활동 중 학교장의 허락을 받고 참여한 활동은 포함됩니다.

2번 문항은 평소 수험생의 다양한 교내 활동 중에서 의미있는 활동을 3개 이내로 작성하는 것이다. 3개 이내이므로 꼭 3개를 채워야 하는 것은 아니고, 2개로 작성해도 된다. 이 문항을 통해 수험생의 자기주도성, 성실성, 지적탐구역량 등을 평가할 수 있다. 특히 이 2번 문항과 진로를 연계해서 서술하는 것도 괜찮은 방법이다. 학생들이 주로 활동 사례만을 나열하는 경우가 많은데, 평가자들은 활동을 선택한 이유 및 구체적인 역할, 배우고 느낀 점에 관심을 둔다.

● 평범한 사례

교내에서 가장 인기가 많은 영자신문부 활동을 2년 동안 했습니다. 영자신문부 활동을 하면서 영어에 대한 자신감이 생겼습니다. 영자신문부에서는 부원들끼리 역할을 나누어 영자신문을 발행했는데, 처음에는 힘들었습니다. 하지만 지도하시는 선생님과 친구들에게 좋은 평가를 받으면서 자신감이 생겼습니다. (이하 생략)

➔ 평가: 영자신문부 활동을 2년이나 했지만, 정작 왜 자신이 영자신문부 활동을 했는지에 대한 명확한 동기가 없다. 또한 영자신문부에서 영자신문 발행, 기사 작성 등 다양한 활동이 있었음에도, 자신만의 구체적인 활동 내역이 없다. 평가자들은 동아리 차원의 일반적인 활동 사례

172

는 너무나 잘 알고 있다. 구체적인 자신만의 활동상과 활동을 통해 배우고 깨달은 점을 구체적으로 쓰자.

● 우수한 사례

조부모께서는 제가 어렸을 때 교통사고로 갑작스럽게 돌아가셨습니다. 할아버지와 할머니를 생각하시면서 동네에서 독거노인들을 보살피는 봉사활동을 꾸준히 하시는 부모님을 보고 자라면서 저도 자연스럽게 독거노인 봉사에 참여했습니다. 많은 시간은 아니지만 한 달에 두 번씩 토요일에 가는 봉사활동은 생각보다 쉽지 않았습니다. 하지만 저를 손녀처럼 대해주시는 어르신들을 보면서 힘을 낼 수 있었습니다. (이하 생략)

➡ 평가: 개인적 경험을 통해 봉사활동에 참여한 동기를 구체적으로 작성하고 있다. 또한 봉사활동에서 자신이 기울인 구체적인 노력과 그로 인해 깨달은 점이 잘 드러나도록 서술했다. 봉사의 진정한 의미를 깨닫고, 한층 성숙해진 본인의 내적 성장을 엿볼 수 있다.

3 학교생활 중 배려, 나눔, 협력, 갈등 관리 등을 실천한 사례를 들고, 그 과정을 통해 배우고 느낀 점을 기술해주시기 바랍니다.

3번 문항은 본인의 학교 생활에서 경험한 내용을 토대로 작성해야 하며, 수험생의 성실성, 자기주도성/창의성, 공동체의식을 볼 수 있다. 본인이 고교생활 중 공동체 생활에서 어떤 역할을 하고 나눔과 배려, 협력, 책임감, 성실성, 리더십 등을 어떻게 발휘했는지 구체적으로 작성해야 한다. 많은 수험생들이 3번 문항의 소재를 전교학생회 활동, 학급운영, 동아리 활동에서 찾아 작성하므로 남과 다른 차별성을 갖기 위해서는 구체적인 자신만의 역할과 배운 점 등을 써야 한다.

● 평범한 사례

2학년 때 연극을 보고 보고서를 쓰는 국어수행평가가 있었습니다. 6명씩 조를 나누어 연극을 보고 조원 모두 다 같이 힘을 모아 보고서를 써야 했습니다. 학원, 선약 등으로 시간 맞추기부터 쉽지 않아 조장인 제가 제안해 최대한 많은 사람이 모일 수 있는 날을 찾고, 몇 명이 양보를 해나가는 방식으로 조율해나갔습니다. 그리고 보고서 작성 분량을 나눠 각자가 원하는 부분을 맡을 수 있도록 조원들을 설득해나갔습니다. (이하 생략)

➡ 평가: 사례가 지나치게 평이해 중학생 수준의 글로 평가된다. 단순한 시간 조율이나 분량 조절 등은 적절한 사례가 아니다. 전체적인 문장의 수준 또한 떨어지는 편이다.

● 우수한 사례

생명과학에 특히 관심이 많았던 저는 생물동아리 ATGC에서 동아리 활동을 했습니다. 저희 학교에서는 매년 동아리발표대회를 개최하는데, 교내 각 동아리들이 1년 동안의 활동을 널리 알리는 큰 대회입니다. 저는 2학년때 축제와 동아리부스운영, 동아리발표대회를 동시에 하는 광고동락 동아리 발표대회에 생물동아리 ATGC의 조장으로 참여하게 되었습니다. (중략) 축제 공연도 중요했지만, 저희 조원들에게 미리 사전에 동의를 얻지 못해 미안한 마음이 컸습니다. 그래서 저는 하루 종일 화장실 갈 틈도 없이 실험 결과 전시물 배치와 설치, 체험 부스 운영

등에 적극적으로 참여했습니다. (이하 생략)

→ 평가: 희망 학과와 관련된 생물동아리 활동 중에서 동아리발표대회에서 있었던 일을 설득력 있게 작성했다. 또한 사례의 과정을 구체적으로 작성했고, 조장으로서 느낀 점과 자신의 역할 등을 구체적으로 잘 작성했다.

표절을 잡아내는 대교협의 유사도검색시스템

학생부종합전형에서 주로 활용되는 자기소개서 등의 서류 표절이 심각해지면서 대교협에서는 유사도검색시스템을 운영하고 있다. 대교협의 유사도검색시스템을 대학들이 활용하는데, 실제 평가를 담당하는 입학사정관들이 이 유사도검색시스템을 활용해 평가하고 있다. 이 시스템은 자기소개서와 추천서를 별도 기준으로 관리하는데, 아무래도 서류 작성 부담이 큰 교사들의 추천서는 유사도검색 조건이 자기소개서에 비해 완화되어 있는 편이다.

유사도가 자소서의 경우 5%, 추천서의 경우 20%를 넘기면 대학이 유선 확인/현장실사/본인 확인/교사 확인/심층면접 등을 거쳐 철저히 검증하도록 되어 있으며, 감점과 전형 탈락 등의 조치를 취한다. 또한 대학별로 자기소개서 제출 기간이 다르므로 모든 합격자들이 입학한 후에도 재검증을 실시해 적발되면 입학이 취소된다는 점에 주의하자.

학생들이 작성하는 자기소개서의 경우 유사도 비율이 5%를 넘어서면 유선 확인, 본인 확인 등의 검증 절차를 거치게 된다. 표절로 최종 확정되면 불합격 처리되는데, 실제로 2013학년도 기준으로 자기소개서 표절로 전국에서 1,102명이 불합격 처리되었다.

유사도검색시스템은 자기소개서 및 교사추천서의 신뢰도를 유사도검색시스템 결과치의 최댓값 수준에 따라 위험Red/의심Yellow/유의Blue 수준의 3단계로 구분하고, 유선 확인, 현장실사, 본인 확인, 교사 확인, 심층면접 등 다양한 방법을 통해 표절, 대필 및 허위 여부를 검증하도록 운영되고 있다.

위험수준Red zone : **표절 등의 가능성이 높은 수준**
의심수준Yellow zone : **표절 등이 우려되는 수준**
유의수준Blue zone : **통상적인 수준으로 표절 등의 가능성은 높지 않음**

표절 정도	유사도 비율		확인방법
	자기소개서	교사추천서	
위험수준	30% 이상	50% 이상	유선 확인, 현장실사, 본인 확인, 교사 확인, 심층면접 등
의심수준	5% 이상~30% 미만	20% 이상~50% 미만	
유의수준	5% 미만	20% 미만	서류평가 단계에서 검색된 문구 등을 특히 유의하여 검증

● **자기소개서 제출 전 마지막 최종 점검 체크리스트**

대입 자기소개서는 거의 대다수 대학들에서 수험생들이 직접 인터넷으로 입력하게 되어 있다. 자기소개서 제출 기간 안에 수정을 허용하는 대학들도 많으니 자기소개서를 제출하기 전에 마지막으로 체크해보자. 특히 학생부종합전형으로 여러 대학에 지원하는 수험생들은 자기소개서가 섞이지 않도록 주의해야 한다. 실수로 대학명과 학과명을 잘못 입력하는 수험생들이 간혹 있다. 그리고 인터넷으로 제출하는 만큼 항목별로 분량이 넘으면 아예 입력을 할 수 없으니 분량에 주의하자. 또한 여러 대학의 자기소개서를 작성하는 수험생이라면 시간에 쫓겨 입력 시 오타 등 실수가 있을 수 있으니 마감시간 전에 충분한 여유를 갖고 검토하도록 하자. 마지막으로 자기소개서를 제출하기 전에 사설업체의 표절검색 시스템으로 검색해보고, 혹시 모를 표절에 주의하도록 하자.

순번	내 용	체크
1	0점 및 감점 요인을 작성하지 않았는가?	
2	항목별로 분량에 맞추어 작성했는가?	
3	대학 및 학과 지원 동기를 설득력 있게 작성했는가?	
4	학생부의 서술을 그대로 반복해 쓰지 않았는가?	
5	항목별로 활동 사례만을 주로 쓴 것은 아닌가?	
6	상투적인 표현과 추상적인 표현이 있는가?	
7	대학 및 학과에 맞추어 작성했는가?	
8	인터넷 예시문 등 표절을 하지 않았는가?	
9	항목별로 사례가 중복되지 않는가?	
10	오타를 비롯해 맞춤법 등에 맞게 썼는가?	

3장

수시 6번의 기회를 성공적으로 사용하는 법

수시 모집이 대입의 가장 큰 축으로 자리 잡으면서 전형과 선발 방식이 다양해졌기에 개인별 맞춤 전략이 더욱 중요해졌다. 또한 수시 모집은 학생부교과, 비교과, 대학별 고사, 수능 최저학력기준, 특별전형 등 다양한 변수가 있으므로 맞춤형 지원 전략을 수립해야 좋은 결과를 얻을 수 있다. 자신에게 딱 맞는 수시 전략을 세우는 방법을 알아보자.

수시 지원 시 꼭 알아야 할
오해와 진실

Talk | 재수생이 워낙 많으니 고3은 무조건 수시로 가는 게 정답인가요?
| 재수하면서 수시 준비하기가 어려우니 그냥 정시에 집중할까요?
| 수시납치 당하지 않으려면 역시 수시는 상향으로 써야겠죠?

내신 1.3등급의 세영이가 삼수 끝에
SKY에 합격한 비결

대전의 일반계고 출신인 세영이를 만난 것은 그녀가 재수에서도 실패하고, 삼수를 시작한 이후였다. 세영이는 대입에서 두 번 실패를 겪은 케이스다. 유명 재수학원에서 치른 모의고사에서 좋은 성적을 내던 세영이였지만 수능 당일 실수로 평소보다 저조한 성적을 받는 바람에 고심 끝에 삼수를 선택했다. 그런데 쉬운 수능이 대세가 되자 수능 당일 실수를 우려해 수시와 정시를 병행하기로 하고 입시 컨설팅을 신청한 것이다.

세영이의 학생부와 수능 성적, 고3과 재수 때의 지원 대학과 입시 준비 정도를 보면서 아직까지 수험생과 학부모가 입시에 대해 크고 작은 오해를 한다는 걸 알 수 있었다. 우선 고3 때는 재수생을 의식해 지나치게 수시에 올인하면서 수능 준비를 소홀히 했다. 결과적으로 입시를 망쳤다. 또한 재수할 때는 재수 학원에서 주로 정시 위주로 입시를 지도하고, 모의고사에서 좋은 성적이 나오자 정시만을 바라보면서 입시를 준비했다. 그러나 생각지도 못하게 쉽게 출제된 수능에서 당일 실수로 두 문제를 틀리는 바람에 결과적으로 정시 지원도 물거품이 되어버렸다. 두 번의 실패를 통해 명문대를 가려면 결국 수시와 정시를 병행해야 한다는 것을 깨닫고, 입시 전문가를 찾은 것이다.

세영이와 부모의 오해

고3 재수생이 대세니까 수시에 집중적으로 지원하자.

➡ 결과: 평소 우수하던 모의고사 성적의 장점을 살리지 못하고, 지나치게 수시에 올인하면서 평소보다 크게 떨어진 수능 결과를 받았다.

재수생 평소 모의고사 성적이 잘 나오는 만큼 정시로도 충분히 갈 수 있다.

➡ 결과: 쉬운 수능이 현실이 되면서 수능 당일 실수로 인해 믿었던 정시마저 모두 불합격했다.

다행히 학생부교과 성적이 우수하고, 평소 모의고사 성적이 SKY 대학 지원이 가능한 최상위권 학생이기에 입시 전략을 짜주는 것은 어렵지 않았다. 비교과 영역이 우수한 편이 아니지만 논술 기본기는 충실한 만큼 수능 이후 논술 전형에 집중하기로 했다. 평소 특별히 선호하는 학과는 없었기에 모집 인원이 많은 중위권 모집 단위를 중심으로 지원하기로 결정했다. 결국 쉬운 수능 여파로 수능 성적은 평소보다 약간 부족했지만 고려대의 논술 전형에 다행히 합격해 마침내 길고 긴 대입에 종지부를 찍었다.

10가지
오해와 진실

수시가 입시의 중심축으로 안정적으로 운영되고 있다. 앞으로도 수시 모집의 선발 비율은 정시 모집에 비해 높을 것으로 예상된다. 대학들이 수시 모집 비율을 확대하는 이유는 대학의 선호도에 맞는 우수한 학생을 미리 선발할 수 있기 때문이다.

이런 상황에서 아직까지도 많은 수험생과 학부모들이 오해하고 있는 부분이 많다. 물론 학생의 학력 수준이나 여러 가지 조건에 따라 수시와 정시에 대한 유불리가 다르지만, 대다수 수험생들에게 통용되는 오해와 진실을 알아보도록 하자.

오해 1 고3＝수시, 재수생＝정시

재수생이 정시 모집에서 유리한 것은 사실이나 재수생들도 최근 몇 년 전부터 적극적으로 수시를 준비하고 있다. 이미 유명 재수종합학원은 상위권 대학의 수시 합격률을 높이려고 논술을 정규 과정에 포함해 지도하고 있다. 따라서 고3과 재수생의 구분이 아니라, 학생 개인별 학교생활기록부의 교과와 비교과, 모의고사, 논술(면접) 실력, 목표 대학과 학과 진학 가능성을 토대로 유리한 전형을 선택해 준비해야 한다. 수시모집에서 충원도 가능해졌기에 정시만을 대비하고 준비하다가 수능에서 저조한 결과를 얻으면 정시도 사정이 매우 어려워진다. 하지만 재학생이면서 모의고사에 비해 내신 성적이 확연히 저조하다면 수시는 과감히 포기하고, 정시에 집중하는 것이 좋다.

오해 2 수시 배치표는 무용지물이다

수능 중심으로 평가하는 정시와 달리 수시는 학생부교과와 비교과, 논술, 수능 최저학력기준 등 다양한 자료를 활용하기 때문에 합격선 예측이 어렵다. 또한 논술 전형이나 학생부종합 전형은 단순히 내신 성적만을 기준으로 하는 수시 배치표만 가지고 지원 여부를 파악하기 어렵다. 내신 영향력이 매우 적은 전형이기 때문이다. 따라서 수시 배치표는 대학과 학과 서열을 파악하는 참고 자료로 활용하는 편이 좋다. 반면에 학생부교과 전형에 지원하는 학생이라면 여러 업체의 배치표를 참고하면서 지원 대학의 입시 결과를 살펴 대학과 학과를 선택하자.

오해 3 수시는 상향 지원해야 한다

수시에 지원하는 상당수 학생이 상향 지원을 한다. 수시에 실패하더라도 정시에 지원할 수 있고, 수시에 합격하면 정시에 지원할 수 없기 때문이다. 최근에는 이른바 '수시납치'를 염려하는 학생도 많은데, 실제로 수시에서 상향 지원을 하는 학생들은 그만큼 많이 불합격된다. 이제는 수시에서도 정시에 지원 가능한 대학과 학과를 기준 삼아 적정 지원을 해야 합격 가능성이 높다. 또한 수시를 준비하는 기간은 바로 수능시험 마무리 학습 기간이다. 수시에 지원하고, 서류 준비나 대학별 고사를 준비하다가 수능 대비에 실패하는 경우가 많다. 따라서 무리한 상향 지원보다 적정 지원과 상향 지원을 병행하는 것이 효과적이다.

오해 4 서울권=수시, 지방권=정시를 노려야 한다

수시 모집의 선발 규모가 계속 확대되고, 주요 대학들 중 일부 대학들이 지방권 수험생을 위한 지역인재 전형 등을 신설하면서 지방권 수험생들도 수시 모집에 대한 관심이 더욱 높아지고 있다. 하지만 학교 단위에서 비교과 관리 및 대학별고사 준비가 어렵다는 이유로 정시 중심으로 진학지도를 고집하는 학교들도 아직까지 많다. 지방이기 때문에 수시 준비가 어렵긴 하지만 학생부종합전형은 학교내의 비교과 실적을 평가하고, 논술을 비롯한 대학별고사는 인터넷 강의로도 대비할 수 있기 때문에 지방권 수험생들도 적극적으로 수시 모집 지원을 고려할 필요가 있다. 특히 주요 대학들은 모의논술 해설 및 모범답안 공개를 비롯해 출제 교수의 논술 해설 특강 등을 입학처 홈페이지에 공개하는 경우도 많으니 참고하도록 하자.

오해 5 수시는 비교과가 많아야 유리하다

비교과 실적이 많으면 학생부종합 전형이나 특기자 전형에 지원할 수 있다. 하지만 논술이나 학생부교과 전형 등 수시 일반 전형에 비교과를 반영하지 않는 대학도 많다. 비교과 실적이 전무하다고 해도 주요 대학의 논술 전형에 충분히 지원할 수 있다. 또한 학생부종합 전형에는 외부 스펙을 반영하지 않으며, 교내 실적을 중심으로 반영한다. 무리하게 스펙을 쌓기보다 자신이 지원할 전형에 맞춰 준비하는 것이 효과적이다. 수시 실적 쌓기용으로 흔히 하는 봉사 활동이나 외부 캠프 및 경시 대회에 참가하는 것은 입시에 큰 도움이 되지 않는다.

오해 6 수시는 수능 최저학력기준이 중요하다

교육부의 권고로 많은 대학들이 수시 모집에서 수능 최저학력기준을 완화하거나 아예 적용하지 않고 있다. 논술 전형에서는 최근 몇 년 사이 많은 대학이 속속들이 수능 최저학력기준을 폐지하고 있다. 심지어 한양대학교는 수시의 모든 전형에서 수능 최저학력기준을 적용하지 않는다. 우선선발이 폐지되고, 학생부종합 전형이 확대되면서 수시에서 수능의 영향력은 계속 축소되고 있는 추세다. 의학계열이나 명문대는 수시에서 여전히 높은 수능 최저학력기준을 요구하지만 점차 수능의 영향력은 낮아지고 있다. 중위권이나 하위권 학생이 지원하는 대학에는 수능 최저학력기준이 없는 전형이 많으므로 모의고사 성적이 다소 저조하더라도 학생부교과와 비교과에 강점이 있다면 과감히 수시에 지원하도록 하자.

오해 7 수시에 많이 지원할수록 유리하다

수시는 일반 전형과 특별 전형을 포함해 총 6회 지원할 수 있다. 특수목적대 및 산업대 등은 별도로 지원이 가능하다. 문제는 수시 6회의 기회를 모두 살리기가 만만치 않다는 점이다. 주요 대학은 논술 전형을 수능 이후 주말을 활용해 실시하는데, 중복되는 대학이 매우 많다. 전형 시간이 비슷하다면 결국 지원했더라도 한 곳의 대학에만 응시할 수밖에 없다. 또한 많이 지원할수록 특정 대학에 맞는 준비를 깊이 있게 하기 어렵고, 수능 대비를 소홀히 하게 한다. 6회의 기회를 최대한 활용하는 것은 좋지만, 자신에게 가장 유리한 대학을 선정해 전략적으로 집중하는 것도 고려해야 한다.

오해 8 선배나 언론의 합격 사례를 따라 하면 된다

매년 입시제도나 전형이 바뀌고 있으므로 학교 선배나 언론의 합격 사례를 맹신하는 것은 위험하다. 특히 '수시 대박'이 난 일부 사례만을 보고 따라 하는 수험생이 많은데, 그 이면에 숨어 있는 합격생의 경쟁력을 감안해야 한다. 특히 사설 학원에서 내세우는 합격 사례는 학원에 유리한 면만 강조하는 마케팅일 뿐이다. 합격 사례는 지원할 때 참고 자료로만 활용하고, 자신만의 강점을 키우도록 하자.

오해 9 논술은 장기간 준비해야 합격할 수 있다

최근 논술의 난이도가 교육부의 권고로 낮아지고 있다. 또한 대입 논술은 수험생이 얼마나 글을 잘 쓰는지를 평가하는 시험이 아니라 사고력을 측정하는 시험이다. 따라서 평소 논술에 자주 출제되는 교과의 기본 실력이 뛰어난 학생이라면 단기간 준비해도 좋은 결과를 거둘 수 있다. 특히 수학과 과학 교과를 주로 출제하는 자연계 논술은 수학과 과학 실력에 따라 당락이 결정된다. 처음부터 겁먹지 말고, 희망 대학의 기출문제를 풀어보면서 자신의 실력을 파악하도록 하자.

오해 10 자기소개서가 합격을 좌우한다

수시에 학생부종합 전형이 확대되면서 자기소개서를 비롯한 서류 평가가 점차 중요해지고 있다. 이에 따라 최근에 자기소개서 대필 업체가 우후죽순으로 생겨나고 있다. 하지만 학생부종합 전형은 학생부의 교과와 비교과, 자기소개서, 추천서를 종합적으로 평가하는 만큼 자기소개서는 평가 자료의 일부에 불과하다. 사설 학원에서 자기소개서가 당락에 결정적이라고 주장하기도 하나 근본적으로 비교과 같은 실적이 뒷받침되지 않고 화려하기만 한 자기소개서는 결국 좋은 평가를 받기 어렵다.

물수능의 나비효과,
더욱더 치열해진 수시 경쟁

2015학년도 수능 채점 결과 1등급 컷

영역	원점수 등급 컷	등급 구분점수	인원(명)	비율(퍼센트)
국어 A형	97	129	11,462	4.05
국어 B형	91	130	13,592	4.37
수학 A형	97	129	28,534	7.06
수학 B형	100	125	6,630	4.30
영어	98	130	26,070	4.49

2015학년도 수능 채점 결과에서 수학 B형의 1등급 컷이 만점으로 나타났다. 한 문제만 틀려도 바로 2등급이 된다는 얘기다. 한 문제를 실수해서 2등급을 받는다면 최상위권 학생의 경우 평소 생각했던 대학에 진학하기 어려울 수 있다. 이처럼 쉽게 수능이 출제되면서 '실수 줄이기'가 매우 중요해지고 있고, 수시 지원이 전반적으로 늘어나고 있다.

앞으로도 교육부의 쉬운 수능 기조가 유지된다면 국어, 수학, 영어에서 전반적으로 쉽게 출제될 것이다. 그러므로 상위권의 변별력은 선택과목이 많아 쉬운 수능을 유지할 수 없는 사회탐구나 과학탐구에서 나타날 것으로 예상된다.

쉬운 수능, 즉 물수능이 사실상 예측되는 가운데, 수시 모집은 더욱더 치열해질 것이다. 수능이 쉽게 출제되면 정시 모집에서 최상위권 학생과 상위권 학생이 더욱더 치열하게 경쟁할 것이다. 또한 실수로 문제를 한두 개 틀리면 등급이 내려갈 수도 있어 정시 모집의 위험을 피하고자 재수생을 비롯한 수험생 대부분 수시 모집에 적극적으로 지원할 가능성이 높다.

▍물수능의 최대 수혜자는 중하위권 수험생

물수능은 수험생의 수준에 따라 행운으로, 혹은 불행으로 다가온다.

즉 물수능이 현실로 나타난다면 상위권 및 최상위권 수험생은 얼마나 실수를 안 하느냐에 따라 다른 결과를 받아볼 가능성이 높다. 수능은 해당 연도에 1회 실시하기 때문에 수험생이 느끼는 부담감이 매우 큰 데다가 난이도까지 쉬워진다면 '실력 테스트'가 아닌 '실수 줄이기 테스트'가 될 확률이 높다. 이는 상위권 수험생을 불안하게 해서 수시와 정시 모두 연쇄적으로 경쟁률이 상승한다. 소수점 단위에서 합격이 결정되는 정시 모집에서 치열한 경쟁이 예견되기 때문에 많은 수험생이 수시 모집에 적극적으로 지원하는 것이다.

반면에 많은 부분을 차지하는 중하위권 수험생에게는 드라마틱한 입시 결과가 나올 가능성이 높다. 전반적으로 쉬운 수능에서는 학습 양을 줄이고, 입시 전략을 제대로 짠다면 평소 실력보다 훨씬 좋은 결과, 즉 '대박'을 터트릴 수도 있다. 상위권과 중위권의 차이는 국영수 영역에서 나는데 물수능이 그 격차를 크게 줄이기 때문이다.

중하위권 수험생이라면 올해 무엇보다 EBS 교재를 중심으로 성적 역전에 대한 무한한 가능성을 믿고, 최대한 도전하는 것이 좋다. 단 문제와 개념을 무조건 암기하는 구태의연한 학습 방식은 지양하고 주어진 시간을 최대한 활용해야 한다. 또한 평가원과 EBS에서 발표한 수능 연계 자료를 활용해 유형과 예시를 모두 확실히 익혀야 한다. 영역별로 연계된 유형의 구체적 사례를 참고하면 앞으로 어떻게 공부해야 할 것인지 알 수 있을 것이다.

또한 흔히 말하는 '수포(수학을 포기한 학생)'를 하면 안 되며, 수학 영역을 꾸준히 학습해야 한다. 가장 어려운 과목이지만 가장 큰 혜택을 보는 과목이 될 수도 있다. 특정 영역을 포기하면 대학 선택의 폭이 좁아지고, 수시와 정시에서 불리한 입장에 처하게 된다.

3개 영역 반영 대학을 지원한다면 원점수 기준의 합격선 상승을 감안해야 한다. '나' 혼자만 잘 보는 시험이 아니라 '모두'가 잘 보는 시험이 되기 때문이다.

일반적으로 암기 과목이라고 생각하는 사회와 과학탐구 영역은 예년 수준으로 출제될 가능성이 높다. 탐구 영역에서 방심하다가는 치명적인 결과를 맞이할 것이다. 따라서 탐구 영역의 과목 선택에 신중을 기해야 하며, 최종 마무리 학습을 잘해야 한다.

결국 중하위권 수험생은 앞으로 남은 기간을 어떻게 활용하느냐에 따라 역전의 주인공이 될 수도 있고, 실패의 주인공이 될 수도 있다. 현재 대학 입시는 물수능 때문에 상당한 혼란에 빠져 있다. 혼란이 많을수록 객관적인 결과를 참고해 안정적인 선택을 하는 편이 유리하다. 혼란 속에서 많은 정보를 모으고, 효과적으로 활용한다면 반드시 길이 열릴 것이다.

수시 합격을 위한 주요 시기별 핵심 포인트

고3 수험생은 연간 4차례 학교 시험과 4차례 전국연합학력평가, 2차례 평가원 모의평가 시험을 본다. 거의 매달 시험을 치르는 것이나 다름없다. 따라서 교내 학사 일정 및 주요 입시 일정 등을 미리 확인해서 계획을 짜는 것이 좋다. 특별법으로 설립된 대학은 입시 일정이 다르니 대학별로 전형 계획을 살펴 별도로 준비해야 한다. 정시에 비해 선발 규모가 두 배 가까이 되는 수시에서도 수능을 최저학력기준으로 적용하는 대학이 많다. 그러므로 교육과정평가원에서 2차례 실시하는 수능모의평가는 수능과 가장 유사한 시험이므로 철저히 준비해야 한다.

대입 수험생에게 1년이란 시간은 생각보다 빨리 지나간다. 매월 주요 입시 일정 및 꼭 해야 할 사항을 기록해두고 체크해나가는 것이 좋다.

시기	주요 입시일정	주요 사항
3월	3월 학력평가	정시 및 수시 지원 가능 내학 김토
4월	4월 학력평가	정시 및 수시 지원 가능 대학 검토 학생부 비교과 점검 및 관리
5월	1학기 중간고사	중간고사 준비 및 기말고사 성적 목표 설정
6월	6월 모의평가	정시 및 수시 지원 가능 대학 파악 대학별 고사 본격적 준비
7월	7월 학력평가 1학기 기말고사	정시 및 수시 지원 가능 대학 파악 3학년 1학기 내신 성적 확인
8월		학생부 교과 및 비교과 최종 점검 논술 및 면접 준비, 자기소개서 등 서류 평가 준비
9월	9월 모의평가 수시 원서접수	수시 지원 대학 결정 및 수시 원서 접수 대학별고사 준비 및 수능 마무리 학습
10월	10월 학력평가	정시 지원 가능 대학 검토 수시 대학별고사 응시 및 수능 실전연습
11월	수능	수능 응시 및 수능 가채점 수시 대학별 고사 응시 및 정시 지원 준비

3월 | 연간 학습 계획 수립 및 3월 학력평가 대비

3월에는 새해 첫 전국 단위 모의고사인 3월 전국연합학력평가를 치른다. 전년도 학력평가 기출문제를 실제 시험처럼 풀어보고, 자신의 취약 부분을 파악해 보완한다.

고3은 3, 4, 7, 10월에 학력평가가 있으며, 1~2학년은 3, 6, 9, 11월에 실시한다. 고3 및 재수생은 6월과 9월에 교육과정평가원이 주관하는 모의평가 시험을 본다.

3월에는 연간 학습 계획을 수립하고, 학력평가를 철저히 대비해야 한다. 3월 학력평가 성적표를 확인해 정시에 지원 가능한 대학과 학과를 파악하고, 목표 대학과 학과에 진학하려면 필요한 각 모의고사별 학습 목표를 구체적으로 세워야 한다. 또한 학교의 연간 학사 일정표와 모의고사 일정표, 수시 및 정시 주요 일정을 미리 확인해야 한다.

4월 | 중간고사 대비 및 대학별 모집 요강 확인

학교에 따라 중간고사 기간이 다르지만 일반적으로 중간고사 대비 기간이다. 3학년 1학기가 내신 성적에서 비중이 높은 편이고, 경쟁이 치열하므로 최소 3주간 대비해야 한다. 고3은 4월에 전국연합학력평가가 있지만 평소 실력으로 응시하고, 교내 중간고사 대비를 철저히 해야 한다. 중간고사는 과목별 출제 경향을 살핀다. 교과서와 교재 중심으로 복습한 다음 문제 풀이를 하도록 한다. 그리고 3, 4월 학력평가에서 나타난 취약 과목과 취약 단원을 찾아 중간고사 대비 전까지 보완 학습을 하도록 하자.

그리고 대학별로 발표하는 모집 요강을 확인해야 한다. 대학교 홈페이지나 입시투데이www.ipsitoday.com에 방문하면 쉽게 구할 수 있다. 이 시기에 전형별 세부 사항 및 변동 사항을 체크하도록 하자.

5월 | 중간고사 응시, 6월 모의평가 대비 및 모의 논술, 대입 설명회 등 참가

5월은 일정이 많다. 중간고사에 응시하고, 결과를 확인해야 한다. 과목별 성적을 참고해서 기말고사 과목별 목표 점수를 정하고, 대비해야 한다. 또한 대학별로 4월부터 모의 논술을 실시하므로 미리 일정을 살펴보고 응시하도록 하자.

시도 교육청 및 대학이 주최하는 대입 설명회에 참가해 전체적인 흐름과 지원 전략 등 정보를 얻도록 하자.

6월 초에는 교육과정평가원이 출제하는 6월 모의평가가 있으니 철저히 준비해야 한다. 기출문제 및 최근 수능 유형을 살펴보도록 하자. 또한 최근 쉬운 수능이 대세이므로 모의고사를 치르면서 자주 접하는 실수를 미리 체크해 줄여야 한다.

6월 | 모의평가 응시 및 기말고사 대비

6월에는 고3 및 재수생이 응시하는 6월 모의평가가 있다. 6월 모의평가는 교육과정평가원에서 수험생의 학력을 측정하는 목적으로 실시하는 것이며, 새로운 유형의 문제가 출제될 수 있다. 재학생만 응시하는 학력평가와 달리 재수생이 대거 응시하므로 실제 수능과 유사한 규모에서 자신의 전국 단위 실력을 파악할 수 있다. 6월 모의평가 결과를 토대로 취약 영역을 보완해야 하며, 앞으로 남은 기간 동안 실행할 수능 대비 계획을 세워야 한다. 6월 모의평가 결과로 정시에 지원 가능한 대학과 학과 수준을 파악하고, 수시에 지원한다면 수능 최저학력기준 충족 여부를 파악해야 한다. 수시 정보를 살펴 지원 대학과 전형, 학과를 구체적으로 설정해야 한다. 3학년 1학기 내신 성적은 수시 모집에서 중요하게 반영되므로 기말고사 대비를 철저히 한다. 또한 6월에는 경찰대와 사관학교 입시가 시작된다. 모집 요강을 살펴, 1차 시험 날짜를 확인하고 준비하자.

7월 | 학생부 성적 확인 및 수시 박람회, 입시 설명회 참석

7월에는 1학기 기말고사가 끝나므로 학생부교과 성적을 확인할 수 있다. 학생부교과와 비교과, 6월 모의평가 성적을 종합해 수시에 지원할 대학과 학과를 결정해야 한다. 시도 교육청 및 입시 기관의 설명회와 대학이 실시하는 설명회에 모두 꼭 참석해서 전략을 세우자. 그리고 대교협에서 주관하는 수시 박람회가 7월 말에서 8월 사이에 개최되니 꼭 참석해서 대학별 입시 관계자 및 입학사정관에게 직접 상담받아보자. 많은 대학이 상담 부스를 설치하고, 수시 전형 상담을 해주고 있다. 논술과 적성 등 대학별 고사만 준비할 뿐 아니라 학생부종합 전형을 대비한 자기소개서도 준비해야 한다.

정시 위주로 지원 전략을 짠 학생이라면 수능 마무리 학습 전략을 세우고, 주요 개념을 꼭 정리해야 한다.

8월 | 수시 지원 최종 결정 및 9월 모의평가 대비

8월에는 각 학교의 상담 및 입시 기관의 배치 기준표, 입시 정보를 토대로 수시에 지원할 대학과 전형을 확정한다. 논술이나 적성 등 대학별 고사에 지원하는 학생이라면 최종 마무리를 시작해야 한다. 인터넷 강의를 활용해 대학별 고사에 필요한 개념 학습을 하는 것이 좋다. 8월에는 대학이나 입시 기관에서 입시 설명회를 많이 개최하므로 잘 활용하는 것이 좋다. 학교별로 선배의 합격 사례를 참고해 수시 지원 전략을 짠다. 9월 초에는 교육과정평가원이 실시하는 대수능모의평가가 있다. 실질적으로 수능과 가장 유사한 출제 경향을 보이고, 반수생도 대거 응시하므로 수능과 가장 유사한 시험이다. 철저히 준비하도록 하자.

9월 | 수시 원서 접수 및 9월 모의평가

9월에는 교육과정평가원이 실시하는 9월 모의평가가 있다. 9월 모의평가 가채점 결과로 정시에 지원 가능한 대학과 학과를 파악하고, 수시에 지원할 대학과 학과를 최종적으로 정해서 원서 접수를 해야 한다. 대학별고사가 9월부터 시작되므로 수능 준비에 소홀해지지 않도록 미리 계획을 세워서 준비하는 게 좋다. 6월과 9월 모의평가에서 나타난 취약 과목과 취약 단원을 최종적으로 복습해야 한다. 수시 원서 접수 후에는 수시에 신경 쓰느라 수능 대비를 망치는 학생이 많다. 평소대로 수능을 계획적으로 대비해야 한다.

10월 | 수시 대학별 고사 및 수능 마무리 학습

9월부터 수시 대학별 고사가 시작되므로 실전 연습을 해야 한다. 대학별 모의 논술, 모의 적성 등 출제 경향을 최종적으로 확인하고, 대학별 유형에 맞춰 마무리 학습을 해야 한다. 이때 논술이나 적성 고사의 난이도에 따라 심리적 슬럼프를 겪을 수 있다. 대학별 고사 응시 이후 평소대로 수능을 대비한 학습에 집중하도록 해야 한다. 또한 그동안의 모의고사 및 최근 수능 기출문제를 풀며 과목별로 취약 유형을 정리해 반복적으로 복습해야 한다. 또한 수능 스케줄대로 모의고사 문제를 자주 풀어보는 연습을 해야 한다.

11월 | 수능 응시 및 수시 논술, 정시 준비

11월에는 대입에서 가장 중요한 수능 시험이 있다. 수능에 응시할 때 유의해야 할 사항을 확인하고, 미리 준비해야 한다. 수능까지 최적의 컨디션을 유지할 수 있도록 관리한다.

수능 당일에는 영역별 등급 컷을 확인하고, 가채점을 하자. 가채점 이후에 수능 이후 대학별 고사에 응시할 것인지를 정해야 한다. 수능 이후 논술 고사를 실시하는 대학은 보통 30퍼센트 이상 결시율을 보이며, 대학에 따라 50퍼센트까지 결시율이 올라가기도 한다. 수능 최저학력기준을 충족할 수 없는 수험생이 대거 결시하기 때문이다. 수능 이후에는 가채점 결과로 정시 지원 준비를 한다.

12월 | 정시 지원 전략 및 정시 원서 접수

수능 성적을 확인하고, 대학별 입시 설명회를 들으며 정시 지원 전략을 짜야 한다. 입시 기관이 만든 배치표에만 의존할 것이 아니라 지원 대학의 입시 설명회에 참석하는 것이 좋다. 또한 대학의 정시 박람회에 가서 희망 대학 입학 담당자와 상담해보는 것도 좋다. 입시 기관의 배치표가 저마다 달라 혼란스러울 수 있으니 대학 측의 입시 결과를 기준으로 상담을 받아본다. 정시는 대학별 수능과 학생부교과의 반영 방법, 가산점 등을 꼼꼼히 살펴 지원해야 한다.

이때 수시 미등록 충원이 진행되는데, 수시에서 모집 정원의 10퍼센트 이내에서 예비번호를 받은 학생이라면 수시 추가 합격을 기대해볼 수 있다.

6월, 9월 모의평가의 의미와 활용법

수능 출제 기관인 교육과정평가원에서 매년 두 차례 실시하는 대수능 모의평가는 수능과 가장 유사한 시험이기에 매우 중요하다. 각각 6월과 9월에 실시하는 모의평가는 재학생만 응시하는 전국연합학력평가와 달리 반수생과 재수생이 대다수 응시한다. 실제 수능과 가장 유사한 응시 인원이 모이므로 전국 단위에서 자신의 실력을 객관적으로 파악할 수 있는 중요한 시험이다.

6월 모의평가는 당해 수험생의 학력 수준을 파악하는 시험이며, 신유형이 자주 출제된다. 9월 모의평가는 6월 모의평가에서 나타난 결과를 반영해 실제 수능과 가장 유사한 문제를 출제한다. 특히 6월에 지나치게 쉽게 출제되었다면 난이도를 조절해 9월에는 다소 어렵게 출제될 수도 있다. 한국교육과정평가원의 6월 모의평가 시행 계획을 살펴보면 시험의 목적이 '수험생에게 학업 능력 진단과 보충, 새로운 문제 유형에 대한 적응 기회를 제공하며, 대학수학능력시험 응시 예정자의 학력 수준 파악을 통해 적정 난이도를 유지하기 위한 것'이라고 밝히고 있다.

이렇듯 6월 모의평가는 새로운 수능 출제 경향을 따르고, 신유형 출제 등으로 올해 수험생의 학력 수준을 파악하는 가장 중요한 '모의고사'라 할 수 있다. 다만 6월 모의평가의 출제 경향이 그대로 수능과 직결되지는 않고, 9월 모의평가에서 최종적으로 수능과 가장 유사한 출제 경향을 보인다.

6월과 9월에 실시하는 모의평가의 중요성

기준	세부 내용
경쟁 상대	전년 대비 늘어난 고3 수험생뿐만 아니라 재수생이 대거 응시하므로 실제 수능 응시 집단과 가장 유사한 전국 단위에서 자신의 위치 파악이 가능하다.
출제 기관	수능 시험을 출제하는 교육과정평가원이 주관하는 마지막 시험이며, 수능 시험과의 연관성이 가장 높다.
학습 설계	수능과 가장 유사한 모의평가를 철저히 분석해 앞으로 남은 기간 동안 학습 전략을 수립해 수능 성적 향상의 발판으로 삼아야 한다.
입시 전략	6월과 9월 모의평가의 결과를 바탕으로 수시 지원과 정시 지원 여부를 종합해 입시 전략을 점검하고, 모집 시기별로 최적의 선택을 해야 한다.

6월 | 대수능 모의평가의 의미와 이후에 해야 할 일

● 수능출제기관(평가원)이 시행하는 첫 모의 수능

수능출제기관인 교육과정평가원이 출제하는 시험은 오직 6월과 9월의 모의평가와 수학능력시험뿐이다. 변화된 수능 출제 경향에 따른 모의 문제가 출제되므로 이 모의평가를 통해 실제 수능 시험에 철저히 대비해야 한다. 특히 쉬운 수능 출제가 예상되는 만큼 과목별로 변별력 있는 문제 유형을 잘 살펴야 한다.

● N수생이 포함된 첫 전국 단위 시험

본격적으로 재수생 이상의 N수생이 포함된 첫 전국 단위 모의고사다. 학력 평가는 재학생끼리의 경쟁이지만 6월 모의평가는 재수생이 대거 응시하는 시험이다. 실질적인 경쟁자가 모두 포함된 만큼 전국 단위에서 내 실력을 정확히 체크할 수 있다.

● 수시와 정시 지원의 판단 기준

6월 모의평가로 영역별 등급을 활용해 수시 지원을 할 때 수능 최저학력기준에 충족하는지 여부를 예측할 수 있다. 그리고 정시로 지원 가능한 대학과 학과를 검토해야 한다. 수시 지원 시 정시 지원 가능 대학과 학과를 참고해 지원 전략을 수립하기 때문이다.

● 취약 영역 분석으로 성적 역전의 발판

6월 모의평가 결과를 활용해 자신이 현재 어느 영역이 취약하며, 어떤 단원에 대한 학습이 부족한지를 파악해야 한다. 11월 수능까지는 아직 충분한 시간이 있으므로 최대한 취약 영역을 냉철하게 분석해 좀 더 효과적으로 점수를 올리도록 해야 한다.

● **입시 전략 검토**(수시 및 정시 지원 가능선 파악)

6월 모의평가 결과, 학생부의 교과 및 비교과, 논술 및 면접 실력 등을 기준으로 수시 모집 지원 전략을 수립해야 한다.

먼저 6월 모의평가 가채점 결과를 기준으로 정시 모집에서 지원 가능한 대학과 학과의 수준을 살펴보아야 한다. 또한 대학의 수능 반영 영역과 반영 비율 등을 꼼꼼히 살펴야 한다. 특히 수능 지정 영역 및 가산점 등을 잘 살펴야 한다. 6월 모의평가는 최종 '수능'이 아니므로 입시 기관의 배치표를 참고해 대략적인 수준을 파악하도록 하자. 입시 기관마다 배치점수가 다르니 여러 기관의 자료를 종합해 검토하는 것이 중요하다.

또한 수시 지원 전형이나 대학/학과들의 예상 지원 리스트를 만들어 점검하는 것이 좋다. 수시에 확실히 지원할 계획이라면 올해 대학들이 발표한 수시 모집 요강을 참고해 세부 사항을 확인하는 것이 좋다. 지원을 희망하는 대학의 전형, 모집 단위와 모집 인원, 전형 방식, 최저학력기준, 지원 자격, 대학별 고사일, 원서 접수일 등을 한 장에 모두 정리해두면 효과적이다. 또한 각 대학에서 실시하는 입시 설명회에 참여하거나 대학교 입학처에 궁금한 사항을 문의하도록 하자. 그리고 논술이나 면접, 적성평가 등 대학별 고사의 출제 경향이 전년과 다를 수 있으니 올해의 모의 논술, 모의 적성 문제, 면접 출제 경향 등을 확인하도록 하자. 그리고 대학별 고사나 자기소개서와 같은 서류 평가 자료를 준비해야 한다.

모의평가 결과보다 학생부나 논술 실력이 우수한 편이라면 수시에 적극적으로 지원하는 전략을 세우자. 수시에 지원하기로 했다면 자신에게 유리한 전형을 파악하고, 준비해야 한다. 즉 자신의 학생부, 논술/면접, 비교과 등 전형 자료를 분석해 자신이 우수한 전형 자료를 가장 많이 반영하는 전형을 선택하도록 한다. 또한 희망 대학과 학과를 신징하고, 합격 가능성을 판단해 무모한 상향 지원이나 지나친 하향 지원은 피한다. 또한 논술이나 면접을 실시하는 전형이라면 여름방학을 활용해 대학별 출제 경향을 파악한 후 맞춤형으로 준비한다. 특히 지원 대학의 논제별 접근 방식과 채점 기준 등 세부적인 사항을 감안해 대비해야 한다. 공통 유형의 논술 대비는 무의미하며, 실제 대학별 시험시간에 맞추어 본격적인 실전 연습을 해야 할 시점이다.

● 학습 전략 점검(수능 영역 선택 및 집중)

6월 모의평가 결과를 참고해 수능 영역 및 과목에 선택과 집중을 할 필요가 있다. 수학과 탐구 영역 중에서 과목을 선택할 시점이다. 특히 앞으로 남은 기간 동안 자신의 성적과 지원 대학에 맞춰 영역별 학습 비중을 조정해야 한다. 또한 지금까지의 모의고사 결과에서 나타난 취약 단원, 취약 과목에 대한 학습 계획을 다시 세우고 실천해야 한다. 6월 모의평가를 철저히 분석해 올해 수능 출제 경향을 숙지해야 한다. 입시 전문 기관에서 제공하는 6월 모의평가 출제 경향 분석 자료를 활용하고, 그동안 본 모의고사에서 틀린 문제를 오답노트에 정리해 반복 학습하도록 하자. EBS를 비롯해 여러 인터넷 사이트에서 제공하는 온라인 오답노트를 활용하면 효과적이다. 또한 앞으로 남은 기간 동안 수면 시간을 무리하게 줄이는 식의 계획을 세우지 말고 평소대로 적절한 수면 시간을 유지하는 등 컨디션을 잘 관리해야 한다.

마지막으로 앞으로 남은 기간 동안 학습 계획을 점검하고, 보완해야 한다. 평가원에서 발표한 6월 모의평가 출제 경향 자료를 참고해 9월 모의평가를 대비하도록 하자. 시험의 출제 경향을 이해하고, 거기에 맞춰 학습하는 것이 시험 대비의 기본이다. 앞으로 남은 기간 동안 우선순위를 정해 전략적으로 학습해야 한다. 잘하는 과목 중심으로 하는 것이 아니라 수시와 정시에서 중요한 과목을 중심으로 학습해야 한다. 그리고 슬럼프를 대비해 체력 관리 및 마인드컨트롤을 해야 할 시점이다.

9월 | 대수능 모의평가의 의미와 이후에 해야 할 일

● 수능출제기관이 시행하는 마지막 시험

9월 모의평가는 수능 최종 테스트라는 점에서 매우 중요하다. 수시에 지원하기 전에 마지막으로 수시 최저학력기준을 충족할 수 있는지 여부와 정시 지원 가능 대학과 학과를 파악할 수 있는 중요한 시험이다. 수시에 지원할 때 상향 및 적정, 하향 지원을 결정하는 기준이 된다. 하지만 제일 중요한 것은 9월 모의평가의 원점수가 아니라 모의평가를 어떻게 잘 활용해 실제 수능에서 더 좋은 점수를 받느냐다. 매 시험마다 시험의 의미가 있고, 중요성이 있지만 9월 모의평가는 수능 출제 기관인 교육과정평가원이 주관하는 마지막 시험이라는 점에서 특히 중요하다.

● 정시 지원 가능 대학과 학과 판단

가채점 결과를 바탕으로 정시에 지원 가능한 대학과 학과를 분석해야 한다. 이 자료를 토대로 수시 지원 대학과 학과를 정할 수 있다. 수시에서 지나치게 상향 지원하기보다 정시의 지원 가능 대학과 학과를 참고해 그 이상으로 지원 전략을 수립하는 것이 좋다. 그러나 모의평가 가채점 배치표는 업체마다 다르므로 대학의 예년 입시 결과까지 종합해 판단해야 한다.

● 수시 최저학력기준 예상

상위권 수험생은 수능 최저학력기준 충족 여부가 매우 중요하다. 9월 모의평가 가채점 결과를 바탕으로 현실적으로 가능한 대학과 학과, 전형을 선택해야 한다. 현실을 받아들이지 못하고, 낙관적으로 수능 결과를 예측하다가 자칫 결과가 좋지 않을 경우, 정시에서는 예상하지도 못한 대학과 학과에 지원해야 할지도 모른다.

● 수능까지 체계적인 학습 계획과 학습 습관 유지

6월이나 9월 모의평가는 중요한 시험이기는 하지만, 실제 수능 시험은 아니다. 따라서 시험 결과에 일희일비할 것이 아니라 앞으로 남은 기간 동안 최선을 다해 대비하는 계기로 삼아야 한다. 특히 9월 모의평가의 결과에 따라 수시에 올인하는 학생도 많아지는데, 주의해야 한다. 수능까지 체계적인 학습 계획을 세우고, 평소와 같은 학습 습관을 유지하도록 노력해야 한다.

● 9월 모의평가는 수능이 아니다. 수능을 준비하라

9월 모의평가는 실제 수능과 제일 유사한 시험이며, 올해의 출제 경향을 살펴볼 수 있는 중요한 시험이다. 하지만 9월 모의평가 점수에만 연연하면서 가장 중요한 수능 시험 대비를 소홀히 하는 실수를 해서는 안 된다. 즉 9월 모의평가는 자신이 지금까지 한 노력에 대한 객관적인 판단 기준으로 삼고, 9월 모의평가 이후 중점적으로 대비할 부분과 성적 향상 목표치를 정하도록 한다.

수시 대박의 환상을 버리고, 맞춤형 전략을 수립하자

Talk | 고3인데요, 주요 시기별로 수시 준비하는 방법 좀 알려주세요.
| 수시 배치표는 신빙성 없다는데, 어떻게 원서를 써야 할까요?
| 문과인데, 비인기 학과를 써서라도 더 좋은 대학에 가야 할까요?

수시 모집이 대입의 가장 큰 축으로 자리 잡으면서 다양한 전형과 선발 방식을 선보이고 있기 때문에 개인별 맞춤 전략이 중요해졌다. 최근 학생부종합 전형 선발 규모가 크게 늘어나고, 어학특기자 전형과 적성고사 전형이 대폭 축소되는 등 변화가 많다. 수험생에게 올바른 수시 지원 전략이 필요한 이유다.

수시 모집에 학생부교과, 비교과, 대학별 고사, 수능 최저학력기준, 특별 전형 등 다양한 변수가 있으므로 맞춤형 지원 전략을 수립해야 좋은 결과를 얻을 수 있다. 막연하게 내신 성적이나 희망 대학, 희망 학과만을 기준으로 수시에 지원한다면 소중한 6번의 기회를 모두 무의미하게 날릴 수 있다. 고3 수험생뿐 아니라 재수생, 지방 수험생도 적극적으로 지원하므로 경쟁률이 높다는 점을 감안하도록 하자.

정시에 비해 수시에서 '상향 도전'을 하는 수험생이 많은데, 경쟁력이 있는 전형이 아니라면 자신이 무의미한 허수가 될 수 있다는 점도 주의해야 한다.

3단계 수시
준비 전략

각 시기별로 수험생과 학부모가 협력해서 사전에 자료를 수집하고, 전형 및 대학과 학과를 결정해 학교 및 학원에서 전문가에게 상담을 받는 것이 효과적이다. 많은 수험생과 학부모가 3월 학력평가 결과와 학생부교과 성적만으로 대략적으로 수시를 생각하다가 6월 모의평가 결과가 만족스럽지 못하면 7월부터 갑자기 준비를 시작한다. 6월과 9월 모의평가 성적을 올리는 것도 중요하지만 거의 매달 시험을 치르는 수험생이라면 조금씩 체계적으로 수시를 준비하는 것이 더 효과적이다.

단계	세부사항	참고자료
1단계: 자료 준비(~6월)	자료 수집(모의고사 성적표, 학생부 사본, 자기소개서 및 기타 서류) 수시 모집요강 분석 및 입시 설명회 참석	3월,6월 모의고사 성적표
2단계: 수시 지원 계획 (7~8월)	전형 및 대학(학과) 검토 장래 진로 및 직업 설계 정시 지원 가능 대학과 학과 검토 학교 및 학원 등에서 수시 상담	학교생활기록부 최종 확인 6월 모의평가 실채점 배치표

단계	세부사항	참고자료
3단계: 대학별 고사 준비 (9~11월)	수시 최종 지원 대학별 고사 및 서류 평가 준비 수능 마무리 학습	9월 모의평가 전년도 경쟁률 및 입시 결과 자기소개서 표절 검색

➜ 1단계: 자료 준비(~6월)

전국 단위의 모의고사 성적도 중요하지만 수시에 지원할 것인지 여부를 먼저 결정하고, 필요한 자료를 모아야 한다. 학교생활기록부 사본 및 그동안의 모의고사 성적표, 자기소개서 초안, 그리고 특별전형 해당 여부를 판단하고 특기자 전형 지원에 필요한 자료를 수집해야 한다.

이러한 자료를 모두 모은 다음에 수시 모집 요강을 보고 입시 설명회에서 희망 대학에 대한 입시 정보를 분석해야 한다. 이 시기에는 각 대학이 수시 모집 요강을 발표하고, 대학이나 시도 교육청에서 입시 설명회를 한다. 희망하는 대학의 수시 모집 요강을 대학교 입학처 홈페이지에서 다운받아서 철저히 분석할 필요가 있다. 또한 학생부종합 전형에서는 거의 대부분 대학이 자기소개서를 요구하므로 대교협 공통양식에 맞춰 자기소개서 초안을 작성해두어야 한다. 대교협 공통양식 외에 대학별로 요구하는 추가 문항을 넣어서 작성해야 할 수도 있다. 또한 지원하는 학과가 다를 경우 대학별로 자기소개서 내용을 보완해야 한다.

➜ 2단계: 수시 지원 계획(7~8월)

6월 모의평가 성적 발표와 기말고사 이후인 7월부터 8월까지다. 6월 모의평가와 기말고사 결과에 흔들리지 않고, 수시와 정시 지원 대학 리스트를 작성해야 한다. 상당수 고3 수험생이 재수생이 응시하는 6월 모의평가를 보고 평소보다 떨어진 결과 때문에 수능에 부담을 느껴 갑작스럽게 수시를 선택한다.

이 시기에 6월 모의평가 실채점 결과와 학교생활기록부 최종본을 바탕으로 면밀히 수시 지원 전략을 수립해야 한다. 재수생이 대거 응시하는 6월 모의평가 결과를 기준으로 전국 단위에서 각 과목별로 자신의 객관적인 위치를 파악한다. 또한 실채점 결과를 기준으로 주요 입시 기관의 배치표를 참고해 각 군별로 정시에 지원 가능한 대학과 학과를 찾아봐야 한다. 수시에서 지원할 대학과 학과를 결정하는 건 가장 객관적인 정시 지원 가능 대학과 학과를 기준으로 해야 하기 때문이다. 많은 수험생이 수시 따로, 정시 따로 식으로 생각한다. 즉 수시에 지원할 때는 내신과 비교과만 기준으로 하고 저조한 모의고사 성적은 감안하지 않는다. 이러다가 수시에 합격하면 좋지만, 불합격하면 정시에서 최악의 선택을 할 수밖에 없다. 따라서 수시에서 지원할 대학과 학과를 판단할 때는 모의고사 성적을 바탕으로 정시에서 지원 가능한 대학과 학과 가이드라인을 잡고 판단해야 한다.

그리고 이 시기에 학교와 학원 혹은 입시 전문가와 수시로 지원 상담을 한다. 보통 '대학 우선 vs 학과 우선', '학비', '통학', '향후 전망' 등 다양한 기준에 따라 상담을 하고, 각각 기준에 따라 상담 결과는 달라진다. 성적에 맞춰 대학과 학과를 선택할 수도 있겠지만 적성과 흥미를 살려 향후 취업까지 염두에 두고 학과를 선택하는 것이 좋다. 그리고 특정 상담을 맹신해 그대로 원서를 쓰는 것은 위험하므로 다양한 배치표를 활용해 수험생과 학부모가 최종 판단을 해야 한다.

➡ 3단계: 대학별 고사 준비(9~11월)

수시모집에서 대학들이 자체적으로 실시하는 논술이나 면접, 적성고사 등 대학별고사는 9월과 11월 사이에 대학별로 실시하게 된다. 또한 가장 중요한 모의고사인 9월 모의평가에 응시하고 수시 최종 원서 접수를 해야 한다.

9월 모의평가 이후에 수시 원서 접수를 하므로 9월 모의평가의 가채점 결과를 토대로 수능 최저학력기준 충족 여부를 예측해 지원해야 한다. 그러나 9월 모의평가는 어디까지나 수능을 대비한 모의고사이므로, 성적이 향상되고 있거나 실수를 많이 해서 점수가 조금 낮게 나온 것이라면 수능 목표치를 약간 높여 지원해도 좋다.

수시 원서 접수 기간이 짧으므로 대학별 원서 접수 마감 일정을 꼼꼼하게 살펴서 지원해야 한다. 같은 날짜라도 대학별로 마감 시간이 다를 수 있고, 고사 일정이 같을 수 있다. 또한 온라인으로 원서를 접수받는 대학이 많으므로 원서 접수에 필요한 사진 및 결제 수단을 준비하고 회원 가입을 미리 해두는 것이 좋다. 주요 입시 기관에서 만든 배치표와 모의 지원을 활용하고, 대학에서 발표하는 최근 3개년 경쟁률 및 입시 결과를 참고해 최종적으로 6곳을 결정해야 한다.

원서 접수 이후에는 최우선적으로 수능을 충실히 대비하면서 수시 대학별 고사도 대비해야 한다. 수험생들이 가장 많이 저지르는 실수가 수시 원서 접수 이후 논술이나 면접에 올인해서 수능 대비를 소홀히 하는 것이다. 또한 1단계 합격자 발표 및 수시 최종 합격자 발표 이후 수험생의 멘탈이 무너지는 경우도 많다.

원서 접수 전 경쟁률만 신경 쓰다가 최종 경쟁률을 보고 놀라서 미리 좌절하는 수험생도 있다. 인터넷으로 원서 접수를 하면서 많은 수험생이 눈치 작전을 펼친다. 그러므로 마감 경쟁률은 최종 예비 경쟁률보다 적어도 4~5배 이상 높게 형성된다는 점을 감안하자.

논술이나 면접 등 대학별 고사를 준비하고, 실제 대학에 가서 응시하고 나면 그날 시험의 난이도에 따라 짧으면 며칠, 길게는 몇 주를 허송세월하기도 한다. 최종 발표일 전까지 최선을 다해 수능을 대비하도록 하자.

수시 배치표와 모의 지원
활용 시 주의사항

수시 지원 기준

구분	학생부교과	모의고사	대학별 고사	비교과
기준	3학년 1학기까지의 교과 성적	6월, 9월 모의평가와 학력평가 등	논술, 면접, 적성고사 실력	수상실적, 어학시험, 봉사, 출결, 대외활동 경력, 특별전형 해당 여부 등
내용	학년별 반영 비율과 대학별 반영 교과, 대학별 학생부 반영 방식을 살펴 자신에게 유리한 대학을 선택해야 한다.	성적 변화 추이를 철저히 분석해야 하며, 영역별로 백분위와 표준점수를 비교 분석해 자신의 수능 성적으로 정시에 지원 가능한 대학과 학과를 파악하도록 한다.	주관적 판단에 따라 대학별 고사를 선택하지만 사설 모의고사 등을 활용해 객관적 기준으로 자신의 실력을 파악해야 한다.	우수한 비교과가 있다면 특기자 전형을 고려하는 것이 좋다. 봉사 시간이나 출결에서 감점을 당하지 않도록 유의해야 한다.

정시 모집과 달리 수시 모집은 단순히 내신을 지원 기준으로 판단하는 경향이 있다. 정시는 수능, 수시는 내신이라는 이분법적인 사고에서 벗어나지 못한 탓이다. 그래서 수시 모집에서 수험생이 저지르는 실수 중 제일 큰 것이 바로 수시 배치표를 맹신하는 것이다.

수능 성적 중심으로 선발하는 정시 모집과 달리 수시 모집은 대학별로 교과, 비교과, 대학별 고사 등 다양한 전형 자료를 활용한다. 그리고 일반 전형과 특별 전형 지원 자격, 수능 최저학력기준 등 다양한 변수가 존재한다. 학생부 교과 성적도 대학과 전형, 모집 단위에 따라 반영 교과와 지표, 학년별 반영 비율이 다르다.

전형이 다양하기 때문에 전형별로 합격선 자체가 크게 달라진다. 학생부교과 전형은 대학별 고사 전형이나 특기자 전형, 특별 전형에 비해 합격생의 교과 성적이 높다. 그러나 대학별 고사의 영향력이 큰 전형은 대학 수준에 비해 합격자의 교과 성적이 낮다. 논술을 비롯한 대학별 고사의 영향력이 크기 때문이다. 지원 자격이 제한적인 특별 전형도 교과 성적이 일반 전형에 비해 낮다.

이처럼 수시 모집은 전형 자료와 전형 특성에 따라 합격선이 매우 다르기 때문에 수시 배치표는 대학과 학과 수준을 판단할 수 있는 참고 자료로만 활용하는 것이 좋다. 수시 배치표보다 더욱 중요한 자료는 바로 대학에서 자체적으로 발표하는 예년 입시 결과 자료다. 많은 대학에서 설명회를 하고 대학교 홈페이지를 통해 지난 입시 결과와 경쟁률을 발표한다. 전형별로 합격자의 평균 내신 등급이나 대학별 고사 성적 결과도 발표하고 있으니 꼭 참고해야 한다. 한양대학교는 홈페이지에 최근 입시 결과를 공개하고, 입시투데이 같은 사이트에서도 주요 대학의 입시 결과를 공개한다. 대학들이 발표한 최근 3개년 자료를 참고해보면 합격선 추이를 예상할 수 있다. 단 해마다 전형이 달라질 수 있으니 전형 방식과 최저학력기준을 참고해야 한다.

수시를 대비한
자녀 지도 노하우

고3 및 N수생을 둔 학부모는 입시에 많은 관심을 둔다. 학부모의 정보력이 입시에 미치는 영향이 매우 크기 때문이다. 해마다 입시철이 되면 입시 기관에서 주관하는 입시 설명회장에 들어가려고 수천 명이 줄 서서 기다리는 모습이 언론을 통해 보도되고 입시 설명회를 도는 수험생과 학부모의 인터뷰가 줄을 잇는다. 각종 언론이나 입시 설명회, 대학에서 쏟아져 나오는 입시 정보는 매우 많지만 입시를 처음 경험하는 학부모의 눈에는 모든 것이 낯설기만 하다. 특히 갈수록 중요해지는 수시 모집은 전형이 다양하기 때문에 더 복잡하게 느껴진다.

대체로 수험생과 학부모가 6월 모의평가 이후부터 각종 설명회에 참여하면서 수시 지원을 위한 정보를 모아 간다. 재수생도 응시한 전국 모의고사 성적을 바탕으로 정시에 지원 가능한 대학과 학과를 찾아보고 합격 가능성이 낮을 경우 수시를 중점적으로 고려하는 경우가 대다수다.

수험생과 학부모는 수시 지원에서 중요한 참고 자료인 6월 모의평가 결과와 학생부교과, 비교과, 모의논술 결과 등을 참고해 지원을 결정해야 한다. 특히 6월 모의평가 성적이 평소보다 잘 나오지 않은 학생이라면 성적 하락의 원인을 먼저 파악하고, 수시 지원 성향을 결정해야 한다. 마찬가지로 평소보다 6월 모의평가 성적이 잘 나온 학생이라면 수시에 적정 지원할 가이드라인을 잡아야 한다.

▌자녀와 함께 전형 선택 및 대학/학과 선정

자녀와 함께 학생부, 비교과, 모의고사 성적을 비교해 수시와 정시 중에서 우선순위를 정하고, 희망 대학과 전형, 학과 정보를 찾아보자. 대입 전형 간소화가 진행되고 있지만 여전히 세부 전형은 복잡하기에 자녀의 강점을 살리는 전형 선택이 필수다. 또한 필요하다면 입시 전문가와 학교 선생님, 학원 선생님과 상담해서 조언을 구하도록 하자.

▌수시 원서 접수 이후 평소의 학습 계획 유지

수시 원서 접수 몇 주 전부터 이후 최소 1~2주까지 수험생 대다수가 지원 대학과 학과를 결정하고, 입시 결과를 찾아보거나 상담을 하고, 경쟁률 등을 비교 분석하느라 시간을 많이 쓴다. 원서 접수 때부터 미리 정해서 수험생에게 적정 수준의 시간을 쓰게 하고, 평소대로 수능과 대학별 고사를 대비하도록 지원해야 한다.

▌관심과 격려는 아이들에게 에너지 충전

6월 모의평가 이후 입시를 준비하면서 학생과 학부모의 갈등이 생기는 경우가 많다. 비록 모의고사 성적이나 내신 성적이 저조하더라도 앞으로 남은 시간 동안 입시 대비를 잘할 수 있도록 관심과 격려를 해주자.

쉬운 수능이 예상되는 만큼 앞으로 남은 기간 동안 최선을 다해 노력한다면 성적이 급상승할 수도 있다. 그 누구보다 힘든 수험생에게 부모의 응원은 힘든 여름을 이길 수 있는 에너지원이다.

▌무더운 여름을 이겨내기 위한 자녀의 체력 관리

무더운 여름을 슬기롭게 잘 버티고, 수능 마무리 학습을 효과적으로 할 수 있도록 자녀의 건강 관리를 철저히 하자. 이 시기를 잘 버티고, 체력을 유지해야 수능에서 좋은 결과를 만들어낸다. 자녀의 수면 시간과 식사를 체크하면서 무더위를 이길 수 있도록 건강 식품이나 보양식을 챙겨주도록 하자. 체력은 비록 눈에 보이지 않지만 입시에 미치는 영향이 막대하다.

▌직업과 진로에 대한 큰 그림 그리기

수험생에게 가장 큰 관심사는 대학과 학과겠지만, 학부모는 대학을 입학하고 나서 10년 후의 큰 미래를 그려봐야 한다. 당장의 인기 학과가 아니라 자녀의 특성에 맞는 직업을 선택할 수 있는 학과가 중요하기 때문이다. 특히 취업을 보장하는 채용조건형 계약학과를 비롯해 각 대학이 집중적으로 육성하는 특성화 학과의 정보를 찾아보도록 하자. 명문대라는 간판보다 자녀가 희망하는 직업과 진로를 설계할 수 있도록 조언과 정보를 모아보자.

수시 집중 타임과
스케줄을 세워라

해마다 9월이 되면 가히 입시와의 전쟁을 치르는 듯하다. 아침부터 밤늦게까지 쏟아지는 문의 전화와 이메일 때문에 몸살을 앓는다. 평소 연락이 없던 지인도 자녀나 친인척의 입시 문제로 연락해 온다. 9월 모의평가를 마치고 수시 지원 상담을 하다 보면 항상 나오는 얘기가 있다. 바로 수시에 신경 쓰느라 집중력이 흩어져서 수능을 망칠 수 있다는 걱정이다. 그래서 나는 언제나 수험생에게 수시 집중 타임의 중요성을 알려주고, 학생 여건에 맞춰 스케줄을 짜준다.

수시 원서 접수 시즌(9월 초부터 9월 중순까지)이 되면 수험생과 학부모는 더할 나위 없이 예민해진다. 특히 학교 및 학급 내에서 경쟁 관계이거나 비슷한 성적대 학생의 접수 대학 및 학과, 9월 모의평가 성적,

학교 및 학원 상담 내용, 예전 선배의 합격 사례, 수험생과 학부모의 의견 충돌에 온 신경을 쓴다. 심지어 하루에도 몇 번씩 전화통화를 하면서 학부모와 학생을 설득해야 하는 경우도 있다. 수능이 100일 남짓한 시점에서 한 시간이라도 더 집중해서 수능에 대비하고, 수시 지원에 사용하는 시간을 최대한 절약해야 하기 때문이다.

수시 집중 타임의 필요성

자기소개서 작성, 대학별 고사 준비 및 응시까지 수시와 관련한 모든 일정은 수능 마무리 학습 기간과 겹친다. 따라서 지금부터라도 수시에 투자할 수 있는 '집중 타임'을 정하고, 철저히 계획적으로 시간을 안배해야 한다. 다음 표를 한번 살펴보자. 수시에 지원한다면, 특히 수능 전에 대학별 고사를 실시하는 대학에 지원하는 학생이라면 수능 마무리 학습 기간과 수시 원서 접수 및 대학별 고사 응시 기간이 중복될 수밖에 없다.

	9월	10월	11월
입시 일정	9월 모의평가 수시 원서 접수 자기소개서 작성 논술 및 면접 응시	10월 학력평가 대학별 고사 응시 (논술, 면접, 적성고사)	11월 수능 대학별 고사 응시 (논술, 면접, 적성 고사)
수능 학습 계획	수능 영역별 실전 연습 및 복습 취약 단원별 복습 및 기출문제 풀이 오답노트 복습 및 단권화 정리		최종 실전 연습 자주 틀리는 유형 및 개념 최종 복습

'수시 모집 올인 → 수시 불합격 → 수능 실패 → 정시 실패 → 재수'
로 이어지는 악순환을 끊으려면 결국 수시에 집중할 시간을 제한하고,
그 시간에 최대한 집중하는 방법밖에 없다.

▌수능 전 수시 전형 vs 수능 후 수시 전형

예전에는 수시 원서 접수 기간이 수능 전과 수능 후로 구분되어 흔히
수시 1차와 수시 2차로 구분했다. 하지만 지금은 수시 원서 접수 기간
이 통합되어 9월에 실시한다. 따라서 대학별 고사 실시 일정을 기준으
로 수능 전과 수능 후로 구분해 대비하는 경우가 많다. 일반적으로 모
의고사 성적이 저조한 학생이라면 수능 전에 실시하는 수시 전형에 집
중한다. 상대적으로 모의고사 성적이 우수한 학생들은 주로 수능 후 전
형에 주로 지원한다.

▌나는 어떤 수시 전형에 적합할까?

● 수능 전 수시 전형 집중형

수능 전 수시 전형은 학생부교과 성적, 비교과 실적, 대학별 고사 중 특
정 영역이 우수하지만 모의고사 성적이 취약한 학생이 집중적으로 노
릴 만한 전형이다. 또한 시험 당일 실수가 많은 학생이라면 평소 모의
고사 성적을 살펴 지원할 수도 있다. 그리고 논술에 강하지만 수능 최
저학력기준을 충족하기 어려운 학생도 중점적으로 도전해야 한다. 특
히 수능 최저학력기준을 적용하지 않는 대학은 수능 전에 합격자 발표
를 하기도 한다. 수능 전에 합격한다면 수능 당일 아무런 부담 없이 수
능을 치를 수 있다. 또한 수시에는 여섯 번 지원 기회가 있으므로 수능

최저학력기준을 적용하는 대학에 상향 지원할 수도 있다.

● 수능 후 수시 전형 집중형

최근 모의고사 성적이 상승 추세에 있어 상향 지원할 학생에게 적합하다. 수능 가채점 결과를 기준으로 대학별 고사 응시 여부를 결정할 수 있기 때문이다. 또한 수능 전에 대학별 고사에 응시하면 생길 부담감 및 시간 낭비를 최소화할 수 있기도 하다. 다만 상위권 수험생이 수능 후 수시 전형을 집중적으로 노리기 때문에 경쟁률이 높다. 그리고 수능을 망치면 상대적으로 부담감이 매우 커진다. 수능 후에 실시하는 수능 최저학력기준을 적용하지 않는 논술 전형은 실제로 결시자가 매우 적어서 합격선이 상대적으로 올라간다.

▍수능 전과 수능 후, 각자에게 맞는 스케줄

수능 최저학력기준 충족 여부 및 큰 시험에서의 실수, 지원 성향에 따라 집중할 수시 전형은 다르다. 따라서 수능 전 수시 전형에 집중하는 학생과 수능 후 수시 전형에 집중하는 학생의 스케줄은 다를 수밖에 없지만 최종적으로 수시에 불합격할 가능성을 염두에 두고 효과적인 계획을 짜야 한다.

	7~8월	9~10월	11월
수능 전 수시 집중형	수시 지원 대학과 학과 선정 자기소개서 작성 대학별 고사 준비	수능 마무리 학습 논술 및 면접, 적성고사 파이널 준비 대학별 고사 응시	수능 실전 연습

	7~8월	9~10월	11월
수능 후 수시 집중형	수시 지원 대학과 학과 선정 수능 취약점 학습	수능 마무리 학습 대학별 고사 준비	수능 실전 연습 대학별 고사 파이널 준비 대학별 고사 응시

대학별 고사 유형별
수시 집중 타임

대학별 고사에는 논술, 면접, 적성 고사 등이 있으며 대학에서 자체적으로 출제하고 평가한다. 수능 전과 후로 실시 일정에 차이가 있으며, 주로 수능 후 전형에 수능 최저학력기준을 적용한다.

수능 전에 대학별 고사를 실시하는 대학에 지원하는 학생이라면 적어도 7월부터 체계적으로 학원 및 온라인 강의을 듣고 모의 테스트를 활용해 학습 스케줄을 짜야 한다. 특히 주 단위로 투자할 수 있는 가용 시간을 계산해 적절한 계획을 짜야 한다.

구분	대학별고사	7~8월	9~10월	11월
수능 전	논술	주당 10시간 내외 주 2회 수업 및 주 1회 논술 작성 및 첨삭	주당 10시간 내외 및 시험 전날은 집중 투자. 주 2회 논술 작성 및 첨삭	수능 후 올인. 파이널반 수강 및 지속적인 논술 기출 작성 및 첨삭
	면접	주당 10시간 내외 주 2회 수업 및 주 1회 모의면접 테스트	주당 10시간 내외 및 시험 전날은 집중 투자. 주 2회 모의면접 테스트	수능 후 올인. 기출문제 및 예상문제로 모의면접 테스트

구분	대학별고사	7~8월	9~10월	11월
수능 전	적성고사	주당 12시간 내외 주 2회 수업 및 주 1회 모의 적성 테스트	주당 12시간 내외 및 시험 전날은 집중투자. 주 2회 모의적성 테스트	수능 후 올인. 매일 모의 적성 풀이 및 기출문제 풀이
수능 후	논술	주당 6시간 내외 주 1회 수업 및 주 1회 논술 작성 및 첨삭	주당 6시간 내외 주 1회 수업 및 주 1회 논술 작성 및 첨삭	수능 후 올인. 파이널반 수강 및 지속적인 논술 기출 작성 및 첨삭
수능 후	면접	주당 6시간 내외 주 1회 수업 및 주 2회 모의면접 테스트	주당 6시간 내외 주 1회 수업 및 주 2회 모의면접 테스트	수능 후 올인. 기출문제 및 예상문제로 모의면접 테스트
수능 후	적성고사	주당 8시간 내외 주 1회 수업 및 주 2회 모의적성 테스트	주당 8시간 내외 주 1회 수업 및 주 2회 모의적성 테스트	수능 후 올인. 매일 모의적성 풀이 및 기출문제 풀이

대학별 고사 유형에 따라 시간 투자 계획은 달라지는데, 적성 고사는 수능과 연계성이 높기 때문에 시간을 좀 더 많이 투자해도 된다. 주의해야 할 점은 수능 후에 대학별 고사를 실시하는 대학에 지원하는 학생이라도 7월부터 11월까지 규칙적으로 대학별 고사를 대비해야 합격 가능성이 높아진다는 점이다. 수능 후에 파이널반을 수강한 것만으로 수시에서 합격하는 경우는 매우 드물다.

수시 지원 시 꼭 필요한
마인드 컨트롤

마의 3개월(8월에서 10월)을 잘 보내야 수시 또는 정시에서 좋은 결과를 얻을 수 있다. 이 시기는 수능에 집중하던 재수생조차 수시로 눈을 돌리는 시기다. 재학생이라면 처음 경험하는 입시이므로 긴장감이 매우 크고 혼란을 겪는다. 입시를 대하는 수험생의 마음가짐에 따라 전체적인 입시 결과가 크게 달라진다. 수험생뿐 아니라 학부모도 이 시기에는 자녀의 성격을 감안해 입시 이야기는 미리 시간을 정해 논의하고, 최대한 수험생이 평소 공부 습관을 유지할 수 있도록 주의해야 한다.

● 지나친 경쟁자 의식

원서 접수 시기가 되면 일부 교내 경쟁자가 지원하는 대학과 학과에 크게 신경을 쓰는 학생이 생긴다. 경쟁자가 상향 지원을 하면 본인도 덩달아 원래의 계획과 달리 상향 지원을 하려고 한다. 입시는 '친구 따라 강남 간다'는 식으로 준비해서는 결코 성공할 수 없다. 경쟁자를 신경 쓸 시간에 수능과 수시에 시간을 투자해야 한다.

● 수시 분위기 탈출

이때는 학교에서나, 학원에서나, 가정에서나, 온통 주제가 수시다. 어딜 가나 쏟아지는 질문은 '너는 어디에 원서 쓰니?', 'A대학 보단 B대학이 낫지 않아?' 같은 것이다. 친구나 가족, 친인척, 학원 선생님 등 여러 사람의 의견을 듣다 보면 점차 수능 준비에 소홀해지고, 자꾸만 수시 지원에 휘말리게 된다. 그래서 가급적 7월 정도에 수시에 지원할 대학과 학과 선정 및 서류 평가 준비를 마무리하는 것이 좋다.

● 불안감 극복과 자신감 회복

6월 모의평가에서는 성적이 평소보다 올랐다가 9월 모의평가에서 성적이 하락하면 수능에 대한 부담감이 더욱 커진다. 모의고사의 성적 하락 원인을 객관적으로 분석해 실수가 많은 학생이라면 수능까지 최대한 실전 연습을 많이 해야 한다. 실수에 대한 불안감과 입시에 대한 불안감이 커지는 시기다. 그럴수록 더욱더 자신감을 회복하는 데 힘써야 한다.

● 수시 불합격 감안

수시에 올인하는 학생은 수시에서 불합격하면 정시에서 최악의 상황에 처하게 된다. 그래서 1단계 합격자 발표, 최종 합격자 발표, 수능 가채점 결과에 따라 마음이 크게 흔들린다. 수시에 지원할 때는 불합격까지 감안해 B플랜을 세워야 한다. 모의고사 성적이 저조해 어쩔 수 없이 수시에서 승부를 내야 한다면 모의고사 성적을 기준으로 안정적인 지원을 2개 이상 할 필요가 있다.

논술이나 적성 고사도
인강으로 시간 절약

논술이나 적성 고사도 이제는 인터넷 강의로 대비가 가능하다. 특히 마땅히 준비할 만한 학원이 없는 지역의 학생이라면 적극적으로 인강을 활용해야 한다. 실제로 필자가 지도한 학생 중에는 오프라인 학원 수강 없이 인터넷 강의만으로 수시에서 합격한 아이도 있다. 특히 자연계열의 수리 논술이나 과학 논술 혹은 적성 고사를 준비하는 학생이라면 인터넷 강의를 최대한 활용하는 것이 좋다. 지방 학생 중에는 제대로 된 학원 찾기가 힘들어 일부러 과외를 받는 경우도 많은데, 강사의 실력을 체크하기가 힘들고 대학별 맞춤형 강의를 받기가 어렵다. 오히려 인강 사이트에서 대학별 맞춤 강좌를 수강하는 것이 더 효과적일 수 있다.

논술 고사는 강의뿐만 아니라 첨삭 서비스까지 제공하는 경우가 많고, 적성고사는 온라인 모의 적성 고사까지 제공한다. 학원이나 과외에 비해 비용도 덜 들 뿐 아니라 전문 강사의 강의를 들을 수 있어서 매우 효과적이다. 학원 수강에 비해 시간을 절약할 수 있고, 취약한 영역을 반복해 들으면서 단기간 내에 실력 향상을 꾀할 수 있다는 것이 인강의 장점이다.

논술이나 적성 고사 강의는 기본 개념 강의와 실전 강의로 구분할 수 있다. 특히 최근에는 대학별 출제 경향에 맞춘 강좌를 제공하는 업체가 늘었다. 따라서 처음으로 대학별 고사를 준비하는 학생이라면 기본 개념 강의를 빠르게 소화하고, 자신이 지원하는 대학별 맞춤 강좌를 수강하는 것이 효과적이다. 등하교 시간이나 식사 시간, 휴식 시간 등 자투리 시간을 활용해 매일 틈틈이 수강하는 것이 좋다.

대학별고사 인터넷 강의 200퍼센트 활용

- **기본 개념 강의-실전 강의-파이널 강의-모의 논술(모의적성고사) 순으로 듣자.**

고등학교 1, 2학년 때부터 미리 논술이나 적성 고사를 준비하는 학생이 있다. 특히 최상위권 수험생은 학교에서 실시하는 방과후 교실의 논술 강의를 많이 듣는다. 만약 추가로 논술 대비를 하고 싶다면 EBS를 비롯한 인터넷 강의 사이트를 활용하도록 하자. 논술은 장기간 대비해야 하는데, 자신의 수준에 맞춰 기본 강의-실전 강의-파이널 강의 순으로 수강하도록 하자.

- **수강 계획을 꼼꼼히 세워 해당 시간에 반드시 들어라.**

강좌를 시작하기 전 총 강좌 수를 고려해 자신이 이 강좌를 어느정도 기간에 끝내겠다는 목표를 세워라. 그리고 그 목표를 이룰 수 있는 수강 계획을 세우는 것이 좋다. 몰아서 여러 강의를 듣고 쉬다가 또 몰아서 듣는 식보다 2~3일에 하나씩이라도 꾸준히 듣는 것이 학습 효과가 더 좋다.

- **복습의 장점을 극대화해라.**

인터넷 강의는 강좌 수강 기간 동안에 무제한 반복할 수 있다. 오프라인 강의가 생방송이라면 인터넷 강의는 녹화 방송이라는 특징이 있으므로 취약 과목이라면 인터넷 강의의 복습 기능을 적극적으로 활용하자. 평소 강의를 들으면서 잘 이해가 되지 않는 부분이나 다시 봐야겠다고 판단되는 부분, 중요한 부분에는 북마크 기능을 활용하자. 복습할 때 빠르게 찾아볼 수 있다.

• 취약 부분만 최단 시간에 보완해라.

인터넷 강의는 강좌 커리큘럼에서 취약 부분만 골라 들을 수 있다. 수학이 약하다고 첫 단원부터 끝 단원까지 모든 부분이 약한 것은 아니다. 인터넷 강의라면 자신이 약한 단원만을 선택해 단기간에 집중적으로 보완하는 것이 가능하다. 듣는 속도를 조절할 수 있는 기능이 있으므로 잘 활용하면 더욱더 시간을 단축할 수 있다.

수지 지원
포트폴리오를 만들어라

Talk | 학교에서 수시 상향 지원은 안 된다고, 적정 지원하라는데요.
| 성적은 보통이지만, 꼭 선생님이 되고 싶습니다. 방법이 없나요?
| 수시는 그냥 밑져야 본전 아닌가요? 어차피 정시 또 남았잖아요.

재학생들은 7월과 8월 사이에 학교 및 학원에서 수시 지원 상담을 한다. 1학기 기말고사 일정 및 학교 내부 일정에 따라 상담 기간이 각각 다르다. 최근 일선 고교에서는 학년별로 목표 대학과 학과, 전형을 조사하고, 3학년 때 주요 시즌별로 구체적으로 지원할 대학의 포트폴리오를 만들도록 한다. 그만큼 수험생의 진학 지도에 관심을 갖고, 도움을 주고자 함이다.

그렇지만 평소에 대학과 학과만을 막연히 생각하고 있다가 실제로 지원할 대학과 학과, 전형을 찾아서 정리하려면 쉽지 않다. 또한 대학별 수시 모집 요강을 참고해 전형명, 지원 자격, 모집 단위 및 모집 인원, 전형 방식, 수능 최저학력기준, 대학별고사 일정을 모두 정리해야 한다. 그리고 6월 모의평가 및 9월 모의평가 결과를 기준으로 정시에 지원 가능한 수준인지도 파악해야 한다. 이처럼 여러 가지를 종합해서 지원 대학 리스트를 만들어야 하고, 학교 및 학원 상담 결과를 참고해 다른 대학과 학과를 찾아야 할 수도 있다.

수시에서 일반 대학을 기준으로 하면 여섯 번의 지원 기회가 있는데, 상향과 적정, 안정 지원을 각각 조합해서 지원 여부를 결정해야 한다. 자신이 지원하는 대학 및 학과에 대한 지원 적합성 판단을 먼저 해둬야 대학별 고사 일정이 겹치거나 경쟁률 및 입시 결과가 생각과 다를 때 다른 대학 및 학과로 변경하기가 쉽다.

나만의 수시 포트폴리오 만들기

평소 대학과 전형, 학과 등을 종합해 수시 포트폴리오를 만들어 관리할 필요가 있다. 수시 포트폴리오에 지원 대학 및 학과 리스트, 대학별 모집 요강 중 주요 사항, 3개년 입시 결과, 주요 입시 기관의 배치점수, 자기소개서 및 기타 비교과 자료 등 주요 사항을 모두 포함하면 좋다. 문방구에서 파는 3공 바인더를 하나 사서 수시에 필요한 각종 자료를 정리해두고, 항목별로 포스트잇으로 구분해놓으면 두고두고 활용할 수 있어서 효과적이다.

포트폴리오란 원래 서류 가방, 자료 수집철, 자료 묶음을 의미한다. 자신의 이력 또는 실력을 알아볼 수 있게 이전 작품이나 관련 내용을 모아놓은 자료철이 그것이다.

입시에서 포트폴리오란 크게 두 가지 의미로 쓰인다. 첫째, 주로 예체능계열에서 요구하는 것으로서 주요 작품 및 활동 내역을 자료철로 만들어 제출하는 것을 의미한다. 그리고 또 한 가지 의미는 자신이 지원할 대학과 학과에 대한 정보를 정리하고, 관련된 자료를 모아두는 것이다.

수시 포트폴리오 항목별 세부 사항

구분	세부 자료	작성 요령
학교생활 기록부	학교생활 기록부 사본	학기별로 구분해 학생부 사본을 발급받아 업데이트하자. 자신의 활동 내용 중 주요 내용을 표시해 두자.
	교과 성적 분석 자료	학교에서 학생별로 나눠주는 주요 영역별, 과목별 조합별 평균 등급 등 분석 자료를 정리하자.
모의고사 성적표	모의고사 성적표	학년별 모의고사 성적표를 정리해두자.
	모의고사 성적 분석 자료	학교에서 학생별로 제공하는 모의고사 누적 성적 자료 및 성적 분석 자료를 정리하자.
수시 지원 대학 리스트	예비 수시 지원 대학 자료	학교 및 학원 상담을 통해 추천받은 대학이나 자신의 희망 대학과 학과 리스트를 정리하자.
수시 최종 리스트	최종 수시 실제 지원 자료	실제로 수시에서 지원한 대학과 전형, 학과, 경쟁률, 입시 일정 등을 정리하자.
입시 상담	상담별 내용 요약 정리	학교 상담 및 학원 상담, 대학 상담 등 상담하고 싶은 내용과 답변받은 내용을 정리해두자.
대학별 자료	수시 모집 요강	지원 희망 대학의 모집 요강과 주요 사항을 정리해 두자
	입시 결과 및 경쟁률	대학별로 최근 3개년 경쟁률 및 입시 결과를 모아서 정리해두자.
	기출문제 및 모의 문제	논술이나 면접, 적성고사 등 지원 대학의 모의 문제 및 기출문제를 정리해두자.

구분	세부 자료	작성 요령
서류 평가 자료	자기소개서 및 추천서	자기소개서 초안과 최종안 등 서류평가 자료 및 대학별 인재상, 전공 안내 자료 등을 모아두자.
기타 자료	외부 실적 및 수상 자료	학생부에 기재되지 않는 다양한 자료들을 미리 모아서 정리해두자.

앞의 표에 나와 있는 항목대로 3공 바인더 하나에 정리해두면 자료를 찾는 시간도 줄일 수 있고, 입시를 준비하는 데 매우 효과적이다. 수험생과 학부모 스스로 입시를 준비하는 데도 도움이 되고, 입시 전문가와 상담할 때도 다양한 자료를 쉽게 찾아볼 수 있어서 더욱 구체적인 조언을 얻을 수 있다.

목표 대학의 3개년 입시를 철저히 분석하자

수시에서 합격하려면 수험생과 학부모가 해당 학교 입시에 대한 전문가가 되어야 한다. 학교나 인터넷 혹은 외부 상담만을 맹신하는 것은 옳지 않다. 특히 입시철만 되면 수많은 학생을 상담하는 학교나 학원은 배치표나 입시 결과를 기준으로 상담할 수밖에 없다. 문제는 수시 모집에서 전형 방식이나 최저학력기준, 전형 특성에 따라 입시 결과가 크게 차이 난다는 점이다. 즉 비슷한 성적대라 할지라도 어떤 전형과 학과를 선택하느냐에 따라 합격과 불합격이 바뀐다.

따라서 희망하는 여러 대학의 입시 결과, 경쟁률, 모집 요강, 주요 입시 기관의 배치표 등을 스스로 참고해서 최근 3개년 정도의 입시를 철저히 분석할 필요가 있다. 특정 연도의 입시 결과만을 참고하다가는 변동 상황을 몰라 큰 곤란을 겪을 수 있기 때문이다. 예를 들어 작년에는 A대학에서 학생부교과 전형에서 수능 최저학력기준을 적용했는데 올해는 적용하지 않는다면 올해 A대학의 학생부교과 전형 합격선은 전년에 비해 크게 상승할 가능성이 매우 높다. 또한 B대학이 수시 논술 고사 일정을 수능 전에서 수능 후로 미루고, 수능 최저학력기준을 적용하지 않기로 했다면 올해 B대학의 수시 논술 전형 경쟁률은 예년에 비해 매우 크게 상승할 가능성이 높다.

이처럼 입시 결과와 경쟁률은 해마다 크게 달라지기 때문에 특정 해의 입시 결과보다 최근 3개년의 입시 결과를 참고하고, 경쟁 대학의 입시 결과도 같이 참고하는 것이 좋다.

최근 3개년 입시 요강의 핵심 내용을 정리하자

올해를 포함해 최근 3개년 동안의 목표 대학 입시 요강을 참고해 입시에 필요한 주요 사항을 정리하도록 하자. 특히 전형명, 전형방식, 선발 인원, 수능 최저학력기준, 지원 자격을 정리해 비교해보면 최근 입시 변화를 알 수 있어 효과적이다. 평소 구체적으로 살펴보지 않던 내용이라도 3년 동안의 자료를 두고 비교해보면 구체적인 전형 특징을 이해할 수 있다. 번거롭겠지만 목표 대학에서 어떠한 의도로 입시 전형에 변화를 주고 있는지를 파악할 수 있다. 전형 축소와 전형 확대는 결국 최근의 교육정책 및 입시 결과를 참고해 더욱 우수한 학생을 선발하겠다는 의지의 표명이기 때문이다.

최근 2년간 입시 경쟁률, 수시 추가 합격 인원을 정리하자

지원하고자 하는 모집 단위를 중심으로 최근 2개년의 입시 경쟁률을 전형별, 모집 단위별로 정리해보도록 하자. 입시에서 경쟁률은 곧 입시 결과와 밀접한 관계가 있다. 그래서 최근 2년간 입시 경쟁률과 수시 추가 합격 인원을 제대로 확인하는 것이 중요하다. 입시 경쟁률 및 수시 추가 합격자 전형 자료는 대부분 대학이 입학처 홈페이지에 공개하고 있다. 미공개하는 대학은 입학처에 전화로 문의하면 대부분 알려주니 참고하도록 하자.

앞서 정리한 3개년 입시 요강 핵심 정리를 참고해보면 올해의 대략적인 경쟁률을 예상할 수 있어 효과적이다. 특히 수시에서 정시로 이월하는 인원이 줄고, 수시에서 추가 합격하는 경우가 많은 최근의 입시 상황에서 모집 단위별 수시 충원 데이터는 중요한 참고 자료다. 실제로 이제 수시에 지원할 때는 추가 합격자를 감안해 지원 전략을 짜야 한다. 특히 비인기 학과는 추가 합격이 거의 없으니 꼭 참고하도록 하자.

3개년 입시 결과와 자신의 성적을 비교하자

대학교 입학처나 입시 기관의 홈페이지, 혹은 대학교 입시 설명회에 가면 대학별 입시 결과도 쉽게 얻을 수 있다. 대학에 따라 홈페이지에 공개하기도 하고 설명회에서 비공식적으로 공개하기도 한다. 대부분은 입학처에 문의하면 대략적인 입시 결과를 알려준다. 입시 기관이 데이터를 공개하는 경우도 있으니 참고하도록 하자. 조심할 점은 학교별로 학생부 반영 방법에 차이가 있다는 것이다. 예년 입시 결과와 비교할 때는 각 학교의 내신 반영 방법에 따라 자신의 성적을 산출해서 비교해야 한다. 특히 각 고교에 교육청별로 정리한 데이터나 대교협에서 배포한 입시 결과 파일이 있으니 반드시 참고하도록 하자. 입시 결과 자료는 입시 전형이 변하면 따라서 달라지니 맹목적으로 받아들이기보다 앞에서 작성한 내용을 참고해 입시 결과 변화를 분석하도록 하자. 최근 대학교 홈페이지에서 수험생의 입시 준비를 도우려고 학생부교과 성적과 수능 성적을 계산해주는 프로그램을 공개하기도 하니 꼭 활용하도록 하자.

나만의 수시 지원 포트폴리오를 만들자

수시에서 총 6회 원서 접수가 가능하며, 대학에 따라 중복 지원이 가능한 전형이 있다. 수시에서는 수험생이 소신 혹은 상향 지원을 많이 하는 경향을 보인다. 이는 자신의 역량을 제대로 분석하지 않고, 교과 성적을 기준으로 지원하거나 잘 나온 모의고사 성적을 기준으로 지원하기 때문이다. 합격을 원한다면 객관적인 분석과 냉철한 판단이 필요하다. 수시에 지원하는 수험생 중에 체계적으로 검토하지 않고, 처음부터 바로 지원 대학과 전형, 학과를 정하고 지원하는 경우가 종종 있다. 총 6회의 지원 기회를 제대로 살리려면 1단계에서 2~3배수 정도의 예비 대학과 학과 리스트를 만들어야 한다. 그리고 대학교 입시 결과, 대학별 고사 유형, 수능 최저학력기준, 전형 방법, 대학별 고사 일정을 종합해 최종 지원 대학과 학과 리스트를 정해야 한다.

유리한 전형을 먼저 선택하고, 대학과 학과를 찾자

수시에서 가장 중요한 것은 자신에게 유리한 전형을 선택하는 것이다. 내신 성적이 상대적으로 우수하다면 학생부교과 전형, 비교과가 우수하다면 학생부종합 전형, 논술이나 적성에 자신 있다면 논술(적성) 전형, 특별 전형에 해당된다면 특별 전형을 선택하는 것이 좋다.

또한 모의고사 성적을 감안해 가능하면 수능 최저학력기준을 적용하는 전형을 선택하는 것이 유리하다. 유리한 전형을 먼저 선택하고, 전형을 실시하는 대학과 학과를 결정해야 한다. 다만 사범대나 교대, 의학계열처럼 특수한 학과를 희망할 경우에는 지원 가능한 대학에 맞춰 전형 준비를 해야 한다.

수시 배치표와 9월 모의평가 배치표를 참고해 지원 대학 예비 리스트를 만들어라

유리한 전형을 선택했다면 수시 배치표와 9월(6월) 모의평가 배치표를 참고해 지원 가능한 대학과 학과를 찾아야 한다. 특히 6월이나 9월 모의평가 성적으로 정시에 지원 가능한 대학과 학과 리스트를 정리해두는 것이 중요하다. 수시에서 하향 지원해 합격한다면 정시에 지원할 수 없기 때문이다. 선호하는 학과나 지역, 대학 유형을 감안해 범위를 좁혀서 지원 가능 대학 리스트를 만드는 것이 효과적이다. 수시에서 총 여섯 번 지원 가능하므로 본인이 지원하는 횟수의 2~3배수로 만들면 된다.

예를 들어 총 3회 지원을 할 계획이라면 3배수 정도로 다음과 같은 표를 만들자. 한 장의 표에 예비 지원 대학 리스트를 정리하고, 우선순위에 따라 작성하도록 하자. 아래처럼 간단히 예비 대학 리스트를 먼저 만들어두면 상담 및 입시 컨설팅, 입시 설명회에서 추가로 정보를 얻어서 최종 포트폴리오를 쉽게 만들 수 있다.

수시 예비 지원 대학 리스트

구분	1순위	2순위	3순위	4순위	5순위	6순위	7순위	8순위	9순위
대학									
전형명									
지원자격									
모집 단위									
모집인원									
원서접수 일정									
제출 서류									
전형방법									
최저학력 기준									
대학별 고사일									
배치점수									
내 점수									
상담 결과									

▌학교 상담, 학원 상담, 입시 컨설팅, 입시 설명회 등 다양한 정보로 지원 가능 수준을 파악하자

예비 지원 대학 리스트를 만들었다면 이제 구체적으로 조언을 구해야 한다. 물론 수험생이 가장 많이 활용하는 것이 배치표 및 모의 지원 서비스지만 주요 대학의 학생부교과 100퍼센트 전형에서만 예측이 가능하다는 점을 염두에 두자. 학생부종합 전형이나 논술 전형에서 수시 배치표가 말해주는 지원 가능 등급은 말 그대로 지원이 가능한 수준이라는 점밖에 알려주는 게 없다. 지원 대학의 입시 설명회 혹은 박람회 상담, 학교나 시도 교육청의 진학 상담, 입시 컨설팅 등 다양한 경로를 통해 정보를 모아야 한다. 예년 입시 결과, 추가 합격자 현황, 경쟁률 추이 등 기본 자료는 수험생이 직접 정리하는 것이 좋다.

문제는 학교와 대학, 입시 컨설턴트 등 저마다 판단 기준이 다르다는 점이다. 예를 들어 교과 성적 평균 2등급인 학생에게 재학 중인 고교에서는 희망 대학에 불합격할 것이라 예측하고, 대학에서는 예비 합격이라 예측하고, 입시 컨설턴트는 소신 지원으로 판단한다. 이때 학교에서 활용하는 프로그램의 산출 기준을 먼저 확인해야 한다. 대학에서도 예년 입시 결과만 가지고 상담을 해준다. 특히 대학 입장에서는 많은 수험생이 지원하도록 해야 하기 때문에 냉정하게 조언하기는 어렵다는 점을 알아야 한다. 사설 입시 컨설팅을 받는 경우에도 판단 근거가 되는 자료를 요청해야 한다.

▌모든 정보를 종합해 최종 지원 포트폴리오를 만들자

예비 지원 대학 리스트를 만들고 각종 상담에서 희망 대학과 학과에 대한 조언을 구했다면 이제 최종적으로 지원할 대학과 학과를 결정해야 한다. 상담 결과를 참고해 우선순위를 결정하도록 하자. 상담 결과는 크게 상향-적정-안정으로 구분하지만, 5가지 정도로 조금 더 세밀하게 구분해두는 것이 좋다. 과도 상향, 소신 지원, 적정 지원, 안정 지원, 과도 안정으로 구분하면 된다. 대학과 학과별 상담 결과를 정리한 다음에는 최종 지원 성향을 결정한다. 즉 정시 지원형, 수시 및 정시 병행형, 수시 집중형 이렇게 3가지로 구분해보자. 이러한 지원 성향에 따라 6회 내에서 상향과 적정, 안정 지원을 어떻게 조합할 것인지 결정할 수 있다.

수시에서 최종 합격을 해야 하는 수시 집중형이라면 상향과 적정은 각 1~2회로 하고, 안정 지원을 2~3회 이상 해야 한다. 수시 및 정시 병행형과 정시 지원형이라면 상향과 적정을 각 2~3회 정도로 정리해 지원하는 전략을 짜야 한다. 정시 지원형이라고 해도 지나치게 상향 지원했다가 불합격 스트레스로 수능을 망칠 수 있으니 적정과 상향을 적당히 조합해 최종 지원 포트폴리오를 만들어야 한다.

수시 지원 시 최종 체크포인트 10가지

1 배치표와 모의 지원은 참고 자료로 활용하자

수시 배치표와 모의 지원(합격 예측) 서비스를 제공하는 사설 업체가 많다. 그러나 업체마다 배치점수가 다르고, 모의 지원 결과 또한 제각각

이다. 업체별로 입시 설명회나 홈페이지에서 공개하는 배치표를 활용
해 대학과 학과의 수준을 대략 파악하고, 모의 지원으로는 최근 지원 경
향을 참고하는 것이 좋다. 특히 배치표와 모의 지원은 인지도가 있고 많
은 데이터를 보유한 업체의 것을 활용하는 게 좋다. 단순 교과 성적 기
준의 배치표는 입시투데이www.ipsitoday.com 등에서 무료로 볼 수 있다.

2 전년도 입시 결과와 경쟁률을 맹신하지 말자

해마다 전형별로 크고 작은 변화가 있으므로 전년도 입시 결과와 경쟁
률은 참고 자료로만 활용해야 한다. 전형이 달라지거나 대학별 고사 일
정, 수능 최저학력기준, 선발 규모에 따라 입시 결과와 경쟁률이 달라
지게 마련이다. 특히 대학별 고사일이 수능 후로 변경되거나 수능 최저
학력기준이 없어지거나 낮아진 경우라면 경쟁률은 상승한다.

3 수시 추가 합격 결과를 꼭 참고하자

수시 모집에서 중복 합격자가 발생하는 경우가 많으므로, 대학별로 발
표하는 전년도 수시 미등록 충원 결과를 꼭 참고해야 한다. 특히 상위
권 대학을 기준으로 상경계열이나 의학계열 등 인기 학과는 미등록 충
원이 많고, 비인기 학과는 미등록 충원 인원이 적다는 점을 감안해야
한다. 이제는 수시 최초 합격이 아니라 수시 미등록 충원까지 염두에
두는 전략을 세워야 한다.

4 6월과 9월 모의평가 결과를 기준으로 지원 대학과 학과를 선택하자

수시 모집에 단순히 내신이나 비교과, 특별 전형, 수능 최저학력기준만

을 기준으로 지원할 것이 아니라 6월과 9월에 실시한 모의평가 결과를 참고해야 한다. 객관적으로 정시에 지원 가능한 대학과 학과를 파악하면 수시에 최종 지원할 대학과 학과를 결정할 때 기준으로 삼을 수 있다. 최근 모의고사 성적이 상승세에 있다면 적절히 상향 지원을 하거나 혹은 수능 이후 대학별 고사를 실시하는 전형 중심으로 지원 전략을 수립하는 것도 좋은 방법이다.

5 유리한 전형을 찾고, 대학과 학과를 선택하자

수시 모집에서 가장 중요한 것은 자신에게 맞는 전형을 선택하는 것이다. 경쟁력을 극대화할 수 있는 전형을 선택해야 수시 대박이 가능하다. 특히 반영 교과, 최저학력기준, 대학별 고사 유형, 선발 규모까지 감안해 동일 전형을 실시하는 대학 중에서 자신에게 가장 유리한 대학을 선택해야 한다. 특히 전형에 따라 모집 단위나 모집 인원이 다르며, 최저학력기준도 다른 경우가 많으니 주의 깊게 살펴야 한다.

6 수시 집중 타임을 정하고, 수능 대비를 철저히 하자

수시 원서 접수부터 자기소개서 작성, 그리고 대학별 고사까지 모두 수험생의 수능 대비 계획을 망치는 주범이다. 이제라도 수시 모집에 투자할 집중 타임을 정하고, 철저히 계획적으로 시간 안배를 하도록 하자. 수시 모집 원서 접수 및 준비 기간인 지금이야말로 수능에 대비하는 데 최적인 마무리 학습 기간이라는 점을 염두에 두자. 수시에 실패한다면 결국 수능을 위주로 판단하는 정시 모집에 지원할 수밖에 없다는 점을 꼭 기억해야 한다.

7 수시 지원 포트폴리오를 만들어 활용하라

수시 모집에는 일반적으로 6회라는 원서 접수 제한이 있다. 이 원서 접수 제한에 해당되지 않는 대학[산업대학(정운대, 호원대), 전문대학, 특별법에 의해 설립된 대학(카이스트, 광주과학기술원, DGIST, 경찰대학 등)]도 있는데, 무턱대고 여러 대학의 정보를 찾느라 시간을 허비할 것이 아니라 수시에 지원할 대학과 학과를 정리해 포트폴리오를 만드는 것이 효과적이다. 수시 포트폴리오에 대학, 학과, 전형, 선발 방법, 수능 최저학력기준, 모집 단위 및 인원, 대학별 고사 유형, 전년도 입시 결과 및 경쟁률을 모두 적어두는 것이 좋다. 그리고 지원 성향에 따라 상향-적정-안정을 조합해 지원 대학과 학과를 결정하는 것이 효과적이다.

8 수시 올인 및 과도한 상향 지원은 입시 실패의 지름길이다

일부 수시 대박 사례만을 바라보고 수시에 올인하거나 과도하게 상향 지원하는 수험생이 많은데, 무리하게 수시에 집중하는 것이야말로 전체 입시를 망치는 지름길이다. 수시 대박 사례 이면에는 수많은 수시 불합격 사례가 있다는 점을 알아야 한다. 특히 논술이나 적성 전형, 학생부종합 전형 지원자는 사교육 업체에서 일부 합격생의 사례를 지나치게 과장하는 경우가 많으니 경계해야 한다.

9 수학 A/B형(가/나형) 및 탐구 과목 선택에 주의하라

대학별로 수시 모집에 적용하는 수능 최저학력기준이 다르니 반드시 세부 사항을 확인하고, 수학 및 탐구 과목을 선택해야 한다. 그리고 수시뿐 아니라 정시에 지원 가능한 대학이 수학 및 탐구 과목을 어떻게 반영하는지 살펴 신중하게 선택해야 한다. 지원 제한 및 가산점이 있기 때문이다.

10 대학보다 학과 선택을 신중히 하라

입시 기간에는 수험생이나 학부모 모두 대학 자체를 중요시하고 상대적으로 학과 선택을 소홀히 한다. 학과 특성을 제대로 알지 못하고 지원하기도 한다. 특히 교직이수, 복수전공, 다전공, 전과 등을 희망한다면 반드시 관련 규정을 대학별로 확인해야 한다. 그리고 대학 졸업 후에 취업할 것까지 염두에 두고 학과 선택을 해야 한다. 자신의 흥미와 적성만을 생각할 것이 아니라 직업의 향후 비전을 살펴보는 것이 중요하다.

합격을 부르는
수시 최종 지원 전략

Talk | 선생님, 아이가 비인기 학과라도 좀 더 좋은 대학에 가고 싶대요.
 | 상담받은 대로 3개 쓰고, 3개는 그냥 아이 원하는 대로 썼어요.
 | 눈치작전을 잘하면 대학 잘 갈 수 있나요?

해마다 원서 접수철이 되면, 즉 9월과 12월에는 웬만한 입시 전문가들은 정신없이 바빠서 야근을 밥 먹듯이 한다. 특히 원서 접수 기간에는 그동안 상담한 학생이나 학부모가 새벽까지 문의한다. 인터넷 원서 접수가 대세가 되고, 수시 원서 접수 기간이 통합되면서 해마다 눈치작전이 심해지는 듯하다. 조금이라도 더 나은 결과를 얻으려는 수험생과 학부모의 처절한 노력이 빚은 결과일 것이다. 그만큼 입시에 대한 부담감이 크다. 필자가 활동하는 대치동은 워낙 교육 특구로 유명한 동네다. 학부모의 교육열이 높은 만큼 원서 접수철에는 새벽까지도 줄 서서 상담을 받는다. 원서 접수 시즌에는 '컨설팅비'가 문제가 아니다. '제대로 잘하는 컨설턴트'는 이미 예약이 꽉 차서 대기 번호를 받아야 한다.

흔히 원서철이 되면 이른바 '묻지 마 상담'이 판을 친다. 이 사람, 저 사람, 학원과 학교, 대학교까지 이리저리 상담을 받다가 딜레마에 빠진다. 하지만 입시란 '미래'와 '직업'까지 고려하는 중요한 선택이므로 학생과 학부모가 무게중심을 잡고 신중히 선택해야 한다.

▌입시 컨설팅을 활용하는 3가지 유형

1 상담 순종형: 주로 성적이 평균 수준인 중하위권 수험생에 이 유형이 많으며, 학교나 대학 등에서 맞춤형 상담이나 충분한 자료를 얻지 못한 경우가 많다. 성적이 좋은 편이 아니므로 학교 선생님을 비롯해 상담자의 조언을 잘 활용한다. 학생이나 학부모가 입시 정보를 잘 모른다.

2 반신반의형: 성적대에 비해 대학이나 학과를 높게 쓰고 싶은 학생과 학부모들이 이 유형에 많다.

그리고 학교나 학원, 전문가 등 다양한 상담을 거치면서 학생과 학부모가 대략적으로 지원할 대학과 학과를 선정한 경우가 많다. 전년도 입시 결과 등 구체적인 정보를 활용함과 동시에 상담자의 조언을 취사선택해 활용한다.

3 참고자료형: 성적이 아주 우수한 자녀를 두었고 각종 입시 정보에 해박한 학부모 유형이다. 이미 대학 입시 설명회를 비롯해 언론 기사 스크랩, 주요 학원의 배치표, 입시 결과 등 웬만한 정보를 모두 파악한 상태다. 그만큼 자신감이 있기에 상담은 주로 본인의 선택을 확인하는 차원에서 진행하는 경우가 많다.

정시와 재수까지 감안해서
지원 성향을 먼저 정하자
··········

수시 상담을 하다 보면 결국 정시 및 재수 상담까지 가게 되는 경우가 많다. 수시 지원 시 상향 지원을 할 것인지, 안정 지원을 할 것인지, 적정 지원을 할 것인지에 따라 수능에 대비하는 학습 계획과 비중이 달라지기 때문이다.

내신 성적은 좋지만 모의고사 성적이 저조한 학생은 수시에서 합격할 수 있는 조합을 중심으로 상담한다. 반면에 내신은 저조하지만 모의고사 성적이 우수한 학생들이라면 주로 정시를 위주로 준비하되 수능 당일 실수할 것까지 염두에 두고 수능 후에 실시하는 수시 전형에 주로 지원한다.

문제는 지원 성향을 냉정히 고민하지 않고 막연히 수시 때 지원하고 싶은 대학과 학과만을 생각하는 수험생과 학부모가 많다는 점이다. 수시에서 불합격할 가능성은 염두에 두지 않고 오로지 유리한 점만 보았기 때문이다.

유형	내용	지원 성향
수시 합격 필수형	• 모의고사 성적이 취약한 학생 • 정시 및 재수 지원을 생각하지 않는 학생 • 내신 성적이나 비교과가 우수한 학생 • 특별 전형에 해당되는 학생	안정 지원 (안정 3~4, 적정 2~3)
수능 학습 계획형	• 내신이나 모의고사 성적이 비슷한 학생 • 평소 실력과 비슷하거나 약간 높은 대학을 　생각하는 학생 • 최근 모의고사 성적이 상승 추세인 학생	적정 지원 (적정 3~4, 상향 2~3)

유형	내용	지원 성향
재수 각오 도전형	• 현재 내신은 저조하지만 모의고사 성적이 우수한 학생 • 정시에 불합격할 경우 재수를 고려하는 학생 • 평소 실력에 비해 높은 대학을 지원하려는 학생 • 수능처럼 큰 시험에 강한 학생	상향 지원 (적정 2~3, 상향 3~4)

안정 지원은 배치표나 지원 가능 점수를 기준으로 예년 입시 결과보다 자신의 점수가 높은 경우를 말하며, 적정 지원은 예년의 입시 결과와 수험생의 점수가 비슷한 수준을 말한다.

지원 성향은 업체에 따라 3개(상향, 적정, 안정) 또는 5개(상향, 도전, 적정, 안정, 하향)로 나누는 등 판단 기준이 다르다. 다만 수시 6회의 기회 중 어떤 조합을 선택하느냐에 따라 전체적인 지원 성향을 판단할 수 있다.

예를 들어 교과 성적은 4등급 수준이지만 모의고사 성적이 2등급 수준인 학생이라면 주로 정시를 생각한다. 그러다가 혹시 모를 수능 당일의 실수를 걱정하거나 아니면 논술 준비가 충실한 경우 수능 후 전형을 중심으로 수시에 적정 및 상향 지원을 한다.

특정 대학에 대한 판단도 중요하지만 수시에서는 여섯 번 지원 기회가 있으니 종합적인 지원 성향도 판단하자.

희망 대학과 경쟁 대학을 비교하자

수험생이 특정 대학만을 고려한 나머지 수시 지원 기회 중 1회를 무의미하게 날리는 경우를 많이 본다. 가고 싶은 대학도 정말 중요하지만, 기본적으로 유불리를 객관적으로 판단해야 한다.

즉 희망 대학과 경쟁 대학을 비교해서 본인에게 가장 유리한 대학을 찾는 것이 중요하다. 전형 방식, 모집 인원, 수능 최저학력기준, 전형 일자, 학생부교과 반영 방법 등을 모두 비교해서 자신에게 유리한 대학을 찾아야 한다.

예를 들어 모의고사 2개 영역 2등급 수준이면서 학생부교과 성적이 약 1.7등급인 학생이 있다고 하자. 학생이 가장 선호하는 대학순은 B대학〉A대학〉C대학이라고 하자. 3개 대학을 예로 들어서 전형 방식과 모집 인원, 수능 최저학력기준 등을 비교해보자. 전형은 모두 동일하게 학생부교과 전형에 지원한다고 가정하자.

대학	A대학	B대학	C대학
전형방식	1단계: 학생부 100 5배수 선발 2단계: 학생부 70+면접 30	학생부 70+면접 30	1단계: 학생부 100 3배수 선발 2단계: 학생부 80 +면접 20
모집인원	20	10	30
수능 최저 학력기준	2개 영역 등급 합 4	1개 영역 2등급	2개 영역 각각 2등급 이내

현재 수험생의 교과 성적대라면 A대학, B대학, C대학 모두 1단계 통과가 가능하거나 면접 고사를 볼 수 있다. 문제는 B대학이다. 학생부와 면접을 일괄 합산해 선발하고, 면접 비중이 높다. 똑같이 1단계에서 학생부만으로 선발하는 A대학과 C대학을 비교하면 선발 배수가 적은 C대학이 유리해 보인다. 1단계 선발 배수가 많거나 일괄 합산해 선발

하면서 면접의 비중이 높으면 결국 면접을 잘하는 학생들이 유리하다.

이 학생은 C대학에서 1단계 통과는 무난하다. 면접에서 평균 수준의 점수를 받고, 수능 최저학력기준을 만족한다면 최종 합격할 가능성이 매우 높다. 반면에 B대학은 일괄 합산 방식이므로 경쟁률이 높다. 결국 면접에서 상위권 점수를 획득하지 못한다면 불합격할 가능성이 있다.

A대학은 1단계 통과 인원이 많아 2단계에서 실시하는 면접 고사가 결국 합격과 불합격을 좌우할 것으로 예상된다. 수능 최저학력기준을 충족할 수도 있겠지만 1단계 통과 배수가 많고, 면접의 비중이 높아 C대학에 비해 유리한 대학은 아니다.

그리고 모집 인원을 보면 C대학이 가장 많고, B대학이 가장 적다. 수능 최저학력기준을 보면 C대학이 가장 높게 설정되어 있다. 모집 인원이 적을수록 입시에서 최종 합격하는 것이 어렵다. 되도록 모집 인원이 많은 학과를 선택하는 것이 유리하다.

현재 수험생의 장점은 학생부교과 성적과 모의고사 성적이므로 이 성적을 유리하게 활용할 수 있는 대학은 C대학〉A대학〉B대학 순으로 보인다.

이처럼 목표 대학뿐 아니라 경쟁 관계에 있는 대학도 같이 비교하면서 자신에게 유리한 대학을 찾아가는 것이 중요하다.

인터넷 수시 원서 접수 및
막판 눈치작전 요령

원서 접수는 인터넷이나 대학 창구에서 각 대학이 자율로 정한 일정과 방법에 따라 실시된다. 일반 전형을 기준으로 보면 인터넷 접수와 창구 접수를 병행하거나 인터넷 접수만 실시하는 대학이 많다. 창구 접수만 실시하는 대학은 몇 곳에 불과하다.

인터넷 원서 접수가 보편화되면서 큰 논란거리가 된 것이 바로 눈치작전이다. 인터넷으로 원서를 접수하면서부터 눈치작전이 더욱 치열해지고 있다. 인터넷 원서 접수를 하는 대학이 매일 혹은 실시간으로 경쟁률을 발표하기 때문이다.

눈치작전을 잘하는 방법은 무엇일까?

학교생활기록부 교과와 비교과, 모의고사 성적, 대학별 고사 실력까지 감안해 유리한 대학과 전형을 미리 선택해두었다면 눈치작전은 필요가 없다. 하지만 보통은 확정해서 결정하기보다 10개 내외의 대학 내에서 경쟁률을 감안해 지원하는 경향이 많으므로 원서 접수 마지막 날에 접수한다. 치밀한 계획과 사전 준비 없이 단순 경쟁률만 보고 접수하면 결과도 좋을 수 없다. 단순히 경쟁률만 비교해 눈치작전을 하는 것은 피해야 한다. 경쟁률은 다양한 지원 기준 중 하나에 불과하다. 또한 대학이 원서접수 마지막에 공개하는 경쟁률과 최종 원서 접수 경쟁률의 차이가 크다는 점에도 주의해야 한다.

대학별로 원서 접수 일정이 다르긴 하나 짧은 시간 내에 원서 접수를 해야 하니 주의할 사항을 알아보자.

무엇보다 대학별 원서 접수 일정과 대학별 고사 일정, 지원 자격과 최저학력 기준 등을 다시 한 번 확인하도록 하자. 특히 원서 접수 마지막 날의 접수 마감 시간이 대학마다 다르다는 점에 주의해야 한다. 또한 대학별 고사 일정이 단과대나 모집 단위에 따라 다를 수 있으므로 자신이 희망하는 모집 단위의 세부 일정을 파악해야 한다. 특히 대학마다 혹은 전형마다 차이가 나는 지원 자격과 최저학력기준은 면밀히 파악해야 한다. 그리고 자신이 희망하는 대학과 유사한 수준의 대학 중에서 우선순위를 결정해야 한다. 전형 방법, 반영 교과 등을 감안해 미리 우선순위를 정해두어야 경쟁률을 참고하며 효과적인 결정을 내릴 수 있다.

경쟁률이 낮다고 해도 대학별 고사 유형이나 수능 최저학력기준에서 불리하다고 생각되면 과감히 포기하는 것도 좋은 방법이다.

마지막으로 대학들이 원서 접수 마감 전에 발표하는 최종 경쟁률과 마감 경쟁률은 크게 달라질 수 있으니 선택을 잘해야 한다. 경쟁률이 비슷할 경우 비인기 학과나 하위 학과, 모집 인원이 많은 학과, 대학별 고사를 실시하는 학과, 최저학력기준을 더 높게 적용하는 학과를 선택하는 것이 효과적이다.

눈치작전은 지원자의 실력을 떠나서 요행수를 노리는 것인 만큼 확실한 방법이 아니다. 그래도 해야겠다면 기본적으로 참고해야 할 사항은 있다.

가장 먼저 인터넷 원서 접수 사이트에 회원 가입을 해두어야 한다. 부모나 학생 따로따로 가입하기보다 학생이 먼저 가입해 ID를 공유하는 편이 좋다. 반드시 공통 ID로 원서 접수를 해야 중복 지원과 같은 불상사를 예방할 수 있다. 수시 지원 대학·학과 결정 및 원서 접수는 학부모와 학생이 같이 하는 경우가 많은데, 서로 역할 분담을 명확히 하는 것이 좋다.

또한 기본 데이터를 확보해야 한다. 즉 희망 대학과 경쟁 대학의 2개년 경쟁률 및 경쟁률 추이 자료를 구해야 한다. 그러한 자료를 바탕으로 올해 경쟁률 추이를 분석해야 한다. 또한 희망 대학과 모집 단위는 2~3개로 압축해 미리 포트폴리오를 구성해두어야 한다. 그래야 경쟁률 추이에 따라 빨리 원서를 접수할 수 있다.

수시 원서 접수 10가지 요령

1. 지원자 정보로 회원 가입을 하고, 본인 ID로 원서 접수를 하라.
2. 최근 2개년의 경쟁률 및 경쟁률 추이 자료를 구하라.
3. 원서 접수 첫날은 피하되 마지막 날 오전에는 접수하라.
4. 비인기 학과, 소수 선발 학과, 여학생 선호 학과는 피하라.
5. 미리 여러 상황에 따른 시나리오를 준비하라.
6. 결재 수단, 서류, 사진 등 필요한 서류를 미리 준비하라.
7. 부모와 학생 간 역할 분담을 명확히 하라.
8. 모집 단위는 2~3개로 압축해 관찰하라.
9. 희망 대학 및 경쟁 대학의 올해 경쟁률 추이를 감안해라.
10. 접수 후 제출 서류를 확인하고, 전형 일정을 체크하라.

수시 원서 접수 이후
해야 할 일

대학 및 전형, 학과에 따라 경쟁률이 다르긴 하지만 높은 경쟁률을 뚫고 합격하기란 쉬운 일이 아니다. 접수 후에는 앞으로 남은 논술과 면접을 비롯해 대학별 고사와 수능 준비에 최선을 다해야 한다.

▌원서 접수는 잊어라

이미 원서 접수가 끝난 상황에 경우의 수를 자꾸 생각해봤자 쓸데없이 시간만 낭비하는 것이다. 경쟁률이 낮은 다른 대학과 전형, 학과에 대해 아쉬움이 남겠지만 이제 주사위는 던져졌다. 앞으로 남은 입시 준비에 매진해야 한다.

▌수능 전 대학별 고사 준비는 매주 틈틈이

9월부터 논술이나 면접 등 대학별 고사를 실시하는 대학들이 있다. 수능 전에 대학별 고사 위주로 준비하다 보면 수능에 소홀해질 가능성이 매우 높다. 대학별 고사는 미리 주당 제한 시간을 두고 틈틈이 준비해야 한다. 그리고 같은 유형이라고 해도 대학에 따라 출제 경향에 차이가 있으니 반드시 맞춤형으로 준비한다.

▌수능은 최선을 다해 준비

수시에서 합격하면 좋지만, 불합격도 염두에 두고 정시를 준비해야 한다. 특히 수능 최저학력기준을 적용하는 전형이라면 더욱 철저히 준비해야 한다. 특히 국어와 영어, 수학이 쉽게 출제될 가능성이 매우 높으니 탐구영역을 철저히 대비해야 한다. 탐구영역이 정시에서 당락을 좌우하는 역할을 할 가능성이 매우 높다.

▌수능 후 대학별 고사는 맞춤형으로 완전 몰입

수능 후 대학별 고사를 실시하는 전형은 경쟁률이 매우 높다. 그러나 실제로 수능 최저학력기준에 못 미치거나 다른 대학에 합격해서 결시하는 학생이 많다. 따라서 수능 최저학력기준을 만족할 수 있다면 수능 당일 저녁부터 대학별 고사 준비에 올인해야 한다.

입시를 망치는
수험생의 착각 5가지

1 '경쟁률이 낮으니까 합격 가능성이 높아'

흔히 경쟁률이 예상보다 낮게 나오면 상상의 나래를 펼치는 경우가 많다. 왠지 자신이 합격할 것 같은 생각에 예지몽을 꾸거나 인터넷 사이트를 뒤져가며 지원자의 성적과 자신의 성적을 비교하고 안심하기도 한다. 문제는 경쟁률과 입시 결과는 일부 상관관계가 있지만 경쟁률이 낮다고 합격을 장담할 수는 없다는 점이다. 예년의 입시 경쟁률보다 낮다면 분명히 좋은 일이지만 지원자의 성적과 실력을 파악할 수 없으니 앞으로 남은 입시에 최선을 다해야 한다.

2 '전년도 입시 결과보다 내 점수가 높으니까 합격하겠지'

학생부교과 전형을 지원하는 학생 중에 간혹 지나치게 입시를 안일하게 생각하는 학생이 있다. 즉 예년 입시 결과를 살펴보고, 최하 컷보다 자신의 점수가 높으니까 거의 합격할 것이라고 자만하는 것이다. 그렇지만 해마다 입시 결과는 달라진다. 사회의 변화, 인기 직업군, 지원 성향, 경쟁률에 따라 합격 컷은 크게 달라진다. 따라서 최소 3개년 정도의 입시 결과와 경쟁률, 올해의 경쟁률 등을 비교해서 냉정하게 판단해야 한다.

3 '비인기 학과를 썼으니 합격할 수 있을 거야'

정시 모집이나 수시 모집에서 대학 간판만을 보고 비인기 학과를 지원하는 수험생이 있다. 비인기 학과란 인문계열에서는 종교, 철학, 독문, 노문 등의 학과, 자연계열에서는 토목, 물리 등의 학과를 흔히 말한다. 문제는 비인기 학과는 추가 합격이 잘 되지 않는다는 점이다. 즉 다른 대학에 합격하는 경우가 별로 없어서 추가 합격자가 많이 발생하지 않는다. 따라서 결국 실질적인 합격 컷이 올라간다. 원서 접수 시즌에 불안한 마음이 든다고 모조리 비인기 학과만을 썼다가 모두 불합격을 맛본 케이스도 있다.

4 '논술이나 면접을 잘 본 것 같아서 합격할 것 같아'

최근 논술이나 면접 등 대학별 고사가 쉬워지고 있다. 이에 따라 생각보다 시험을 잘 치렀다고 김칫국부터 마시는 경우가 늘고 있다. 시험 난이도는 전체 학생 모두에게 해당된다. 시험이 쉽다는 얘기는 변별력이 없다는 것과 마찬가지다. 쉬운 시험일수록 시험 당일에 자만하지 말고, 실수를 줄여야 한다. 그리고 모두에게 쉬웠던 시험인 만큼 냉정하게 기대심을 버리고, 입시에 대비해야 한다.

5 '수시 납치를 피해야 하니 안정 지원은 안 해야지'

수시 원서 접수 시즌이 되면 항상 많은 수험생이나 학부모들이 '수시 납치'를 피해야 한다고 얘기한다. 특히 모의고사 성적이 상승세인 학생이 이런 얘기를 하는 경우가 많다. 문제는 생각보다 수능에서 저조한 결과를 얻었을 때다. 실제로 '수시 납치'를 당하는 경우는 매우 적다. 오히려 수시에서 불합격의 쓴맛을 보는 수험이 많은 게 현실이다. 지나치게 하향 지원을 하라는 말은 아니지만 수능에서 실수로 점수가 하락할 가능성도 염두에 두어야 한다.

4장 마지막 입시, 정시 어떻게 해야 합격할까?

수시 모집의 규모가 확대되면서 갈수록 정시 모집으로 대학에 들어가기가 점점 어려워지고 있다. 같은 수능 점수를 받더라도 어떤 전략을 세웠느냐에 따라 당락이 갈리고, 들어가는 대학의 수준이 달라진다. 수능만 잘 보면 되는 것이 아니라 똑똑한 맞춤형 전략이 필수적인 것이다. 이 장에서는 정시에 지원할 때 꼭 필요한 전략과 배치표 및 모의 지원 활용법, 수능 수준별 정시 지원 전략, 정시 지원 시 감안해야 할 주요 변수 등을 살펴보자.

정시에 지원할 때
꼭 필요한 전략

Talk |정시 원서 쓰려면 배치표랑 모의지원 이용해서 쓰면 되나요?
|정시에 지원해도 학생부 성적이 중요한가요?
|수능 가채점 예상 등급 컷이 실제 등급 컷과 차이가 많나요?

수능 시험이 입시의 끝이라고 생각하기 쉽지만, 오히려 입시의 시작이다. 수시 합격 발표를 기다리면서 정시 지원 준비를 해야 한다. 특히 수능 점수 기준으로 대학과 학과를 선택하기보다는 자신의 적성을 파악해 진로 설계를 하는 것이 중요하다. 막연하게 학별이나 대학의 인지도를 기준으로 지원할 것이 아니라 학과의 커리큘럼, 졸업 후 진로, 향후 진로 계획을 감안해 대학과 학과를 선택하는 전략이 필요한 것이다.

정시 모집의
특징 6가지

해마다 수시 모집의 규모가 확대되고, 교육부의 대학 구조 조정 정책에 따라 선발 인원이 줄어들면서 갈수록 정시 모집으로 합격하기가 어려워지고 있다. 일반 학과를 기준으로 살펴보면 정시 모집에서는 대학들이 주로 수능 성적만을 활용하거나 수능＋학생부교과 성적을 활용해 선발한다. 일반적으로는 수능 시험이 당락에 결정적인 영향을 미친다. 일부 대학이나 특정 모집 단위에서는 면접 고사를 실시하기도 한다.

1 지원 기회의 제한
정시 모집은 6회나 지원이 가능한 수시 모집과 달리 가, 나, 다군별로 각 한 번씩만 지원이 가능하다(단 산업대학은 모집군에 관계없이 지원이 가능하다). 대학별로 특정 군에서만 선발하거나 모집 단위별로 모집군을 달리해 선발하기도 한다.

2 정시 이월 인원
수시에서 추가 합격을 실시했음에도 인원이 충원되지 않았을 경우 정시로 이월해 선발한다. 따라서 대학별로 최종 모집 인원을 확인해 지원 여부를 결정해야 한다.

3 대학별 수능 반영 방법 차이
학생부교과도 중요하지만, 정시 모집에서 가장 비중이 높은 것은 수능이다. 대학에서 수능을 다양한 방법으로 반영하므로 자신에게 유리한 반영 방식을 찾는 것이 중요하다. 표준점수 및 백분위 또는 대학별 반영 영역이나 모집 단위별 지정 영역을 확인해서 자신에게 유리한 대학을 선택해야 한다.

4 학생부 반영 대학 지원 시 주의

교대 및 국립대, 일부 사립대 등에서는 학생부의 실질 반영 비율이 높다. 따라서 학생부교과 성적이 부족한 학생이라면 반드시 경쟁자의 성적대와 자신의 성적대를 파악해 수능 점수에 여유가 있게 지원하는 것이 좋다.

5 추가 합격 인원 감안해 지원

정시 모집에는 추가 합격자가 많이 발생한다. 대학별로 합격자가 연쇄 이동하므로 예년의 추가 합격자 인원을 감안해 지원해야 한다. 단 모집군이 이동하거나 전형 방식이 달라졌을 경우도 감안해야 한다.

6 특별 전형 규모 매우 적어

정시 모집에서는 특별 전형의 선발 규모가 수시 모집에 비해 매우 적다. 농어촌 전형 등 특별 전형에 해당되는 학생이라면 전형을 실시하는 대학이 있는지 확인한 후 지원해야 한다.

수능 이후 주요 시기별
꼭 해야 할 일 6가지

수능 당일에는 수능 예상 등급 컷 및 수능 난이도에 대한 기사와 자료가 네이버를 비롯한 주요 포털 사이트의 메인을 장식한다. 쉬운 수능이 대세가 되면서 수능 시험 시간에는 만족하다가도 발표된 수능 등급 컷을 보면서 좌절하는 학생이 많다. 수능 시험을 마친 수험생에게 제일 필요한 것은 강한 멘탈이다. 시험 결과를 객관적으로 받아들이고, 수시 대학별 고사 응시 여부 및 정시 지원 준비를 시작해야 한다. 비록 성적이 저조하더라도 정시에서 주어진 세 번의 기회를 최대한 잘 활용해서 도전해야 한다.

주요 시기	꼭 해야 할 일
수능 후	• 수능 가채점 및 등급 컷 확인 (수시최저학력기준 해당 확인) • 수능 이후 수시 논술과 면접 준비 • 정시 정보 수집(입시 설명회 및 대학교 홈페이지, 대교협 등) • 진로 검사 응시 및 결과 확인, 진로 로드맵 수립
수능 성적 발표 후	• 수능 성적 확인 및 학생부 교과 성적 확인 • 지원 가능한 대학 및 학과 파악(대학별 입시 결과 및 경쟁률 등) • 학과 정보 및 졸업 후 진로 등 확인 • 군별 3순위 대학/학과 결정 (포트폴리오 작성)
원서 접수 후	• 정시 원서 접수 및 합격 확인(추가 합격 등) • 학과별 기초 전공 및 어학 등 준비

수능 시험 후에는 시험의 난이도나 시험의 가채점 결과, 시험 기간의 실수가 생각나고 아쉬움이 남는 등 만감이 교차한다. 그러나 중요한 것

은 수능 시험은 입시의 끝이 아니라 과정이라는 점이다. 아직 수시 모집 대학별 고사가 남아 있고, 정시 모집도 남아 있다. 이제 남은 시간 동안 심기일전해 최선을 다해 입시를 마무리하도록 하자.

수능 후에는 수능 가채점 결과 및 등급 컷을 확인해 수시에 지원한 학생이라면 수능 최저학력기준을 충족했는지 여부를 파악해 논술에 응시할 것인지를 결정해야 한다. 또한 수능 후에 실시하는 수시 논술과 면접 고사 등 대학별 고사에 올인해야 한다. 수능이 끝났기에 대학별 고사 준비에 집중할 수 있으니 최저학력기준을 만족한다면 최선을 다해 준비해야 한다. 또한 수시 합격자 발표를 보면서 만약 예비 번호를 받았다면 전년도 입시 결과와 비교해 추가 합격 가능성을 판단해야 한다. 추가 합격 가능성이 낮다면 정시를 더 서둘러 대비한다. 대학교의 입시 설명회 및 주요 입시 기관의 입시 설명회, 정시 배치표와 설명회 자료집 등을 참고해 정시로 지원 가능한 대학과 학과를 파악해야 한다. 또한 학생부교과 성적 및 수능 성적을 입시 정보 사이트에 입력해 자신에게 유리한 반영 방식과 영역별 조합을 찾아야 한다.

1 수능 가채점 결과는 입시 전문 기관별로 평균을 내서 참고하자

수능 당일 발표되는 수능 가채점 결과는 매년 틀린 경우가 많았다. 또한 업체별로 여러 번 업데이트를 하니 수능 당일 저녁 10시 이후에 가채점 등급 컷을 참고하자. 특히 특정 업체만을 참고할 것이 아니라 입시 전문 기관의 가채점 예상 등급 컷을 평균 내서 참고하자. 입시 기관별로 등급 컷 예상 점수가 적게는 1~2점, 많게는 3~4점 이상 차이가 나기 때문이다. 그럼에도 매년 실채점 등급 컷과 예상 등급 컷 사이에는 오차가 많았다. 가채점 예상 등급 컷은 어디까지나 가채점 결과다. 예상 등급 컷 기준으로 1~2점 정도를 오차로 감안해 수시 최저학력기준 충족 여부를 판단하자. 아직 논술이나 면접 등 대학별 고사가 남아있다면 최선을 다해 준비하도록 하자.

2 성적이 부족해도 결과를 인정하고, 입시를 준비하자

수능이 쉽다지만 그동안 자신의 노력에 비해 아쉬운 결과를 받을 수도 있다. 하지만 아직 모두 끝난 것이 아니니 앞으로 남은 입시를 준비하도록 하자.

수능 성적만 보고 막연하게 재수를 결심하는 경우도 많다. 혹은 원점수가 높게 나와서 정시에 지나치게 상향 지원을 고려하기도 한다. 수능 실채점 결과를 기다리면서 냉정히 자신의 성적대를 파악해보고, 진로를 고민해보도록 하자. 특히 구체적인 목표와 꿈이 없는 상태에서 재수를 선택한다면 결국 실패할 가능성이 높다. 무의미한 재수보다 앞으로 남은 정시 모집을 잘 준비하도록 하자. 적성에 맞는 학과를 선택해서 대학 입학 후에 능력을 발휘해보도록 하자.

3 수시 대학별 고사를 철저히 준비하자

수능 가채점 등급 컷을 확인하면서 이미 수시에 지원한 대학의 대학별 고사에 지원할지 여부를 결정하자. 수시에 합격한다면 정시에 지원할 수 없으니 잘 판단해야 한다. 지원 대학의 수능 최저학력기준을 만족한다면 앞으로 남은 논술이나 면접 등 대학별 고사 준비에 올인해야 한다. 수능 성적이 예상보다 저조하다고 해도, 최선을 다해 준비해야 한다. 대학별 고사는 대학마다 출제 유형에 차이가 있으니 대학별 모의 논술이나 해설 강의를 들으면서 맞춤형으로 준비하도록 하자. 대부분 주말에 대학별 고사를 실시하므로 평일에 최대한 집중해 준비하도록 하자. 특히 학생부종합 전형 면접은 학교에서 모의 면접을 자주 해보는 것이 효과적이다.

4 가족과 함께 정보를 모으고, 지원 대학과 학과를 결정하자

수능 후에는 정시 지원을 준비하기에 충분한 시간이 있다. 성적이 좋으면 문제가 없지만, 성적이 평소보다 저조한 경우, 막판에 대학과 학과를 급하게 결정하기도 한다. 또한 부모님과 수험생이 희망하는 대학이나 학과가 달라 결정이 늦어지기도 한다. 수험생의 학생부교과와 수능 성적을 토대로 가족끼리 힘을 합해 입시 설명회나 입시 컨설팅, 대학교 입학처에서 다양한 정보를 모아 선별해야 한다. 특히 부모의 의지대로 상위 대학에 지원했다가 불합격한다면 수험생이 원하지 않는 재수를 할 수도 있다. 자신의 의지가 아닌 타의에 의한 재수라면 성공을 기대하기 어렵다.

5 수시 추가 합격을 기다리면서 정시 정보를 모으자

수시 대학별 고사에 응시했다면 수시 합격자 발표를 기다리면서 정시 정보를 모으도록 하자. 자신이 희망하는 대학과 학과를 파악해야 할 시기다. 가채점 원점수 기준의 배치표를 활용해 정시에 지원 가능한 대학과 학과 수준을 미리 알아보는 것이 좋다. 또한 대학별 수능 시험 반영 방법과 학생부 반영 방법을 확인하도록 하자. 입시 기관이나 대학교육협의회, 시도 교육청에서 실시하는 입시 설명회에 참석해 올해 입시 흐름과 정시 지원 정보를 얻도록 하자. 그리고 희망 학과의 홈페이지에서 커리큘럼 및 졸업 후 진로, 상학금 등 세부 사항을 확인히도록 하자.

대학의 유명세를 기준으로 할 것이 아니라 대학의 비전을 파악해야 한다. 성적 우수자에게 다양한 장학금을 지급하는 대학이 있고, 특정 모집 단위별로 장학금과 다양한 혜택을 제공하는 대학도 있다. 특히 학과명이 유사하다고 커리큘럼과 졸업 후 진로가 유사한 것이 아니므로 좀 더 자세히 검토할 필요가 있다. 모집 요강에 학과 정보 및 장학금과 특전도 공개하는 대학이 많으니 참고하면 좋다. 또한 대부분 학과별로 전공 설명, 교육 과정, 졸업후 진로를 공개하고 있으니 참고하는 것이 좋다. 예를 들어 한양대학교 에너지공학과는 입학 정보와 연구 분야를 비롯해 학부의 교육과정, 졸업 요건, 졸업 후 진로를 자세히 공개한다.

6 자신의 적성을 파악해 진로 설계를 하자

커리어넷은 청소년을 대상으로 다양한 검사와 프로그램을 무료로 제공하고 있다. 직업 적성 검사, 직업 흥미 검사, 직업 가치관 검사 등을 통해 적성에 맞는 직업을 찾아보자.

또한 '아로플러스'라는 진로 탐색 프로그램을 제공하는데, 관심 직업에 대한 다양한 정보를 얻을 수 있어 효과적이다. 또 고등학교 학교생활기록부 사본을 참고해 자신의 여러 활동을 점검하면 특기와 적성을 파악할 수 있어서 더욱 효과적이다. 커리어넷에는 계열별 학과 정보, 분야별 직업 정보, 해당 직업의 전문가 인터뷰 등 다양한 자료가 있으니 꼭 활용해보자. 자신의 적성과 특기를 파악하고, 학과별 정보를 토대로 구체적으로 대학 학과—입학 후 학업 계획—희망 직업을 연계해 진로 로드맵을 짜는 것이 좋다. 맹목적으로 학과를 선택하지 말고 희망하는 직업을 가지려면 노력해야 할 과정을 모두 포함해 로드맵을 짜야 한다. 원서 접수 이후에 찾아오는 여유 시간을 활용해 학과에 필요한 기초 공부를 하는 것도 좋다. 학과에 필요한 과목을 학습뿐만 아니라 학과별로 필요한 어학, 컴퓨터 실기 등을 미리 준비해두면 효과적이다.

정시에 합격하는
배치표 및 모의 지원 활용법

Talk |어느 업체 배치표를 보고 써야죠? 제각각이라서요.

|배치표 점수보다 몇 점이 남아야 안정권일까요?

|요즘 배치표 의미 없다고 모의지원해서 원서 쓰라는데, 맞나요?

배치표 맹신하다가
재수한다!

이른바 배치표와 합격 예측, 모의 지원 서비스만 믿고 정시 원서를 접수했다가 세 군데 모두 불합격해서 원치 않는 재수를 하는 수험생이 있다. 가장 큰 문제는 수험생과 학부모가 자신에게 유리한 면만 보고 판단한다는 점이다. 예를 들면 업체마다 각각 다른 배치점수를 제공하는데, 그중에서 가장 후한 배치표만 믿고 지원하는 것이다. 배치표나 모의 지원 서비스를 제공하는 업체가 서울권에만 대략 10곳 내외가 있다. 업체마다 배치표 점수는 제각각이다. 실제로 최종 합격자 발표 후에 고

268

객들의 항의를 받는 입시 기관이 많다.

서울의 중위권 수험생인 허태경 학생이 평소 생각하지 않은 재수를 하게 된 이유도 특정 입시 기관의 합격 예측 서비스를 맹신하고, 지원한 탓이 크다. 허태경 학생은 성적이 중위권이라서 인 서울은 힘들기 때문에 주로 지방 국립대의 공대를 중심으로 지원했다. 지방 국립대는 거의 다 입시 결과를 발표하므로 최근 입시 결과도 참고했지만, 입시 결과보다 다소 점수가 낮은 모 회사의 배치표를 기준으로 지원했다가 모두 불합격했다. 심지어 가군에서는 예비 번호조차 받지 못했다.

입시 기관이나 재수 종합 학원에서 발표하는 정시 배치표는 정시 지원에 참고하는 중요 자료다. 시대의 변화에 따라 종이 배치표, 온라인 배치표 등이 다양하게 제공되고 있고, 이제는 모의 지원 시스템이 인기를 얻고 있다. 이처럼 정시 지원에 사용할 배치표 종류가 다양한 만큼 각각 내용이 다르다는 점을 알고, 똑똑하게 활용해보자.

가장 많이 활용하는 배치 기준표는 장판지 형태로 된 것인데 대학별 서열이나 학과 간 서열, 대학 간 점수 비교를 한눈에 쉽게 할 수 있어서 많은 인기를 얻고 있다. 특히 수능 성적 발표 유무에 따라 가채점과 실채점으로 구분해 제공된다. 보통 가채점 기준 배치표는 원점수 기준으로 작성하기도 하고, 입시 기관에서 자체적으로 추정한 통계 자료를 기준으로 한 표준점수와 백분위 기준으로 작성하기도 한다. 그러나 수능 실채점 통계 자료가 아닌 만큼 오차가 클 수 있으니 참고 자료로만 활용해야 한다. 배치표는 입시 기관이 주최한 입시 설명회에 참석하거나 입시 자료집을 구매하면 얻을 수 있다. 하지만 배치 기준표는 단순 합산 점수를 활용해 만든 자료라서 대학별 전형 방법이나 수능 반영 비율, 가산점 등 세부 내용을 반영하지 못한다. 따라서 배치 기준표는 대략적인 학과 서열이나 수준을 파악하는 용도로 활용해야 한다.

최근 보편적으로 많이 제공하는 온라인 배치표는 입시 기관에 따라 명칭이 다른데, 합격 예측 서비스 또는 온라인 배치표 등으로 불린다. 온라인 시스템인 만큼 종이 배치표와 달리 대학별 환산점수, 수능 반영 비율 등 더욱 다양한 정보를 가공해 제공한다. 문제는 입시 기관마다 배치점수가 크게 차이 난다는 점이다. 이는 각자 다른 기준으로 배치점수를 산정하기 때문이다. 그런 이유로 수험생이 혼란스러울 수 있으니 참고 자료 정도로 활용하는 것이 바람직하다.

입시 기관마다 차이는 있지만 대체로 배치점수는 합격자 평균 점수나 최종 커트라인 점수가 아니라 수능 성적을 기준으로 합격자의 85퍼센트 수준의 점수다. 전국 대학의 지난 입시 결과와 수험생의 지원 성향, 최근의 입시에 영향을 미칠 요인까지 감안해서 지원 가능 점수를 산출하고 있으므로 입시 전문가들이 예상하는 지원 가능 점수와 자신의 성적을 비교해보는 자료로서 활용하면 좋다. 또한 대학별 환산 점수를 제공하는 경우라면 자신의 성적에 대한 유불리가 나타나므로 좋은 참고 자료다.

배치표를 참고하되 학생부 성적, 모집 인원, 경쟁률, 지원 성향 변화, 사회 트렌드 등도 종합적으로 검토해야 한다.

배치표에 대한
오해와 진실

해마다 입시철이 되면 입시 컨설턴트들은 제일 먼저 주요 입시 기관의 배치표를 참고 자료로 활용한다. 입시 기관별 배치점수를 활용해 자신만의 배치 기준표를 다시 만들어 상담에 활용하기 때문이다. 또한 주요 입시 기관이 만든 수시와 정시 배치표는 시도 교육청의 진학 상담 관계자나 학원가와 공교육 교사들, 수험생과 학부모에게 큰 영향력을 발휘한다. 최근에는 온라인 배치표 및 합격 예측, 모의 지원 서비스가 활성화되면서 예전에 비해 종이 배치표의 위력은 감소했지만 그래도 여전히 수험생과 학부모가 제일 먼저 참고하는 자료 중 하나다.

문제는 입시 기관이 제각각 다른 기준을 적용해 만든 배치표를 맹신하는 수험생과 학부모가 많다는 점이다. 앞서 말한 바와 같이 배치표는 전국 주요 대학을 비슷한 기준으로 서열화한 자료이기 때문에 실제 대학의 전형 방법, 수능 영역별 반영 비율, 가산점 등을 제대로 반영하지 못한다. 따라서 배치표는 '절대 기준'이 아니라 '유용한 참고 자료'로 활용해야 한다.

아래는 수험생과 학부모들의 배치표에 대한 오해를 해소하고자 정리한 글이다. 내용을 참고해 배치표를 제대로 활용하도록 하자.

▌족집게 배치표는 없다

주요 입시 기관의 입시 설명회에 참석해서 받거나 유료로 구매한 여러 배치표를 모두 비교해보다가 어느 배치표를 기준으로 해야 할지 묻는 수험생과 학부모가 많다. 그러나 족집게 배치표는 결코 존재하지 않는다. 수많은 수험생과 학부모가 배치표와 합격 예측, 모의 지원 등을 모두 활용해 최종적으로 지원 대학과 학과를 결정하기 때문에 배치표가 맞을 수가 없다.

배치표는 과거 기준이다

입시 기관이 배치표를 만들 때는 수능 성적 분석 자료, 대학별 합격자 성적, 지원 성향 등을 감안해 만든다. 취업 현황 및 수험생의 선호 성향을 반영하기도 하고, 실제 합격자와 불합격자 성적을 조사해 반영하기도 한다. 하지만 결국 배치표는 '과거의 성적'을 활용해 제작하기 때문에 올해 입시와 다르다. 특히 최근 인기를 끌고 있는 학과라면 배치표보다 실제 합격선이 높아진다는 점을 감안해야 한다.

배치표는 만능이 아니다

입시 기관의 배치표를 비교하다 보면 중하위권 대학으로 갈수록 업체 간 격차가 커지는 것을 발견할 수 있다. 특히 수도권이 아니라 지방 국립대 및 사립대를 비교해보면 업체에 따라 몇십 점 정도 큰 차이가 난다. 이는 입시 기관이 배치표를 제작할 때 이른바 주요 대학을 중심으로 제작하기 때문에 나타나는 문제점이다. 업체마다 차이는 있으나 지방권의 국립대 및 사립대를 지원한다면 대학에서 발표한 합격자 성적대를 먼저 확인하는 것이 좋다.

▌ 배치표도 업체마다 특성이 있다

입시 기관의 배치표를 다년간 분석하다 보니 업체마다 특징이 있다는 점을 알 수 있었다. 예를 들어 A사는 평균에 비해 다소 낮은 점수를 제시하는 특성이 있고, B사는 서울 주요 대학은 잘 맞히지만 지방권 대학은 큰 차이를 보인다. 또한 C사는 해마다 배치점수가 오르락내리락 급등락을 거듭해 신뢰하기 어렵다는 평가도 많다. D사는 해마다 평가 및 분석 쪽에 신경을 많이 쓰는 만큼 전통적으로 신뢰도가 높다는 특징도 있다. 이처럼 업체마다 다른 특성이 있다는 점도 감안해서 특정 배치표만 참고해서 지원하는 실수를 하지 않도록 하자.

정시 배치표
활용법

주요 입시 기관의 배치표를 두고 '훌리건'들이 활동하거나 온라인 커뮤니티에서 대학교 재학생 간에 격론이 벌어지기도 한다. 비슷한 수준의 경쟁 대학교 학생끼리 수험생이 많은 온라인 커뮤니티에서 전쟁을 벌이는 것이다. 이는 배치표에 '대학과 학과가 서열화'되어 나타나기 때문이다. 재학생의 민감한 반응은 결국 소속 대학에도 이어진다. 심지어 경쟁 대학을 심하게 비방한 대학생에게 그 대학이 법적인 대응을 하겠다고 나서기도 한다.

최근에는 고교 및 학원가에서도 배치표는 그냥 참고 자료로만 활용하자는 움직임이 일고 있다. 입시 기관마다 배치점수의 차이가 크고,

입시 기관에서 배치표를 만들 때 참고하는 인원이 몇만 명 수준에 불과하고, 최근 다양해진 정시 모집의 대학별 전형 방법, 수능 반영 비율 및 가산점을 제대로 반영하지 못하기 때문이다. 더구나 주요 대학들이 최근 입시 결과를 발표하지 않고 있기에 신뢰도는 더 떨어질 수밖에 없다. 한양대는 최근 3년간의 수시 및 정시 모집 합격자 성적 등 핵심 자료를 공개해 수험생과 학부모에게 좋은 평가를 얻고 있다. 배치표의 신뢰성과 객관성을 높이려면 주요 대학이 실제 입시 결과를 구체적으로 공개하려는 노력을 해야 할 것이다.

▌정시 배치표 활용 포인트

● 가채점과 실채점 기준 배치표를 모두 활용하자

수능 가채점 예상 성적을 기준으로 만든 가채점 배치표와 실제 성적 발표 자료를 기준으로 만든 실채점 기준 배치표가 있다. 가채점 배치표는 업체별로 수능 통계 자료를 예상해 만든 것이므로 오차가 크다는 점을 알아야 한다. 수능 이후 2~3일 정도면 수능 가채점 배치표가 배부되는 만큼 가채점 배치표를 가지고 현재 성적으로 지원 가능한 대학과 학과 라인을 대략적으로 살펴보는 것이 좋다.

● 경쟁 대학과 학과도 살펴, 지원 가능 대학 라인을 잡자

종이 배치표의 가장 큰 장점은 한눈에 희망 대학과 경쟁 대학을 비교하기 쉽다는 점이다. 즉 대학과 학과 간 서열화가 잘되어 있다. 세부 모집 단위도 중요하지만 큰 틀에서 지원 가능한 대학 라인을 각 군별로 2~3개 정도 잡아두는 것이 좋다.

● 대학별로 입시요강 주요 사항을 확인하자

배치표에는 대학별로 수능 및 학생부 반영 비율, 수능 영역별 반영 비율, 가산점 등이 요약 정리되어 있다. 또한 모집군과 반영 영역별로 대학을 구분해서 대학별 핵심 사항을 빠르게 파악할 수 있는 장점이 있다. 중하위권 수험생은 배치표에 나온 대학별 정시 핵심 사항만 제대로 파악해도 대학 찾기가 수월하다.

● 주요 입시 기관의 배치표를 모두 참고해 평균을 기준으로 지원하자

주요 입시 기관의 배치점수가 각각 제각각이므로 특정 업체의 배치표만을 맹신하기보다 최대한 많은 배치표를 수집해서 두루두루 살펴보도록 하자. 그리고 지원 가능한 대학과 학과를 파악해서 업체별 평균 점수를 참고 자료로 사용하도록 하자.

▌정시 온라인 배치표 활용 포인트

종이 배치표가 지닌 한계 때문에 최근에는 주요 입시 기관들이 온라인 배치표를 제공하고 있으며, 업체에 따라 상품명이 다르다. 무료로 제공하고 있는 곳은 현재 없으며, 대부분 5만 원 이상에 판매하고 있다.

대학별 환산점수 기준 배치표와 모의 지원까지 합해 제공하는 경우도 있고, 배치표만 제공하는 경우도 있다. 온라인 프로그램으로 제공하기 때문에 경쟁률, 학생부 반영 교과 및 반영 비율, 수능 반영 영역 및 반영 비율, 가산점 반영, 최근 충원 결과, 현재 점수로 유불리한 대학 및 추천 대학 등 다양한 정보를 제공한다.

● 대학별로 입시 세부 사항을 확인하자

전형 일정(원서 접수 일정 및 합격자 발표 등), 학생부 및 수능 반영 방법, 최근 경쟁률, 가산섬, 최근 합격자 성적 등 대학별 입시 결과를 비롯한 다양한 정보를 쉽게 파악할 수 있다. 대부분 대학별 지원 전략 보고서 또는 합격 보고서 등으로 요약해 정리해주는데, 프린트할 수 있으니 대학별로 모아두면 입시에 많은 도움이 된다.

● 성적 분석 같은 메뉴를 사용해 자신에게 유리한 조합과 반영 대학을 찾자

학생부 교과 성적 및 수능 성적을 조합해 가장 유리한 반영 비율과 반영 영역을 찾아준다. 또한 현재 성적에서 지원 가능한 대학과 학과도 제공하니 자신에게 유리한 대학을 좀 더 쉽게 찾아볼 수 있다. 특히 지역별, 학과별로도 구분해 검색할 수 있어 편리하다.

● 대학별 환산 점수로 유불리를 확인하자

수능과 학생부 교과 성적을 각 대학별 실제 산출 점수로 환산해 제공한다. 같은 성적대라도 수능 반영 비율 및 가산점에 따라 점수 차이가 생긴다. 대학별 환산 점수로 자신의 실제 성적을 계산해보자. 특히 수능에 비해 상대적으로 놓치기 쉬운 학생부교과 성적도 꼼꼼하게 잘 체크해야 한다.

● 배치점수는 업체에 따라 업데이트가 자주 된다

온라인 배치표는 업체에 따라 여러 번 업데이트된다. 즉 정시 최종 모집 인원 확정 및 일부 대학 및 학과 점수 수정 때문에 업데이트가 될 수 있으니 최종 자료를 활용하는 것이 좋다. 또한 탐구 영역의 변환표준점수 등은 대학의 발표 일정에 따라 배치점수가 조금씩 달라진다. 반드시 최종 업데이트된 온라인 배치표를 참고해 지원하도록 하자.

정시 합격을 위한 똑똑한 모의 지원 활용법

최근 수시와 정시에서 모두, 수험생이 자신의 성적을 입력해 모의로 희망 대학과 학과에 지원해보는 모의 지원 시스템이 인기를 얻고 있다. 모의 지원은 제공하는 업체별로 다른 명칭으로 불리나 서비스 범위는 비슷하다. 모집 시기별, 학과별로 모의 지원 결과를 제공하는데, 이 결과를 바탕으로 합격 예측 서비스를 제공하는 경우도 있다. 지원자가 많을수록 모의 지원 결과가 신뢰성을 갖게 되나 모의 지원을 하는 수험생이 실제 입시에서도 동일하게 지원하지는 않으므로 오차가 있다. 또한 주요 대학이나 상위권 학과에는 모의 지원자가 많으나 점수가 낮은 대학과 학과로 갈수록 모의 지원자가 적어 오차도 크다.

　모의 지원은 어디까지나 참고로 활용하는 자료다. 실제 지원 결과가 아니므로 모의 지원 결과를 맹신하는 것은 위험하다. 특히 업체에 따라 시기별로 여러 번 모의 지원 결과를 업데이트하기 때문에 매번 결과가 달라진다. 모의 지원 서비스를 이용하면 자신이 희망하는 학과에 응시하는 학생의 수능과 내신 성적 분포대를 알 수 있다. 따라서 자신의 성적이 지원자 대비 어느 수준에 있는지를 파악하는 용도로 활용하자.

입시 업체는 모의 지원에서 허수를 제거하려고 다양한 방법을 활용한다. 허수를 제외한 모의 지원 서비스에서 나타난 경쟁률은 그 해의 수험생이 어느 대학과 학과를 선호하는지, 어느 전형을 선호하는지 등 지원 성향을 파악하는 기준 자료가 된다. 특히 해마다 대학이나 학과의 선호도가 달라지므로 잘 활용할 필요가 있다.

모의 지원은 실제 지원이 아니다. 실제 지원과 유사한 결과를 얻으려면 최대한 많은 이용자가 이용해야 한다. 물론 어느 정도만 지원하더라도 통계적으로 의미 있는 결과를 얻어낼 수 있고, 실제 지원 집단과 유사한 성적 분포를 보여줄 수도 있다. 일반적으로는 모의 지원자가 많은 상위권 대학의 결과가 실제 지원 결과와 유사한 값을 보이는 것으로 알려져 있다.

정시 지원
체크포인트

수시 모집에서 불합격했거나 아예 지원조차 하지 않은 학생이라면 정시에서 꼭 좋은 결과를 얻어야 한다. 특히 수능이 쉽게 출제되면서 수험생의 지원 성향이 더욱 중요해졌다. 정시 모집에서 일반 대학은 각 군별로 한 번씩 기회가 있으니 수능 이후 원서 접수 전까지 철저히 분석해야 한다.

수시는 선지원 후시험 체계라 합격 결과를 예측하기 어렵지만 정시는 선시험 후지원 체계다. 자신의 수능 성적과 학생부교과 성적을 잘 조합하고 주요 입시 기관의 배치표 등 참고 자료를 활용해 지원 성향에 따라 대학과 학과를 선택할 수 있다. 그래서 정시는 수시보다 합격 예측이 좀 더 용이하다.

정시에서는 주로 수능 성적을 활용해 선발하는데, 대학에 따라 학생부성적도 합산한다. 대학별로 계열이나 모집 단위에 따라 수능 영역별 반영 비율이 다르고 가산점이 있으니 주의해야 한다. 사범계열이나 교대는 면접과 같은 별도 시험이 있으니 원서 접수 후 철저히 대비해야 한다.

▌정시 합격을 위해 꼭 체크해야 할 7가지

1 올해 입시 트렌드를 정확히 이해하자

수능이 쉽게 출제될수록 수험생의 수시 지원이 많아지고, 정시에서는 소신 지원이 많아진다. 수시에 대거 응시한 수험생이 수시에 많이 합격하면 정시에서 실질 경쟁률이 낮아지기 때문이다. 따라서 해당 연도의 입시 트렌드를 정확히 이해하고, 지원 성향을 정해야 한다. 막연히 정시에 실패하면 재수해야 한다는 점만 걱정한 나머지 지나치게 안정적인 선택을 하려는 학생도 있는데, 입시 트렌드를 꼭 살펴보고, 자신의 점수로 조금이라도 더 나은 선택을 하도록 노력해야 한다.

2 성적표와 입시 기관의 성적 분석 자료를 활용해 내 위치를 정확히 분석하자

4개 영역 표준점수와 백분위 합산 점수만 가지고 상담을 받으러 오는 수험생도 있다. 수험생은 반드시 입시 기관의 수능 성적 분석 자료를 활용해 전국에서 현재 내 위치가 어디인지 정확히 파악해야 한다. 또한 수능 빈영 지표 중에서 표준점수가 유리한지 백분위가 유리한 성적대인지도 파악해야 한다. 그리고 자신의 수능 성적대와 동일한 수험생의 점수 통계를 기준으로 영역별로 유리한 영역과 불리한 영역을 찾아야 한다. 마지막으로 자신의 수능 성적을 가장 유리하게 반영하는 대학과 학과를 찾아야 한다. 특정 영역의 가산점이나 수능 반영 비율 등을 제대로 계산해 감안해서 선택해야 한다.

3 모집 단위별로 정시 최종 모집 인원을 확인하자

수시에서 예비 합격자들을 대상으로 추가 합격을 실시하는데, 그럼에도 결원이 발생할 경우 정시로 해당 인원을 이월해 선발한다. 수시에는 최초 합격자뿐만 아니라 충원 합격자도 반드시 등록해야 하며, 정시 지원을 할 수 없다. 수시에서 정시로 이월되는 인원은 해마다 감소 추세에 있는데, 대학에 따라 이월 인원이 다르다. 따라서 정시 모집 요강에 나와 있는 예정 인원만 볼 것이 아니라 최종 모집 인원을 반드시 확인해야 한다. 정시 모집에서 10명도 채 되지 않는 인원을 모집하는 학과도 많다. 그럴 경우 단 몇 명의 인원이라도 수시에서 이월되면 입시에 큰 영향을 미친다.

4 모집 군별 특성을 파악하고 특히 다군을 조심하자

정시 모집에서는 가, 나, 다군으로 나누어 각 군별로 한 번씩 지원 기회를 준다. 산업대 및 전문대 등은 별도로 지원이 가능하다. 문제는 서울 소재 주요 대학 대다수가 가군과 나군에 몰려 있기 때문에 상위권 학생은 가군이나 나군에서 꼭 합격할 수 있도록 지원 전략을 짜야 한다는 것이다. 일부 대학은 모집 단위별로 모집군을 달리해 선발하는데, 이에 따라 합격선이 달라진다. 다군은 모집 인원이 적고, 경쟁률이 높게 형성되기 때문에 합격선도 상승할 가능성이 매우 높다. 이처럼 모집군별 특성이 있기 때문에 감안해서 지원 전략을 수립해야 한다.

5 학생부를 반영하는 대학은 반영 과목과 등급 간 점수를 확인하자

주요 대학은 정시 모집에서 주로 수능 성적만으로 선발하지만 대학에 따라 수능과 학생부 성적을 합산해 선발하기도 하는데, 교대 및 국립대 등 학생부 반영 비중이 높은 대학에 지원할 때는 학생부 교과 점수를 반드시 확인해야 한다. 학생부 반영 비율이 20퍼센트 또는 40퍼센트라 할지라도 실질 반영 비율이 매우 낮은 경우가 있으니 반드시 대학별 반영 교과 및 실질 반영 비율, 등급 간 점수를 확인해 지원을 결정해야 한다.

6 탐구 및 제2외국어/한문 영역은 대학별 변환 점수를 꼭 확인하자

최근 수능이 쉽게 출제되면서 탐구 영역 및 제2외국어/한문 영역이 중요해지고 있다. 탐구 영역과 제2외국어는 과목별 난이도 조절이 쉽지 않기 때문에 거기에서 실질적인 변별력을 발휘한다. 주요 대학은 수능 성적표상 표준점수를 그대로 활용하지 않고, 대학별 자체 변환 표준점수를 만들어 활용한다. 선택 과목 간 난이도 차이 때문에 생기는 유불리 문제를 해소할 수 있기 때문이다. 따라서 수능 성적 발표 후 대학이 공개하는 변환표준점수표를 참고해 지원해야 한다.

7 상향, 적정, 안정 등 자신의 지원 성향에 따라 3회를 잘 활용하자

쉬운 수능 체제가 되면서 정시 모집에서는 더욱더 눈치작전이 심해지고 있다. 변별력이 떨어지면서 정시 합격 가능성을 예측하기가 어려워 하향 지원 또는 소신 지원 등 극과 극의 지원 성향이 나타난다. 안정적인 지원을 원한다면 2개 군 정도는 합격을 기대할 수 있는 안정 지원을 하고, 1개 군 정도는 적정 수준의 지원을 하는 것이 바람직하다. 또한 재수를 고려한 상향 지원이라면 3개 군 모두를 적정 또는 상향 지원의 형태로 한다. 그리고 1개 군 정도의 안정적 지원을 하면서 2개 군에서 상향 지원을 하는 수험생이 많은데, 안정 지원을 할 대학과 학과의 입시 결과를 냉정히 검토해 합격 가능성을 높여야 한다.

수능 수준별 정시 지원 전략

최상위권 수험생

● 인문계는 SKY, 자연계는 SKY 및 의학계열

변별력이 약해진 물수능의 최대 피해자가 바로 최상위권 수험생들이다. 얼마나 실력이 우수한지가 아니라 얼마나 실수를 안 했는지가 수능 결과를 좌우하기 때문이다. 인문계열 최상위권은 서울대, 연세대, 고려대를 지원할 수 있지만 다군에서는 마땅히 지원할 대학을 찾기가 어렵다. 결국 가군과 나군 두 번의 기회를 잘 살려 최소 한 곳 이상 안정적인 합격을 노려야 한다.

서울대 합격을 노리느냐 연고대 합격을 우선시하느냐에 따라 다른 군에서 지원하는 대학이 크게 달라진다. 자연계열 최상위권은 서울대, 연세대, 고려대뿐 아니라 전국의 의학계열도 지원을 고려할 수 있기 때문에 실질적으로 3회의 지원 기회가 있다. 의학계열을 목표로 하느냐 공학계열을 우선시하느냐에 따라 지원 대학 라인이 크게 달라진다. 공학계열을 우선시할 경우 현실적으로 다군에는 마땅한 대학이 없으므로 인문계열과 마찬가지로 가군과 나군에서 최소 한 곳 이상 합격을 노려야 한다.

성적도 중요하지만 수험생의 지원 성향을 파악해야 더 좋은 결과를 거둘 수 있다. 주요 입시 기관의 배치표 및 모의 지원 결과를 최종적으로 검토해 지원 전략을 짜야 한다. 최상위권은 언론, 재수종합학원, 입시 업체 등 다양한 곳에서 많은 정보를 얻을 수 있다. 탐구 영역의 변환 표준점수뿐 아니라 수능 성적 통계 자료 등을 종합한 데이터에 의거한 지원 전략을 수립할 필요가 있다.

상위권 수험생

● 서울 소재 주요 사립대 및 지방 국립대

상위권 수험생들은 계열 공통으로 서울 소재 주요 사립대 및 지방 국립대의 간판 학과를 지원할 수 있다. 서울 소재 사립대는 주로 가군과 나군에 몰려 있으며, 수능 중심으로 선발하는 경우가 많다. 가군과 나군에서 안정적인 합격을 노리는 것이 기본 전략이다. 지방 국립대는 모집군에 따라 수능 100퍼센트 또는 수능과 학생부를 합산해 선발하는 경우가 많다. 최우선 목표 대학을 어디로 잡느냐에 따라 지원 전략이 크게 달라진다. 대체로 수능은 4개 영역을 반영하며, 계열 및 모집 단위에 따라 수능 응시 영역을 지정한다. 지방 국립대에 지원하려면 학생부 반영 방법을 살펴 유불리를 검토해야 한다. 지원 대학이 다양한 만큼 수험생의 포트폴리오와 지원 성향에 따라 입시 결과가 크게 달라진다. 주로 2승 1패 또는 1승 2패를 노린다. 백분위를 활용하는 대학이 있는데, 동점자가 많기 때문에 더욱 면밀한 검토가 필요하다.

중위권 수험생

● 전국 주요 대학 및 산업대

중위권은 수험생이 가장 많이 몰려 있는 점수대고, 그만큼 경쟁이 치열한 성적대다. 실질적으로 가, 나, 다군 모두 지원이 가능하고, 성적에 따라 산업대 및 인기 전문대까지 고려할 수 있다.

수능만으로 선발하기도 하며 수능과 학생부를 합산해 선발하기도 한다. 또한 수능 반영 영역도 3개 영역이나 4개 영역 반영 등으로 다르며 수능 성적 반영 지표도 대학에 따라 백분위 또는 표준점수를 활용한다.

중위권 수험생이 가장 먼저 고려해야 할 점은 수능과 학생부 교과 성적을 비교해 수능 100퍼센트에 도전할 것인지 수능과 학생부를 합산하는 대학에 지원할 것인지다. 또한 자신의 수능 영역을 조합해서 제일 유리한 영역별 조합을 찾아 대학별로 지원 가능한 학과를 검토해야 한다. 지정 3개 영역이 아니라 성적이 우수한 1개 영역을 반영하는 경우 또는 탐구 영역에서 1개 과목만을 반영하는 경우에는 합격선이 오를 가능성이 높다. 즉 반영 영역이 적을수록 합격선이 올라간다.

전국의 주요 4년제 대학뿐만 아니라 산업대, 전문대학도 고려 대상이므로 대학 우선으로 할지 학과 우선으로 할지 선택해야 한다. 또한 모두 상향 지원하기보다 3회의 기회를 잘 살려 적정과 안정을 잘 조합하는 전략이 필요하다.

하위권 수험생

● 주로 지방권 4년제 및 전문대

수능 성적이나 학생부교과 성적이 6등급 이하인 학생들인데, 수도권 대학에 진학하기는 어렵고 주로 지방권 4년제 및 전문대 지원이 가능한 성적대다. 가, 나, 다군 모두 많이 있어서 3회의 기회를 모두 살릴 수 있으며, 추가로 취업에 유리한 전문대 지원도 가능하다. 하위권 수험생은 정시 배치표를 참고한 지원 전략을 짜기보다 학생이 거주하는 지역의 대학을 중심으로 입시 결과를 기준으로 삼아 지원을 결정해야 한다. 학생부 성적이 우수하다면 수능과 학생부를 합산해 선발하는 대학을 중심으로 지원한다. 중위권 수험생이 주로 대학 위주로 지원한다면 하위권 수험생은 주로 학과를 중심으로 지원을 고려해야 한다. 현재 취업난이 심각하므로 취업에 유리한 학과를 중심으로 찾아보는 것이 좋다. 수능 및 학생부 반영 방법에 따라 성적이 크게 달라질 수 있으니 자신에게 유리한 대학을 먼저 찾아야 한다.

정시 지원 시
감안해야 할 주요 변수

▍수능 반영 영역 4개 영역 vs 3개 영역

입시 불변의 원칙은 바로 내가 유리하면 남도 유리하다는 것이다. 특정 영역을 망친 경우 4개 영역보다 3개 영역을 반영하는 대학과 학과를 찾는다. 그런데 보통 수능 3개 영역 반영 대학은 예상에 비해 합격선이 높게 나타난다. 우선 4개 영역을 반영하는 대학을 먼저 고려해보고, 3개 영역 반영 대학을 순차적으로 검토하는 것이 좋다. 비슷한 수준의 대학은 반영 영역의 많고 적음에 따라 경쟁률에서 차이가 난다.

▍탐구 과목 반영 수 2개 vs 1개

중위권 대학에서는 탐구 과목 반영 수에 따라 점수가 크게 차이 난다. 2개 반영 대학에 비해 1개 반영 대학의 합격선이 더 높을 수밖에 없다. 우수한 1개 과목만을 반영하기 때문이다. 반대로 탐구에서 1개 과목이 우수하다면 1개 반영 대학을 찾아 지원해야 그만큼 유리해진다. 정시에서 합격과 불합격은 겨우 몇 점 또는 소수점 단위에서 판가름 난다.

▍수능 활용 지표 표준점수 vs 백분위

대학에 따라 표준점수를 활용하거나 백분위를 활용한다. 주로 상위권 대학은 변별력을 확보하려고 표준점수를 활용하고, 중위권 대학은 백분위를 활용한다. 백분위를 반영하는 대학은 백분위 점수의 특성상 동점자가 많을 수밖에 없다. 따라서 배치점수와 자신의 점수를 잘 계산해서 1, 2점이라도 더 여유가 있어야 한다. 그리고 백분위로 반영하는 대학에 지원한다면 학생부 반영 방법도 철저히 검토해야 한다.

▌모집 인원 많음 vs 적음

모집 인원의 많고 적음에 따라 경쟁률 자체도 달라지고, 입시 결과도 달라진다. 예를 들어 5명 정원 학과와 20명 정원 학과가 있다면, 원서 접수 마지막 날까지 눈치작전이 극심한 요즘 정시를 감안할 때 (비슷한 수준이라면) 20명 정원의 학과를 선택해야 한다. 최종 순간에 지원자가 대거 몰릴 경우 5명 정원 학과의 경쟁률은 순식간에 수십 대 일까지 치솟기 때문이다. 또한 수시에서 이월하는 인원을 합한 정시 최종 모집 인원을 기준으로 학과를 선정해야 한다.

▌중위권 학과 vs 인기 학과, 비인기 학과

상향 지원 또는 하향 지원 등 해마다 수능 난이도 및 대학 수준에 따라 지원 성향이 달라진다. 다만 조심해야 할 점은 배치표 하단의 비인기 학과, 즉 누가 봐도 학과보다 대학을 우선시하는 학생이 주로 지원하는 학과는 정시에서 추가 합격이 잘 발생하지 않는다는 것이다. 심지어 예비번호 1번임에도 추가 합격이 되지 않아 재수를 하는 경우도 있다. 또한 인기 학과를 지원하는 건 그보다 한 단계 위 수준인 대학의 중위권 학과를 지원하는 것과 마찬가지다. 인기 학과도 가끔씩 펑크가 나기는 하지만 어떤 학과가 미달이 될지를 100퍼센트 예측하기란 현실적으로 불가능하다. 지극히 상식적인 선에서 입시를 준비하는 것이 좋다.

▌학과 유지 vs 학과 신설

최근 교육부의 대학 구조 조정의 영향으로 대학에서 학과를 신설하거나 학과명을 변경하는 사례가 많아지고 있다. 특히 취업에 유리한 학과를 4년제 대학에서 신설하는 경우가 많은데, 신설 학과는 입시에서 높은 경쟁률을 보인다. 특히 장학금 등 각종 혜택이 많은 학과일수록 입시 결과도 상승하고 있다. 신설 학과에 지원할 때는 학과의 전공 및 커리큘럼, 졸업 후 진로 등 세부 사항을 잘 살펴보고, 본인의 적성에 맞는지를 판단해야 한다.

▌수능 100 vs 수능+학생부

대학에 따라 정시에서 수능만으로 선발하기도 하고, 수능과 학생부를 합산해 선발하기도 한다. 때로는 같은 대학이라도 모집군에 따라 학생부 반영 여부가 다르다. 비슷한 수준의 대학이라면 수능 성적만으로 선발하는 경우에 합격자의 수능 성적이 더 높다. 따라서 자신의 수능 성적과 학생부 교과 성적을 객관적으로 비교해보고, 동점자에 비해 학생부 성적이 우위에 있다면 수능과 학생부 교과 성적을 합산해 선발하는 대학에 지원하는 것이 유리하다.

정시 합격을 위한
정시 지원 포트폴리오를 만들자!

정시 모집은 가, 나, 다군별로 각 1회씩 지원 기회가 있다. 그렇기 때문에 각 군별로 지원 가능한 대학과 학과에 대한 면밀한 검토를 해서 총 3회의 지원 기회를 살려야 한다.

입시 전문가들이 입시 시즌만 되면 강조하는 포트폴리오는 특히 정시 모집에서 중요하다. 포트폴리오를 어떻게 구성하느냐에 따라 입시 결과가 달라지기 때문이다. 정시 모집에서 좋은 결과를 얻지 못한다면 재수나 반수로 이어지므로 수능 이후에 흐트러지기 쉬운 마음가짐을 다잡고, 최선을 다해 준비해야 한다.

▌포트폴리오 작성의 기본 요령

정시 모집은 일반 대학을 기준으로 '가', '나', '다'군별로 한 번씩, 모두 세 번의 지원 기회가 있는 만큼 적정이나 안정 지원, 소신 지원을 병행하는 것이 효과적이다. 무리한 상향 지원은 실패 가능성이 높고, 지나친 안전 하향 지원은 성취감이 저하되어 합격하더라도 성실히 대학 생활을 하기 어렵게 만들기 때문이다. 특히 정시는 주로 수능 성적을 중심으로 선발하기에 다양한 전형 자료를 활용하는 수시 모집과 다르므로 무리한 상향 지원은 피하는 것이 좋다.

자신에게 유리한 수능 반영 영역을 보고 모집군별로 3~5개 대학을 선정하여 모집 인원, 전형 요소별 반영 비율, 지난 해 경쟁률 및 합격선 등을 리스트로 정리한다.

선정한 대학의 지원 가능 점수대와 학생부 유불리 정도를 비교하고, 장래 목표와 적성 및 선호도를 고려하여 우선순위를 정한다.

올해 반드시 합격해서 진학하기를 목표로 한다면 안정과 적정 지원 중심으로, 목표 대학을 최우선으로 하고 재수까지 고려하는 경우에는 소신 지원을 중심으로 모집군별 대학을 결정한다.

주요 입시 기관의 모의지원 서비스를 활용해 올해 수험생의 정시 지원 트렌드 및 선호 학과 등을 파악해 참고 자료로 활용한다.

모집군별로 경쟁률 변화 및 지원 성향에 따라 1~3순위의 대학과 학과를 미리 정하고, 정시 원서 접수 전까지 다양한 정보를 수집해 최종 지원 대학과 학과를 정한다.

▌정시 지원을 위한 포트폴리오 작성

1 각 군별 5순위까지 대학과 학과를 결정하자

수능 이후 가채점 결과를 바탕으로 대학이나 학과에 대한 전체적인 지원 가능성을 검토해야 한다. 입시 전문 기관에서 제공하는 배치표를 이용해보도록 하자. 점수에 맞는 대략적인 수준의 대학을 먼저 알아보고, 구체적으로 학과를 검색해보는 것이 좋다. 이때 가채점 결과는 실제 성적표와 다를 수 있으므로 맹신하지 말고 반드시 변동 가능성을 염두에 두어야 한다. 수능 결과 발표 후 입시 기관에서 제공하는 실채점 기준 배치표를 활용해 좀 더 면밀히 대학과 학과를 결정해야 한다. 온라인 배치표를 활용하고 대학별 모집 요강에서 전형 방식과 실제 수능 반영 영역과 비율을 검토하며, 대학 홈페이지를 활용해 예년의 입시 결과와 경쟁률도 확인한 후 가, 나, 다군별로 자신이 희망하는 대학과 학과를

5순위까지 정리해두는 것이 좋다.

2 대학/학과별 가능성을 면밀히 검토하자

5순위까지 각 군별로 5개 대학과 학과를 선택했다면 대학별로 학생부
와 수능 성적을 산출해야 한다. 같은 성적이라도 대학에 따라 유불리가
발생하기 때문이다. 2단계에서는 대학별 점수 산출을 한 것을 근거로
목표 대학을 군별로 3순위 정도로 최종 압축할 필요가 있다. 대학과 학
과별로 예년의 입시 결과, 올해 달라진 점, 경쟁률, 올해의 지원 성향
등을 종합 검토해 최종 목표 대학과 학과를 정해야 한다. 또한 입시 기
관에서 제공하는 모의 지원 서비스를 이용하는 것도 좋은 전략이다. 그
러나 모의 지원 서비스는 대부분 학생의 관심도가 높은 주요 대학에서
높은 적중률을 보이고, 하위권 대학에서는 적중도가 낮다는 점을 감안
해야 한다.

3 조합별 경우의 수를 감안해 최종 포트폴리오를 완성하라

각 군별로 최종 목표 대학과 학과를 3순위로 압축했다면 군별 조합에
따른 결과를 예상하고, 선택해야 한다. 입시 기관마다 목표 대학별 진
단을 단순 점수 차이로 보여주거나 입시 기관이 정한 기준에 의한 정의
로 대신하는 등 차이가 있다. 일반적으로 총 5개의 진단 결과를 주로 활
용하는데, 완전 상향–상향–적정–안정–매우 안정으로 구분한다. 업
체별로 진단값을 적용하는 기준이 다르나 상향은 점수에 비해 실제 지
원하는 대학과 학과가 높은 편이며, 안정은 현재 점수로도 합격 가능성
이 높다는 것을 의미한다.

A학생의 성적 진단에 따른 가상 포트폴리오

가군		나군		다군		총평	
대학/학과	진단	대학/학과	진단	대학/학과	진단		
········	매우 안정	········	안정	········	안정	3승	매우 안정적인 지원
········	안정	········	매우 안정	········	상향	2승 1패	재수 기피 시 고려하는 안정적인 지원
········	매우 안정	········	적정	········	매우 상향	1승 1무 1패	재수 가능성이 있는 지원
········	적정	········	적정	········	적정	3무	재수를 염두에 둔 지원
········	적정	········	적정	········	상향	2무 1패	
········	상향	········	적정	········	상향	1무 2패	
········	상향	········	상향	········	상향	3무	

　수능과 학생부를 합산한 진단값만으로도 대략 입시 성공 가능성을 파악해볼 수 있다. 안정과 적정, 상향을 어떻게 조합하느냐에 따라 최대 125가지의 경우의 수가 발생한다. 따라서 특정 대학만을 고집할 것이 아니라 전체적인 조합을 염두에 두고, 대학과 학과를 새롭게 추가하거나 교체하면서 전체적인 밸런스를 잡아야 한다.

　특히 상위권일수록 가, 나군에서 승부를 내는 전략을 취해야 한다. 진단값이 안정이라 하더라도 경쟁률이 상승하면 불합격할 가능성이 있다. 따라서 재수를 기피하는 학생이라면 가군과 나군에서 모두 합격 가능성 높은 안정 지원을 해야 한다. 재수를 생각하고 도전하는 학생이라해도 세 번의 기회를 모두 상향 지원하면 모두 불합격할 가능성이 높으므로 적정선에서 1개 군 이상 지원하는 것이 효과적이다.

정시 막판 눈치작전에서
참고할 사항

가장 중요한 것은 기본적인 원서 접수 준비다. 대다수 대학이 인터넷으로 원서를 접수받고 있으므로, 수험생 본인이 원서 접수 사이트에 계정을 만들고, 원서 접수에 필요한 서류를 미리 준비해두는 것이 좋다. 원서 접수 비용을 결제할 신용카드나 통장도 미리 챙겨두는 것이 좋다.

보통 접수 마지막 날에 경쟁률이 올라가는데, 예년보다 경쟁률이 많이 높은 대학에 무리하게 지원할 것이 아니라 예비 대학 리스트 중에서 지원을 고려하는 것이 좋다. 경쟁률과 합격선은 비례하는 경향이 있으니 반드시 주의하도록 하자. 또한 대학에 따라 실시간으로 경쟁률을 공개하거나 하루에 일정 횟수로 경쟁률을 공개하니, 최종 경쟁률을 확인해 지원하는 것이 좋다. 대학별로 원서 접수 마감일과 마감 시간이 다르므로 반드시 미리 확인하도록 하자.

또한 예년의 경쟁률을 체크해두고, 최종 경쟁률과 비교해보도록 하자.

수시에서 이월된 인원이 반영된 최종 모집 인원도 확인하도록 하자. 비인기 학과일수록 모집 인원이 적은데, 모집 인원이 적은 학과일수록 합격선이 상승할 가능성이 있다. 요즘 선호하는 학과와 선호도가 떨어진 학과를 잘 살펴보도록 하자. 눈치작전을 할 학생이라면 모의 지원 결과를 참고해 지원 추이를 고려하는 것이 좋다.

마지막으로 막판에 희망 대학과 학과를 특별한 이유 없이 바꾸지 않도록 하자. 대학별 반영 방법, 영역별 반영 비율, 가산점에 따라 같은 성적이라도 크게 차이가 나기 때문에 자신에게 유리한 반영 방식이 있는 대학과 학과라면 가급적 바꾸지 않아야 한다. 원서 접수 마감 전에 발표하는 최종 경쟁률은 참고 자료로 사용하되 접수 마감 후 경쟁률은 크게 달라질 수 있다는 걸 염두에 두어야 한다. 원서 접수 후에 대학별 고사가 있다면 차분히 준비하도록 하자. 그리고 대학 입학 후의 학업 계획도 미리 세워보도록 하자.

정시 실패를 만드는 대표 원인

정시는 수능을 중심으로 선발하기는 하지만, 대학마다 수능과 학생부 반영 방법, 수능 영역별 반영 비율, 가산점, 모집 단위별 인원이 모두 다르기 때문에 철저히 객관적으로 지원 전략을 세워야 한다. 전국 단위에서 자신의 성적을 비교해 현실적인 선택을 해야 합격 가능성을 높일 수 있다. 정시에서 실패하는 대표적인 원인을 정리해보았다.

● **배치표 및 모의 지원 결과 맹신**

이른바 배치표(배치 참고표)나 모의 지원은 반드시 참고 자료로만 활용해야 한다. 입시 박람회에서 한 대학 관계자와의 상담도 참고 자료로 이용해야 한다. 예년 입시 결과를 중심으로 상담하기 때문이다. 특히 배치 참고표는 반영 비율, 가산점 등이 반영되지 않으므로 전체적인 대학 라인을 잡는 용도로만 활용해야 한다.

● **백분위 vs 표준점수**

수험생의 성적에 따라 유리한 경우가 다르다. 반드시 자신의 성적대를 조합해서 유불리를 확인해야 한다. 특히 반영 영역이 3개 영역일 경우 합격선이 상승할 수 있으니 주의해야 한다.

● **요행을 바라는 정시 스나이핑**

모의 지원이 유행하고, 인터넷 커뮤니티에서 입시 정보를 얻는 경우가 많아지면서 성적이 부족하지만 요행을 바라는 학생들이 꽤 늘었다. 하지만 이른바 펑크 혹은 정시 대박은 그만큼 철저한 분석을 했거나 아주 운이 좋았던 경우임을 알아야 한다. 모든 수험생이 자신의 성적보다 더 좋은 대학과 학과를 가고 싶어 하는 것은 사실이며 대다수 수험생이 눈치작전을 한다는 사실을 잊지 말아야 한다.

● 적정 지원의 함정

배치표나 모의 지원 등 모든 자료는 100퍼센트 예상 자료에 불과하다. 가, 나, 다군 모두 자신의 점수와 비슷한 대학에 지원했더라도 운이 나쁘면 모두 불합격할 수 있다. 재수를 원하지 않는다면 적어도 2개 군 이상에서 안정 지원을 하는 것이 좋다.

● 학생부교과 및 가산점

학생부 성적을 반영하는 대학을 지원한다면 반드시 교과 성적의 유불리를 파악해야 한다. 특히 중하위권 대학 중에 학생부 비중이 높은 대학이 있으니 주의해야 한다. 마지막으로 수능 특정 영역에 대한 가산점도 실제 합격을 좌우하는 중요한 요인이니 유불리를 검토하도록 하자.

마지막 찬스,
추가 모집 활용하기

Talk |선생님 정시에 다 떨어졌는데, 이제 재수밖에 없나요?
|추가 모집한다는데 대체 어떻게 원서를 써야 할까요?
|추가 모집이 대체 무엇인가요? 우리 애도 쓸 수 있나요?

수시 모집과 정시 모집에서 모두 불합격의 쓴맛을 본 수험생이 마지막으로 도전할 수 있는 기회가 있다. 바로 '추가 모집'이다. 추가 모집은 정시 모집 합격자 발표와 등록이 모두 마무리된 후에 실시한다.

간혹 정시에서 모두 불합격하고, 재수에 대한 조언을 구하다가 추가 모집의 기회를 잘 살려서 합격하기도 한다. 추가 모집은 해마다 실시 대학이 달라지는데, 서울의 주요 대학에서 실시하기도 한다. 이런 기회를 잘 활용해 합격한다면 재수에 필요한 각종 시간 및 비용을 절약할 수 있어서 효과적이다. 수험생 대다수가 정시에 불합격하면 한동안 멘붕에 빠져 지낸다. 또한 학부모도 입시 결과에 크게 실망한 나머지 재수 학원만 알아본다. 하지만 중하위권 수험생이라면 현재의 입시 체제에서 마지막 남은 찬스인 추가 모집을 적극적으로 활용해야 한다.

추가 모집은 전체 대학에서 모두 실시하는 것이 아니라 수시 모집과 정시 모집에서 선발하지 못한 정원을 다시 한 번 선발하는 것이다. 보통 서울의 주요 대학이 실시하는 경우는 없고, 주로 중하위권 대학이 실시한다. 대략 1만 명 내외에서 실시하며, 수도권 주요 대학은 간혹 특별 전형에서 미선발된 인원을 선발하려고 실시한다.

추가 모집도 대학에 따라 일반 전형과 특별 전형을 달리해 선발한다. 정시 모집 이후에 실시하므로 추가 모집은 원서 접수와 사정, 합격자 발표와 등록까지의 기간이 며칠 이내로 매우 짧다. 그리고 대학의 정시 모집 미등록 충원 결과에 따라 실시 대학과 모집 인원이 다소 증가할 수 있다.

추가 모집은 짧은 전형 기간 때문에 주로 수능 성적으로 선발하며, 대학에 따라 수능과 학생부 성적을 합산해 선발하는 경우도 있다. 일부 대학에서는 학생부만으로 선발하거나 학생부와 면접 고사를 합산해 선발하기도 한다.

추가 모집은 전체 학과에서 실시하는 것이 아니라 미달이 발생한 학과에서만 실시하는 만큼 선발 인원이 매우 적다. 그리고 지원 기회의 제한이 있는 수시 모집이나 정시 모집과 달리 추가 모집은 지원 기회의 제한이 없다. 따라서 수도권 주요 대학의 경쟁률이 정시에 비해 비교적 높으며, 경쟁률이 높은 만큼 합격선도 상승할 수 있다는 점에 주의해야 한다. 하지만 지방 사립대는 정시 합격선과 큰 차이를 보이지 않는 만큼 중하위권 수험생이라면 적극적으로 도전할 필요가 있다.

이처럼 중하위권 수험생의 마지막 희망인 추가 모집을 효과적으로 준비하려면 어떻게 해야 할까?

　추가 모집은 정시 모집 합격자 발표 이후에 대학교육협의회에서 해당 학년도의 추가 모집 주요 사항을 발표한다. 대교협의 추가 모집 주요 사항에는 전형 유형별 모집 인원, 대학별 모집 인원, 대학별 전형 일정, 모집 단위별 모집 인원, 전형 요소 반영 비율 등의 정보가 담겨 있다. 대략적인 내용이 담겨 있으니 대학별 세부 사항은 대학교 입학처 등에서 모집 요강을 구해서 준비해야 한다.

▌추가 모집 합격을 위한 5가지

1 정시 합격자 발표 후 미리 준비하자

정시 모집 합격자 발표 결과를 보고 추가 합격이 어려운 경우라면 추가 모집을 미리 준비해야 한다. 특히 합격을 기대해서 1개 군 이상 안정적인 지원을 했음에도 경쟁률이나 지원 성향 탓에 불합격한 수험생이라면 마지막 찬스인 추가 모집을 적극적으로 준비해야 한다.

2 배치표 및 대학별 입시 결과를 미리 찾아보고 준비하자

보통 주요 입시 기관의 온라인 배치표 서비스 및 모의 지원은 정시 모집 원서 접수 마지막 날 모두 마감한다. 따라서 추가 모집에 지원하려면 평소 배치표 및 대학별 입시 결과를 모두 수집해서 분석해야 한다. 특히 주로 추가 모집을 실시하는 대학이 지방권에 많은 만큼 배치표는 '절대 기준'이 아니라 참고 자료로만 활용해야 한다. 오히려 대학이 발표한 입시 결과를 참고해 지원하는 것이 효과적이다.

3 지원 대학과 학과를 결정하고, 대학별 모집 요강을 참고하자

배치표와 입시 결과를 참고해 대략적인 대학별 지원 가능 수준을 파악하고, 대교협에서 발표하는 추가 모집 주요 사항을 참고해 추가 모집 실시 대학을 확인하자. 그리고 현재 자신의 성적으로 지원 가능한 대학과 학과를 찾아 구체적인 전형 방법을 확인하자. 수능과 학생부의 반영 비율, 수능 반영 영역, 영역별 반영 비율 등 세부 사항을 참고해야 한다.

4 정시 미등록 인원까지 반영된 최종 모집 인원을 파악해 결정하자

추가 모집은 정시 모집 미등록 충원 결과를 반영해 최종 모집 인원을 공고한다. 대학교 입학처에서 최종 모집 인원을 공지하는 만큼 꼭 확인하고 학과를 선택해야 한다. 추가 모집 선발 인원이 적은 편이므로 한두 명 차이로도 결과가 달라질 수 있다.

5 원서 접수 경쟁률 추이를 보고, 접수를 하자

추가 모집 전형 기간은 매우 짧다. 목표 대학과 학과를 모두 결정했다면 대학별 원서 접수 경쟁률 추이를 살펴보도록 하자. 원서 접수 마지막 날 이전에 전년도의 경쟁률을 넘어섰다면 최종 경쟁률은 매우 높을 가능성이 많다. 그리고 인터넷으로 원서 접수를 하면서부터는 마지막까지 눈치작전을 하는 경우가 많아 마감 당일 대학에서 발표하는 최종 예비 경쟁률 자료보다 최종 경쟁률이 높다는 점을 감안해서 지원하도록 하자.

추가 모집 지원 시 주의 사항

추가 모집에는 수시 모집에 합격·등록 사실이 없거나 또는 추가 모집 기간 전에 정시 모집 등록을 포기한 경우에만 지원 가능하다. 다만, 산업대학교 및 전문대학 지원자는 정시 모집 등록을 포기하지 않아도 추가 모집에 지원할 수 있다. 수시 모집이나 정시 모집과 달리 추가 모집에는 지원 횟수에 제한이 없다.